◎ 提升幼儿园教师专业能力必备丛书

U0658936

幼儿园高质量
户外体育活动的组织与实施

何桂香 刘志月 丁文月 等 著

中国农业出版社
农村读物出版社
北京

本书各章作者名单

👑 **第一章 幼儿园户外体育活动概述**

作者：何桂香 丁文月 刘长颖 赵天明

👑 **第二章 幼儿园户外体育活动的组织与指导策略**

作者：何桂香 刘志月 杨 帆 马冠琦

👑 **第三章 幼儿园户外体育活动——幼儿体操**

作者：何桂香 刘艳明 张程程 彭 昊

👑 **第四章 幼儿园户外体育活动——集体活动**

作者：何桂香 彭 昊 张 霞 陈 煜

👑 **第五章 幼儿园户外体育活动——分散游戏**

作者：丁文月 刘艳明 叶奕民

👑 **第六章 幼儿园户外体育活动——其他类型**

作者：刘志月 丁文月 张程程

👑 **第七章 幼儿园户外体育活动答疑解惑**

作者：何桂香 冯东霞 赵靖铭

　　《幼儿园教育指导纲要（试行）》中明确指出："幼儿园应为幼儿提供健康、丰富的生活和活动环境，满足他们多方面发展的需要，使他们在快乐的童年生活中获得有益于身心发展的经验。"如果我们询问一名幼儿："你最喜欢做的事情是什么？"孩子肯定会回答："出去玩。"玩是儿童的天性，教育理应顺应儿童的天性。"出去玩"是指去户外玩，跑着玩、跳着玩、追着玩等。从儿童的视角不难看出，户外才是玩的场地，才能真正实现自由自在地玩。

　　户外体育活动是让幼儿实现"玩中学""学中玩"的重要教育形式。目前，户外体育活动只是停留在到户外进行体育锻炼的浅显层面，其内容和组织形式不够丰富，这些直接影响了幼儿的体能发展。2022年，教育部颁布的《幼儿园保育教育质量评估指南》指出："制订并实施与幼儿身体发展相适应的体格锻炼计划，保证每天户外活动时间不少于2小时，体育活动时间不少于1小时。""各类设施设备安全、环保，符合幼儿的年龄特点，方便幼儿使用和取放，满足幼儿逐步增长的独立活动需要。提供必要的遮阳遮雨设施设备，确保特殊天气条件下幼儿必要的户外活动能正常开展。"无论是时间保障方面还是条件保障方面，都不难看出教育部对幼儿园户外体育活动的重视。如何让幼儿在户外体育活动中得到有效的发展，正是我们编写此书的核心目的。

　　本书结合幼儿园对各项活动高质量的要求，界定和阐述了户外体育活动的内涵及价值，梳理与归纳了幼儿动作发展目标，提炼和总结了高质量的户外体育活动指导策略，精心筛选了集体活动的优质案例，优化了分散游戏的案例，从而解决了广大一线教师组织户外体育活动时的困惑和难点。

　　本书分为 7 个章节。第一章是概述，围绕户外体育活动的概念、内涵、特点、价值、基本原则及应注意的问题进行了具体的阐述；第二章是户外体育活动的组织与指导策略，从户外体育活动的组织内容、形式及指导策略 3 个方面进行了详细的梳理；第三章是幼儿体操，展示了徒手操、韵律操、器械操等 6 套小、中、大班幼儿体操，以文字和视频相结合的方式进行了具体的介绍和展示，方便读者扫码观看；第四章是集体活动，精选了小、中、大班各 5 节精彩的教育活动案例，供一线教师参考；第五章是分散游戏，按照小、中、大班幼儿动作发展收集了 35 个分散游戏案例，内容翔实、有趣；第六章是其他类型的户外体育活动，重点介绍了 7 个活动方案，包括主题运动会、亲子运动会和户外远足活动方案，通过具体的设计方案，让一线教师懂得如何设计和组织大型的体育活动；第七章是答疑解惑，针对户外体育活动组织过程中出现的常见问题进行剖析，透过现象看本质，解决具体问题，拓展教师思维。

　　书中的每个章节都凝聚了不同层面教师的智慧，包括北京市市区级骨干教师、教科研部门研究人员、幼儿园业务管理者和一线教师，有的编写者甚至专项研究户外体育活动近二十年，相信她们多年的实践经验一定能让阅读此书的读者受益，让开展户外体育活动的好方法、好策略"落地生花"。苏霍姆林斯基说过："如果你想让教师的劳动能够给教师带来乐趣，使天天上课不至于变成一种单调乏味的义务，那你就应当引导每一位教师走上从事研究的这条幸福的道路上来。"本书是关于户外体育活动有趣且实用的研究成果，相信它也会助力每一位读者，使其成为热爱幼儿户外体育活动研究的教师。

　　本书由何桂香、丁文月、刘志月著，其他参与编写的人员还有：第一章刘长颖、赵天明，第二章杨帆、马冠琦，第三章刘艳明、张程程、彭昊，第四章彭昊、张霞、陈煜，第五章刘艳明、叶奕民，第六章张程程，第七章冯东霞、赵靖铭。本书案例的提供者来自北京市丰台区和西城区部分幼儿园的教师，在此一并表示感谢。作者能力有限，书中尚存在一些不足，还请广大读者提出宝贵的意见和建议，谢谢！

目 录

第一章 幼儿园户外体育活动概述

《幼儿园工作规程》（2016 年）（以下简称《规程》）提出：幼儿园保育和教育的主要目标是"促进幼儿身体正常发育和机能的协调发展，增强体质，促进心理健康，培养良好的生活习惯、卫生习惯和参加体育活动的兴趣"。这为学前教育工作者的教育实践指明了方向。幼儿户外体育活动的目标是促进幼儿身体发育，增强体质，使其身心全面、健康、和谐的发展，是落实《规程》精神的重要途径。

户外是一个开放的空间，具有真实性、自然性与生态性，可以为幼儿提供更加广阔的游戏空间，以及丰富的游戏体验。幼儿在户外活动，因场地和活动方式的特殊性，能与大自然充分接触，对幼儿健康成长具有重要的作用。

幼儿园户外体育活动是幼儿一日生活的重要组成部分，是促进幼儿身体生长发育、提高基本活动能力和运动技能、增强体质的重要途径。幼儿通过科学的、系统的、有规律的锻炼方式，促进身体各项机能的全面发展。因此，开展户外体育活动对幼儿健康发展起着不可替代的作用。

第一节 幼儿园户外体育活动概述

户外体育活动是幼儿园基本活动的主要内容之一，是一种融合了运动、游戏和教育指导的户外活动。教师合理创设户外场地，有效组织与指导幼儿，使其身体素质获得最大的发展，对幼儿身心和谐、健康发展具有重要的意义。教师对户外体育活动的概念、内涵、基本内容的认知，有助于教育实践活动的开展。

一、幼儿园户外体育活动的概念

顾明远在《教育大辞典 2》中提出，户外体育活动是幼儿园安排幼儿在日常游戏时间进行的户外体育活动，具有内容丰富、形式灵活多样等特点，有利于发展幼儿的主动性、独立性和创造性，是幼儿接受日光浴、空气浴和冷（温）水浴锻炼的好机会。幼儿园体育活动的内容按照场地的不同可以分为室内体育活动和户外体育活动。户外体育活动主要是指在户外进行的体育活动，这类活动已经成为幼儿园健康领域的一项重要活动。

"学校体育是指学校系统的体育，它是人的全面发展教育的重要组成部分，是指按照年轻一代生长发育的特点与基本规律，以促进其正常的生长发育、增强体质、提高健康水平为目的所进行的一系列的教育活动。"这是刘馨在《学前儿童体育》一书中提出的关于"学校体育"的概念。幼儿教育是学校教育的预备阶段和基础环节。幼儿体育是幼儿教育的重要组成部分，其性质类似于学校体育，又具有独特性，它是以幼儿保育与教育为一体的特殊教育领域。汪超将幼儿园体育活动界定为："促进幼儿身体生长发育，发展身体素质，提高基本活动能力和运动技能水平，从而增强体质的重要途径。通过科学的、系统的、有规律的锻炼方法，达到有效锻炼的目的，促进身体的全面发展。"

户外体育活动是体育锻炼的一种重要的组织形式。许卓娅在《学前儿童体育》一书中指出，"在幼儿园中的户外体育活动有：运用大、中、小型专业的体育器械进行锻炼的活动；运用环境以及大型设备进行锻炼的活动；以及运用各类自制器械或者具备替代性的器械进行锻炼的活动"。刘馨把幼儿体育定位为"幼儿身体运动"。她在研究中提到，"幼儿阶段体育活动内容包括：幼儿基本动作练习；幼儿基本体操练习（器械和徒手操等）；幼儿体育游戏活动；幼儿器械活动"。

综上所述，本书的幼儿户外体育活动是指在幼儿园内且在户外进行的、运用各类体育器械进行各种体育游戏的、以基本动作发展、体能发展等为活动目的的、在教师直接指导或间接指导下开展的集体体育活动和分散活动。集体体育活动是教师为了完成某种教学目标或促进幼儿某一动作发展而进行的有计划、有目的、有组织的活动。这种体育活动是全体幼儿参加，运动密度大、时效性强。分散活动是幼儿在户外活动中利用教师提供的玩具材料，自结伙伴，自选内容，自由分散地进行体育活动。幼儿户外体育活动具体的组织形式包括幼儿体操、集体体育活动、分散体育游戏、运动会、远足活动等。

二、幼儿园户外体育活动的内涵

增强幼儿体质、促进幼儿身心健康发展是学前儿童体育活动的主要目的。《3~6岁儿童学习与发展指南》（以下简称《指南》）中主要从提高身体素质的角度提出了培养目标。在户外活动中，教师经常开展以基本动作为内容的游戏。因此，教师在实践中常常提出这样的问题：户外体育活动要发展幼儿身体素质、提高幼儿基本动作技能、增强幼儿体质，那么，身体素质和基本动作技能有何关系？身体素质和体质的区别与联系是什么？因此，我们有必要对体质、身体素质、基本动作能力等概念和内涵进一步区分，以便教师能深入理解这些基本要素之间的关系。

（一）体质

1. 体质的概念。

体质是指人体形态结构、生理功能和心理因素综合的、相对稳定的固有特征，是一切人的生命活动和劳动工作能力的物质基础。体质包括体格、体能、人体的适应能力和心理状态等 4 个方面。这 4 个方面是相互联系、相互促进的，它是一个完整的统一体（图 1-1）。

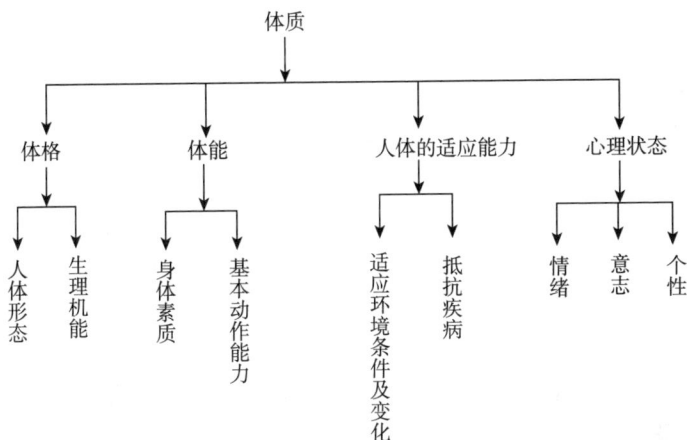

图 1-1

2. 体质和体能的关系。

体能作为体质范畴中一个重要的方面，与体质的关系属于从属关系。体能的发展是开展幼儿体育活动的目标。良好体能的发展会对幼儿的身体起到一定的刺激作用，从而使机体产生相应的变化，使机体的各个方面得到完善和提高。幼儿在从事愉快的身体活动时，新陈代谢作用旺盛，各个器官、生理机能与系统都在积极地参与活动。对于幼儿时期尚未发育成熟的器官，能起到很好的促进作用。体能发展能促进体质的提高，也是促进人体形态、结构和生理机能协调发展的重要因素。

（二）体能

体能指的是人体在从事身体运动时所表现出来的能力，包括身体素质和基本动作能力两个方面的发展水平。体能发展的过程是促进人体形态、结构和生理机能协调发展的重要因素。

1. 身体素质。

1995 年出版的《中国学前教育百科全书》、全国体育学院委员会编写的《体育理论与方法》都对身体素质的定义进行了阐述，可以概括为：身体素质是指人体在体育活动过程中所展现出来的机能能力，包括速度、力量、耐力、灵敏性、柔韧性等。身体素质作为幼儿身体活动的保障，与基本动作技能一同为幼儿成长过程中表现出更高的运动技能水平打下了坚实的基础。

身体素质本身是体质的一个基本要素或组成部分，它是衡量幼儿体质状况的一个重要方面。为了达到增强幼儿体质的目的，就必须使体质所包含的 4 个方面（即体格、体能、人体的适应能力和心理状态）都得到适宜的、全面的、协调的发展。

（1）力量素质。

力量素质反映了肌肉活动收缩能力的大小，也可以理解为克服阻力的一种能力，主要由身体肌肉组织本身的机能状态所决定，是生活和身体运动的基础。

在学前教育阶段，幼儿力量素质虽然还比较差，其发展的速度也不算快，但是如果幼儿能经常参加适当的身体运动，力量素质会得到一定程度的提高和发展。

（2）耐力素质。

耐力素质是指人体进行肌肉活动持续时间长与短的能力，也可以说是抵抗身体疲劳的能力，包括有氧耐力和无氧耐力两个方面。

学前教育阶段，强调有氧耐力的运动。教师可以根据幼儿的实际情况，有目的、有计划、有步骤地逐渐加大其身体运动的活动量，比如，远足活动、慢跑或走跑交替运动。

（3）调整素质。

调整素质是指与神经系统的调节和控制能力密切相关的一系列身体活动的能力。在幼儿期，可以将速度、灵敏性、柔韧性、平衡能力和协调性这几种基本的身体素质统称为调整素质。

①速度：人体进行快速运动的一种能力。它反映了肌肉收缩与放松交替的快慢程度，主要与神经系统的灵活性有关。与速度有关的项目活动时间虽短，但是活动的强度很大，即短时间内能量消耗较大。因此，教师在组织幼儿活动时，应注意控制幼儿的活动量，不要让幼儿较长时间地快跑。

②灵敏性：是指人体快速改变身体位置和方向的能力和效率。幼儿的灵敏

性可以在起跑、急停、躲闪跑或多变的环境中迅速改变身体位置时表现出来。灵敏性是一种综合能力，需要速度、平衡能力、柔韧性等多种能力要素共同协调、作用，才能达到一定的水平。

③柔韧性：是指人体关节的活动范围及关节周围韧带和肌肉的延展能力。幼儿随着年龄的增长，柔韧性也随之变差，从小进行适当的柔韧性锻炼，可以让身体保持良好的柔韧素质。但是，另一方面，幼儿关节的牢固性较差。因此，要避免让幼儿进行过度的柔韧性运动。

④平衡能力：是指保持全身处于稳定状态的能力，包括幼儿静态身体活动中单脚站立、成半蹲姿势、出弓箭步姿势等和动态身体活动中用前脚掌着地走、在较狭窄的平衡板上走、绕障碍跑、原地转圈后停下来等动作能力。这些都是平衡能力的体现。

⑤协调能力：是指身体在运动过程中，调整身体各部位的动作，使之和谐而统一的能力。协调能力也是一种综合能力。在培养和发展幼儿协调能力的过程中，应从简单、容易的动作入手（如走步时上、下肢的协调动作），逐步发展为较复杂、较难的动作（如跳绳时，全身的协调动作）。

2. 基本动作能力。

基本动作能力，即人体的基本活动能力，是指人们在日常生活和社会实践活动中所必需的、最基本的身体运动技能，包括走、跑、跳跃、投掷、攀登、钻、爬等基本动作。

走：走是人体移动位置最自然、最基本的活动，是锻炼身体的方式之一，也是幼儿园一项重要的体育活动内容。

跑：跑是人体移动位置最自然、最快的方式，锻炼强度大于走，是锻炼身体的有效手段之一，也是幼儿园开展较为广泛的体育活动内容之一，是发展幼儿的速度、耐力、平衡能力及灵敏性的重要手段。

跳跃：跳跃动作由 4 个步骤组成，即预备、起跳、腾空和落地缓冲。跳跃的形式多样，不仅能增强腿部肌肉力量，发展弹跳力和身体的灵活性、协调性，提高动作的稳定性和身体的平衡能力，而且有利于培养幼儿勇敢、果断、顽强的意志品质和活泼、开朗的性格。

投掷：投掷是发展幼儿上肢肌肉力量、身体的协调能力及结合器械对投掷物进行有效控制的重要途径。投掷动作往往是腰部、腹部、背部、腿部及视觉运动能力的综合运用。幼儿园投掷活动内容包括抛、传、接、投、递、拍、击等内容。

攀登：攀登是实用性较强的一种身体运动技能，也是锻炼学前儿童身体、提高其身体素质的重要手段之一。通过攀登运动能增强幼儿四肢的肌肉力量，尤其是手的握力和手臂的肌肉力量，发展幼儿身体的平衡能力、灵敏性及协调性。

钻：钻可以分为正面钻和侧面钻。钻的动作是人根据障碍物的特点，调整自己的身体姿势，从障碍物的下方或中间位置不受阻碍地顺利通过。钻是日常生活中很实用的身体活动技能，也是锻炼学前儿童身体的良好运动形式。钻的活动能增强幼儿腿部和腰背部的肌肉力量，发展幼儿身体动作的灵敏性、柔韧性、平衡能力等身体素质。

爬：爬是婴儿最早掌握的身体移动技能。爬分为仰身爬、俯身爬和侧身爬3种，其中的俯身爬又分为手脚着地爬、手膝着地爬、肘膝着地爬3种。爬的时候，需要人的四肢相互配合，正确地运用手部扒或握及腿部屈蹬的动作带动身体前进，上、下肢需要协调、配合，有节奏地交替运动。爬的动作是日常生活中较实用的身体运动技能，也是锻炼学前儿童身体的良好手段之一。爬能增强幼儿四肢肌肉力量及背肌、腹肌的力量，提高幼儿动作的灵敏性和协调能力，发展耐力素质。

3. 身体素质与基本动作能力的关系。

身体素质的发展水平通常是在各种身体的基本动作中表现出来的。幼儿活动能力是幼儿身体素质发展水平的外部表现。提高幼儿的身体素质是发展幼儿基本动作能力的基础。任何一种身体运动或动作都需要由几种身体素质作为基础才能完成。因此，要使幼儿的基本活动能力得到发展，必须重视幼儿身体素质的培养和提高。

以躲闪跑为例，基本动作反映了幼儿基本的身体素质。

• 力量：腿部肌肉力量。

• 速度：肌肉收缩与放松交替运动的快慢程度。

• 柔韧：关节活动幅度及韧带、肌腱、肌肉和其他运动组织的弹性及伸展与收缩的能力。

• 耐力：肌肉承受长时间运动的能力。

• 灵敏：身体准确、迅速、协调、灵活的躲闪能力。

• 协调：上下肢之间、肢体和躯干之间的运动相互协调。

• 平衡：跑动过程中能保持身体平衡。

躲闪跑的能力需要幼儿具有较快的反应速度、较好的灵敏性和控制身体的能力等，身体素质相互协调、配合，动作才能完成得较好。若其中任何一种身体素质发展得不够理想，都将直接影响幼儿躲闪跑的质量和效果。如果只是一味地要求幼儿多进行追逐和躲闪跑的训练，而不注意有意识地发展幼儿所必需的身体素质（如速度、灵敏性等），就很难使这一活动能力真正得到发展。

综上所述，体能所涵盖的、身体运动时所表现出来的能力如图1-2所示。

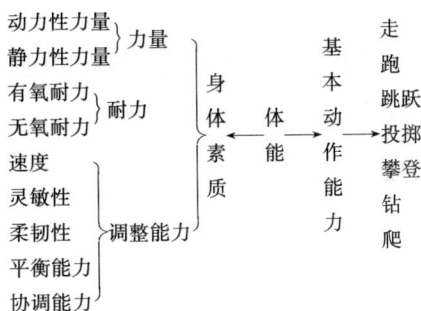

动力性力量 ⎫
　　　　　 ⎬ 力量
静力性力量 ⎭

有氧耐力 ⎫
　　　　 ⎬ 耐力
无氧耐力 ⎭
　　　　　　　　　 身体素质 ←→ 体能 → 基本动作能力
速度
灵敏性
柔韧性 ⎫
平衡能力 ⎬ 调整能力
协调能力 ⎭

走
跑
跳跃
投掷
攀登
钻
爬

图 1-2

三、幼儿园户外体育活动的基本内容

户外体育活动的基本内容是幼儿园教师实施体育活动的载体。《指南》健康教育部分的"动作发展"中提出了3条培养目标：第一，具有一定的平衡能力，动作协调、灵敏。第二，具有一定的力量和耐力。第三，手的动作灵活、协调。这3条培养目标主要是从身体素质的角度提出的。同时，在教育建议中提到了"发展幼儿动作的协调性和灵活性。如鼓励幼儿进行跑、跳、钻爬、攀登、投掷、拍球等活动""玩跳竹竿、滚铁环等传统体育游戏""开展丰富多样、适合幼儿年龄特点的各种身体活动，如走、跑、跳、攀、爬等，鼓励幼儿坚持下来，不怕累"。教育建议主要是从活动内容促进幼儿身体素质发展的角度提出的。《指南》中健康教育的培养目标是确立幼儿园户外体育活动内容的重要依据。

许卓娅把幼儿体育称为"幼儿园体育"。她在《学前儿童体育》一书中认为，幼儿园体育基本内容主要包括基本动作、基本体操和体育游戏3个方面。顾荣芳在《幼儿园健康体育》中提到，在体育活动中，由于基本动作的练习主要是通过游戏进行的，包括各种类型动作的游戏，如走的游戏、跑的游戏、跳的游戏等。因此，针对各个基本动作的游戏就成了幼儿园教师开展体育活动最主要的活动内容。基本动作主要包括走、跑、跳、投掷、平衡、钻爬、攀登等7大基本动作。刘馨在《学前儿童体育》一书中指出，基本动作，即人体的基本活动能力，是指人们在日常生活和社会实践活动中所必需的、最基本的身体运动技能，例如，走路、跑步、跳跃、投掷、攀登、钻、爬等动作，有时候也称为"基本动作技能"。

本书立足于当前幼儿园的教育实践状态，将幼儿园户外体育活动的主要内容确定为体操、体育教学活动、户外分散游戏。这3项内容在幼儿园教育实践中也呈现出生动的样态，比如，趣味性早锻炼、体操、民间体育游戏、集体活动、分散游戏、运动会等。在幼儿一日体育活动中，教师要根据幼儿动作发展水平循序渐进地指导幼儿进行身体锻炼，全面提升幼儿动作发展的水平及运动素质。

（一）体操

体操是幼儿园体育活动的一种组织形式。它是教师带领幼儿通过身体各部位动作的协调与配合，结合人体各部位运动的特点，按照一定的程序有目的、有节奏地进行各种举、摆、绕、振、踢、屈伸、绕环、跳跃等一系列的身体活动，主要包括徒手操和器械操。

幼儿基本体操能活动和锻炼幼儿的肌肉、关节和韧带，促进幼儿力量、柔韧性、平衡能力和协调能力等身体素质的协调与发展，培养幼儿正确的身体姿势，使幼儿具有一定的节奏感，发展幼儿的空间知觉和时间知觉。同时，还可以培养幼儿勇敢、坚持等意志品质和韵律节奏等审美情趣。实践证明，它是提升幼儿身体素质全面发展的有效途径。

1. 徒手操。

徒手操是指手中不拿任何器械的体操，它是依照头颈部、上肢、下肢和躯干的顺序，由一系列体操动作组合，结合动作的方向、路线、幅度、节奏、用力特点等变化因素而构成的身体活动。大致可以分为头部运动、伸展运动、下蹲运动、躯干运动、体侧运动、体转运动、踢腿运动、跳跃运动、整理运动等。

头部运动：指头部随口令或音乐节拍有节奏地做上、下、左、右及绕圈运动，一般做 4 个八拍。

伸展运动：指单手或双手向前、向上、向体侧伸展；手打开时，双脚、头部相互配合、协调运动。

下蹲运动：指双腿屈膝、双脚并拢或打开完成半蹲或深蹲动作；双手同时做叉腰、伸展、抱臂等动作。

躯干运动：指身体躯干部位向前、向侧、向后完成拉伸动作，上、下肢同时配合做伸展、屈腿等动作。

体侧运动：指上肢配合腰部共同向一侧弯腰，拉伸体侧肌肉，发展腰部的柔韧性。

体转运动：指身体上肢向一侧转体的同时，进行腰部、胯部协同动作，发展腰部肌肉的灵活性。

踢腿运动：指单腿抬起，用力向前、向侧、向后踢，与上肢协同运动。

跳跃运动：指双脚跟随操节节奏，有节奏地做开合动作，向上跳跃，同时做伸臂、拍手动作。

整理运动：指双脚踏步，双臂配合呼吸节奏做全身放松、调整的动作。

2. 器械操。

器械操指幼儿手持比较轻的器械，在徒手操动作的基础上，结合器械的特点进行的身体活动。器械操的种类多样，通过器械在操节中的变化，可以增强做操的氛围，各个年龄段的幼儿都喜欢做器械操。

幼儿园器械操种类丰富，一般可以分为轻器械操和辅助器械操。轻器械操是指利用体积小巧、便于幼儿手持的器械创编的体操，如手铃、棒操、球操、旗操、筷子操、彩带操、花操、拉力器操等；辅助器械操是指器械体积比较大，幼儿不能手持，但可以结合器械特点进行动作组合活动的体操，如椅子操、垫子操等。

随着时代的发展，我们可以选择的轻型器械也越来越丰富，但无论选择什么样的器械，都要深入挖掘器械一个或多个特点进行操节的编排，让器械充分发挥辅助操节动作变化的作用（表1-1）。

表1-1　轻器械操的材料、特点及发展动作表

器　械	器　械　特　点	可发展动作
哑铃、响铃、球、响瓶、筷子	击打后能发出声响	敲击
响铃、响瓶、响棒、啦啦队花	摇晃后能发声或有变化	摇动
球、小地垫、小飞盘、方向盘	适合抛、接	抛、接
呼啦圈	空心圆圈，能钻进、钻出	钻进、钻出
球、呼啦圈、奶粉罐	球体、圆形或圆柱体，能滚动	滚动
球	能拍下，能弹起	拍打
毛线辫子、彩带、短绳、塑料棒、响棒、小地垫、呼啦圈、U形花环	能跨跳，跳上、跳下、跳进、跳出	跳跃
小地垫、小飞盘、方向盘	能顶在头上，移动位置，使其不落下	平衡
拉力器、弹力球、橡皮筋	有松紧，有弹性	拉伸
彩旗、彩带、短绳、啦啦队花	柔软，可以甩动，且需要一定的力量	甩动

附韵律操：

《幼儿园韵律操的优化与创新》一书指出："幼儿园韵律操是以幼儿身心发展特点为基础，以欢快的儿歌或者鲜明的节奏为背景音乐，教师根据幼儿各年龄阶段不同特点以基本的徒手或借助简单的器械，在场地上进行走、跑、跳、转、坐、变换队形等动作为主要内容的一项团体活动。"

幼儿韵律操需要幼儿全身各部位相互配合，能充分锻炼幼儿身体的协调性和灵活性，提高幼儿对身体的掌控能力，是幼儿园户外体操的重要组成部分（表1-2）。韵律操有利于幼儿发展走、跑、跳等基本动作和舞步，加强幼儿情感，让幼儿生动、自然地交流与沟通，烘托舞蹈气氛，引发幼儿舞蹈兴趣，有助于培养幼儿热爱集体、团结友爱的精神。

表1-2　韵律操的表现形式及特点

表现形式	表 现 特 点	示　　例
歌唱表演式	不受队形限制，集体做同一动作	如《国王大军》《森林里的小鸟》等
邀请舞式	所有幼儿坐或站成半圆形或圆形队形。由一名幼儿站在中间，作为邀请者，邀请队伍中的幼儿跳舞。跳到最后，邀请者和被邀请者交换位置	如《猜拳游戏舞》《秧歌集体舞》
	被邀请者和邀请者一起去邀请其他幼儿，成倍地增加邀请者	如《学开拖拉机》
	被邀请者在邀请者背后手搭肩或不搭肩成接龙状，直到邀请完所有幼儿为止	如《火车舞》
交替式	即轮舞，开始时，大家一起跳，跳到最后，错过当前舞伴，轮换下一个舞伴 单向圆圈轮舞，即站成单行圆圈，所有幼儿"一、二"报数，单数与双数幼儿面对面站立，结为一对。跳到最后，两人错肩移动位置，与新舞伴结成一对	如《好朋友》《洋娃娃和小熊跳舞》
	双行圆圈的轮舞，即站成人数相等的双行圆圈，里、外圈幼儿相对站立，结成一对。跳到最后，里圈或外圈移动一个位置，与新舞伴结成一对	如《小铃铛》
	三行圆圈的轮舞，即站成人数相等的三行圆圈，里圈、中圈、外圈三人为一组。跳到最后，中圈的人向前移动一个位置，与新舞伴结成一组	如《葡萄丰收》
表演式	边跳边变换队形，如队形由一个大圆圈变成许多个小圆圈，再由小圆圈跳回大圆圈	如《小格桑》
游戏式	边跳边游戏	如《红绸舞》

韵律操要依据幼儿身心发展特点和规律来编制。小班幼儿神经中枢的发育及肢体动作的发展还不够完善，上肢与下肢动作的协调、配合及对动作的接受与掌握程度也相应不足。因此，在为小班幼儿编排或选择韵律操时，方向变化要少（一般采取顺时针方向）。同时，小班幼儿空间方位知觉较差，不必有队列变化的限制，一般可采用自由散点的形式，给予幼儿更多自由、

自主表现的空间。中班幼儿动作发展有明显的进步，能够比较自由地做一些连续的移动动作，如跳步、垫步等。同时，他们的平衡能力及动作的控制能力有所加强，能逐步掌握上、下肢配合的复合动作。这一年龄段幼儿已经开始注意运用动作与同伴进行合作与交流。因此，可以选择邀请舞和较为简单的轮舞作为韵律操的形式。大班幼儿随着年龄的增长，对音乐的感受力、表现力、理解力逐步增强，对韵律活动也产生了兴趣，喜欢随音乐自由、优美地表现自己；同时，幼儿四肢的协调性逐步完善，空间知觉得到了发展，可以选择单向圆圈轮舞和双行圆圈轮舞的形式，还可以尝试边跳边变换队形的表演式韵律操。

（二）集体活动

集体活动即我们平时常说的"体育课"，是幼儿园体育活动的一种基本组织形式。它是教师依据幼儿的实际发展需要，有目的、有计划、有系统地以提高幼儿身体素质而设计、安排的一种教学活动。体育教学活动有别于户外体育游戏，户外体育游戏的组织相对简单、灵活，是幼儿园每天上、下午都要开展的常规性体育活动，但它不能取代体育集体教学活动。

体育教学活动有专门的活动结构，主要是依据人体生理机能活动变化的规律及活动中幼儿身心活动变化的特点等方面来确定的。这是体育教学活动必须遵循的规律。体育教学活动的主要特点是幼儿直接进行各种身体训练，在活动中，不仅要遵守教学过程中一般的认识规律，更要遵守人体生理机能活动的变化规律。人要从事体育活动时，身体从相对安静的状态进入工作状态，其机能活动能力总是从相对较低的水平逐步提高到较高水平，然后，在相当长的时间内保持最高水平，最后，又逐渐下降，成抛物线状态，一般称之为"运动曲线"。

根据上述规律，体育教学活动在设计环节方面可以分为准备部分、基本部分和结束部分。每个部分都有各自的任务、内容、组织、教法要求，但3个部分又是一个紧密结合的整体。

（三）分散游戏

幼儿园户外体育游戏相对于集体活动而言，也称为"分散游戏"，是深受幼儿喜爱的户外运动。分散游戏既要考虑游戏的情境性、游戏性、趣味性，又要兼顾不同年龄段幼儿身心发展特点，能够充分调动幼儿参与的兴趣，使他们在游戏中全面发展身体动作技能，提高身体动作的灵活性与协调性。

1. 按材料分。

户外体育分散游戏从是否使用材料方面可以分为口头游戏与器械游戏。教师可以根据时间长短、游戏目标、季节特点等进行各种形式的组合，充分保障幼儿户外体育游戏的时间，丰富游戏的种类。

（1）口头游戏。

口头游戏是指利用户外空间、自然物且不用准备材料就可以完成的户外体育游戏，如"小孩小孩真爱玩""熊和石头人""木头人""冻冰棍""切西瓜""贴人"等游戏。口头游戏的特点是一定要有儿歌、歌曲、口令等配合动作，幼儿共同参与，游戏的互动性强。

（2）器械游戏。

器械游戏是指利用轻器械、大型玩具、小型户外玩具等材料开展的户外体育游戏，如"钻山洞""小青蛙跳荷叶""彩虹伞""小马运粮"等游戏。利用器械或自制玩具材料开展的户外体育游戏能充分发挥材料的功能性，吸引幼儿积极参与，提高幼儿参与户外游戏的兴趣。

2. 按动作内容分。

户外体育游戏根据动作发展目标可以分为走、跑、跳、钻、平衡等各种类型的游戏。教师组织幼儿游戏时，需要考虑上、下肢均衡运动，以促进幼儿身体动作全面、协调发展。

（1）走的游戏。

走的游戏是指以走步动作的平衡性、协调性为目标的动作活动。教师会结合方位、路面坡度、步幅、速度等方面，设计走步游戏。在走步动作游戏中发展幼儿身体的平衡素质，通过走的游戏，使身体的灵敏性、上下肢的协调性、步幅大小、腿部肌肉力量、身体动作的平衡性均有所提高。

（2）跑的游戏。

跑的游戏分为四散跑、追逐跑、变换方向跑等形式，可以促进幼儿速度、下肢肌肉力量及爆发力、平衡能力、协调性等身体素质的发展。

（3）跳的游戏。

跳跃活动能够增强幼儿腿部的肌肉力量，发展他们的弹跳能力、爆发力及身体的灵敏性、协调能力，并提高耐力素质。通过纵跳、从上往下跳，还可以培养幼儿的目测能力，提高和改善视觉运动能力，培养幼儿勇敢的意志品质。

（4）投掷游戏。

投掷游戏内容丰富多彩，可以选用多种游戏材料，如纸飞机、小飞盘、沙包、小皮球、小飞镖等。投掷动作不仅能有效地发展幼儿大肌肉群、腕部、手指小肌肉群的力量，而且能促进全身力量、动作协调能力的发展，它还能发展幼儿方位、深度、幅度、速度、形状等知觉能力。

（5）平衡游戏。

幼儿平衡能力的发展和走步能力的发展密不可分。平衡游戏通过改变体位发展身体的平衡能力，借助平衡材料提高幼儿身体的平衡素质。

（6）钻爬游戏。

教师可以借助攀登架、钻筒、钻圈、钻箱等材料设计钻爬游戏，以满足不同年龄段幼儿的动作发展需求。钻爬游戏能促进幼儿大肌肉群的发展，增强幼儿身体力量、协调性和灵敏度，还有利于幼儿智力发展。

第二节 幼儿园户外体育活动的特点

3～6岁幼儿正处于身体和心理发育、发展的最初阶段和重要时期，维护和促进幼儿身体健康发展是第一位的。幼儿时期的动作技能发展对日后动作发展有着直接的影响。从学前儿童身体发展的特点看，幼儿正处于生命开始发育的阶段，幼儿身体各器官、系统的机能尚未发育成熟，机体组织比较柔嫩。学前期是身体生长、发育十分迅速和旺盛的时期。促进幼儿身体健康发展是这一时期的首要任务。教师基于幼儿的生理发展特点，既要开展适宜的体育活动锻炼身体，促进幼儿身体技能的协调与发展，又要对幼儿进行必要的、基本的保护。

由于幼儿身体形态结构、生理机能及动作、心理等方面的发展水平与成人或少年儿童有所不同。因此，幼儿身体素质的培养也有其自身的特殊性和年龄特点。

一、科学性

幼儿正处于生理机能迅速发展的时期，3～6岁幼儿的身体发育和体能发展存在着较大的差异。户外体育活动的科学性体现在要遵循幼儿生长发育、发展的特点与规律，关注组织程序、时间分配、运动强度、幼儿动作发展等方面，做到目标制订要科学、教育内容的选择要科学、教学方法要科学，具体体现在以下几个方面。

（一）符合幼儿年龄特点

不同年龄段的幼儿，其身体和心理的发育有着较为明显的差异。教师在确定幼儿体育活动目标、选择活动的项目与内容及组织活动时，应充分考虑幼儿年龄上的差异性，活动的内容既要易于幼儿接受，能促进幼儿动作发展，又要能吸引幼儿，激发幼儿参与体育活动的兴趣。

我们仔细研读了《纲要》中健康领域的目标、内容与要求、指导要点等，又认真学习了《指南》有关幼儿动作发展的目标和建议，同时，参照《幼儿卫生学》的有关论述，大致总结了不同年龄段幼儿身体发育特点和体能发展特点（表1－3）。

表1-3　幼儿身体发育和体能发展特点

年龄段	3～4岁	4～5岁	5～6岁
身体发育特点	3～4岁幼儿身体的各个器官、系统处于不断发育的过程中，机能不够完善，机体易受损伤。骨骼弹性大，易弯曲、变形。心肺系统的调节功能不够完善	4～5岁幼儿大肌肉发育较为迅速，动作发展明显提高。肌肉力量和耐力、心肌收缩能力、肺活量有所增强	5～6岁幼儿大脑的抑制能力逐渐加强，减少了冲动，动作的目的性和自控能力逐渐提高
体能发展特点	肌肉力量和耐力较差。平衡、躲闪能力较差，动作不协调，易疲劳	动作的稳定性和灵活性逐渐增强，已能适应一定的活动量和活动时间，但动作的准确性和自控能力较差	动作的协调性、灵活性、准确性有了很大提高。喜欢尝试一些有难度的动作，协同动作能力逐渐增强

（二）活动量要适宜

幼儿身体各器官、组织的发育尚不够完善，机体所能承受的生理负荷量十分有限。因此，教师在幼儿体育活动的内容选择、游戏时长、运动的距离和次数等方面的安排上，应充分考虑幼儿机体的承受能力，既要有效地锻炼幼儿的身体，又不可使幼儿的机体过于疲劳或受到任何的伤害。

（三）上下肢配合，动静交替

体育活动中的某些动作具有非对称性或锻炼部位不均衡的特点。教师在开展活动的过程中，要避免幼儿身体的某一部位过于疲劳或主要使身体的一侧得到锻炼，应综合分析体育游戏的难度和运动强度，主要锻炼身体各部位。在活动中，教师要根据幼儿的游戏水平适当地互动与指导，使其身体的上下肢、左右侧都能得到锻炼和发展，动静交替进行，保证幼儿体育活动的科学性。

二、游戏性

游戏是幼儿的天性。幼儿对体育活动的兴趣是幼儿参加体育活动的主要心理动力。幼儿园户外体育活动强调以游戏为基本活动方式，注重发挥幼儿活动的主动性、积极性和创造性，促使幼儿身体机能和运动机能得到协调发展。

户外体育活动的游戏性主要体现在以下两个方面：

（一）关注幼儿自发的想象与创造

对幼儿来说，身体素质的培养主要通过开展丰富多样、轻松活泼、深受幼儿喜爱的各种身体活动来实现的。幼儿在户外游戏中，自愿选择游戏材料、玩伴，并完全按照自己的意愿进行游戏，可以最大程度地吸引幼儿参与游戏的兴趣。幼儿通过亲身实践发现各种游戏的玩法或创造出各种新颖的玩法，比如，各种球的玩法、绳子的玩法、沙包的玩法等，在愉悦的活动中促进幼儿身体动作的发展。

教师在户外游戏环境创设中，应不断依据幼儿的兴趣点进行探索和创新，尊重幼儿与材料互动过程中自发的想象和创造，不断丰富幼儿的运动经验。

（二）以游戏的形式组织各种体育活动

由于幼儿天性好奇、好动、好模仿，教师在组织户外体育活动时要通过情境创设、角色模仿、游戏材料、竞赛游戏等，满足幼儿运动、发展体能、交往、模仿、竞赛、创新、表现的多种需要，激发和维持幼儿参与活动的兴趣。

可以说游戏是体育活动的载体，它不仅能更好地实现体育活动的目的，而且能通过游戏吸引幼儿积极参与。

三、多样化

幼儿户外体育活动的丰富性和多样化体现在活动内容、形式、方式、组织方法等方面，同时，激发幼儿参与运动的兴趣，促使幼儿积极、主动地投身到活动中。

（一）活动形式多样化

常见的体育活动组织形式是体操、集体体育活动（即体育课）、户外体育分散游戏等。这几种活动都具有各自的特点，所要完成的任务和达到的目标、要求也是不尽相同的。比如，幼儿体操活动的主要目的是通过一系列的操节动作锻炼幼儿的身体，使幼儿逐渐养成积极锻炼身体的良好习惯和正确态度。因此，通常以一般性身体锻炼和幼儿基本体操为主要内容。幼儿集体体育活动的主要目的和任务是以幼儿的身体动作发展为主，即通过游戏的形式，有目的、有计划地逐步提高幼儿的身体素质，发展幼儿的基本活动能力。教师以集体教学活动的形式开展体育活动，活动中的动作简单易学、游戏丰富多彩，容易激发幼儿兴趣。分散游戏是幼儿在一定的场地范围内，自由选择材料和玩伴开展的户外体育游戏。

除了上述体育活动形式外，幼儿园还可以根据园所周边自然环境和社会环境组织各类远足活动等，或开展具有民间特色和地域特点的体育活动。

（二）活动内容多样化

幼儿园开展的各种体育活动都能影响幼儿的身体发展。教师在开展户外体育活动时，应注意活动内容的多样化，保障幼儿的身体得到全面的锻炼。户外体育活动内容从动作发展的角度可以划分为基本动作活动、基本体操、运动器械活动等；从组织形式的角度可以划分为室内体育活动、户外体育活动、远足活动、亲子运动会等。

（三）活动材料多样化

户外体育游戏材料支持着活动内容的多样化。开放的环境设施，种类丰富、数量充足的运动材料和运动器械，且材料和器械可移动、可组合，多种平行材料的有序投放，都有助于幼儿自由选择，促使幼儿运动经验的不断提升。如在投掷区，教师为幼儿提供多种材料，如大小及重量不同的沙包、软球、飞镖、套环等，目标物可以是筐、悬挂网、毛绒玩具、靶子等材料。幼儿在操作过程中感受材料的不同及投掷效果的差异。

四、开放性

幼儿园户外体育活动需要开放的环境和材料。教师在创编和组织幼儿体育活动时，要遵循幼儿的年龄特点和身心发展水平，把握好幼儿的运动量，保证场地和器材的适宜性。此外，教师还要构思体育游戏情节，使游戏情节不仅符合幼儿身体锻炼的需要，而且满足幼儿的兴趣和认知需要，能够为幼儿留下创造的空间，并且具有教育意义。

（一）布局的开放

1. 幼儿园应整体规划，合理布局，营造安全而自然的户外活动场地，扩大现有场地和空间，力争小空间、大作为。教师要利用幼儿园现有环境，从整体布局到局部的功能开发，体现环境的探索价值，形成一个和谐的统一体。

2. 幼儿园应合理划分，巧用场地，科学地设计与创建户外体育活动区，以满足幼儿运动发展的需要。

（二）材料的开放

材料是幼儿学习、探究、获得经验的物质基础。体育活动中的器械与材料更是幼儿获得运动经验和发展的重要载体。教师为幼儿提供的材料要丰富多样，适合不同年龄阶段的幼儿，如大小不一的球、宽窄不同的平衡木等。

教师除了要为幼儿提供丰富的、大量的、可供幼儿自主选择的运动器械外，还应该注重运动器械投放的层次性，应根据各年龄段幼儿发展目标的递进性选择不同的运动器械，设置不同的游戏路径。幼儿在活动中通过自主探索、自主选择难易程度不同的游戏，达到自身发展的需要，为同一年龄段不同运动能力的幼儿向着更高的水平发展提供动力与机会。

第三节　幼儿园户外体育活动的价值

幼儿阶段是儿童身体发育和机能发展极为迅速的时期，也是形成安全感和乐观态度的重要阶段。《指南》指出："发育良好的身体、愉快的情绪、强健的体质、协调的动作、良好的生活习惯和基本生活能力是幼儿身心健康的重要标志，也是其他领域学习与发展的基础。"

户外体育活动对促进幼儿智力发展、形成良好的心理品质、发展社会适应能力等方面都能产生良好的刺激作用，主要包括以下几个方面的价值：

一、促进幼儿身心健康发展

在幼儿期，应该全面、综合地发展和提高幼儿的力量素质、耐力素质和调整素质等3个方面的身体素质，将各种适合幼儿的身体运动有机地结合起来，通过丰富多彩的游戏活动，使幼儿的机体得到全面的锻炼和加强，从而真正达到促进幼儿身体全面与协调的发展、增强幼儿体质的目的。

（一）提高身体动作的协调性、灵活性

科学、合理的户外体育活动可以有效地促进幼儿上、下肢体粗大肌肉动作技能的发展，全面发展幼儿基本体能，做到力量、速度、灵敏、平衡等运动素质均达到规定的合格标准，基本运动能力达到要求。

（二）增强体质，促进身体形态结构和机能的发育

户外体育活动能促进幼儿骨骼与肌肉的发展，增强幼儿食欲和肠胃的消化功能，达到增强体质和促进身体发育的目的，使无生理缺陷和慢性病的幼儿身高、体重、胸围、血红蛋白、血压、心率、视力等指标均正常，身体形态结构良好。

（三）提高幼儿对环境的适应能力

户外体育活动能培养幼儿对自然环境的适应能力，使幼儿对寒冷、炎热、日晒和气温的急剧变化等有一定的适应能力。

（四）促进幼儿心理健康，情绪保持愉悦的状态

幼儿具有爱活动的特点，适当的身体运动可以刺激幼儿的情绪中枢神经，使幼儿产生愉快、兴奋的情绪体验和感受。幼儿参加具有一定活动量的身体运动还可以使体内过多的能量得到消耗，放松身体。

二、有助于幼儿形成良好的运动习惯

幼儿对体育活动的兴趣和良好的运动习惯是幼儿坚持长期锻炼的重要保障。教师要激发幼儿参加体育活动的兴趣，提高幼儿对体育活动的积极性、主动性和创造性，开发幼儿的运动潜能。

（一）激发运动兴趣

在户外体育活动中，幼儿可以接触到新鲜的空气和温暖的阳光，这些都有利于激发幼儿参与户外体育活动的兴趣。良好的运动兴趣是激发幼儿参与体育活动的根本因素。幼儿园开展丰富多彩、生动有趣的户外体育活动，可以显著增强幼儿参与体育活动的兴趣。幼儿在体会运动带来快乐的同时，养成了热爱体育运动、积极参加各种身体锻炼的习惯。

（二）增强体育活动中的主动性

幼儿喜欢尝试新的运动，能主动变化运动动作、活动策略和游戏玩法。在活动中，幼儿能增强自我意识，对自己的身体运动能力有信心，更加积极、主动地参与户外活动。

（三）渗透生命教育和安全教育

幼儿园开设户外体育活动的目的并非单纯地提高幼儿身体素质与运动能力，还可以通过有效的体育活动向幼儿渗透生命教育与安全教育，让幼儿从小形成长期运动的良好意识，构建正确的生命观和价值观。教师要引导幼儿了解如何通过体育运动不断提高自身机体免疫力，从而避免经常生病的情况发生，还要帮助幼儿对危险的事情及时地做出判断与反应，能控制自己的动作和行为，有一定的安全意识。

三、提高幼儿运动能力

（一）提高幼儿身体素质

幼儿身体素质是决定幼儿体能发展最重要的因素。户外体育活动能提高幼儿速度、平衡、协调、灵敏、柔韧、力量等身体素质，增强身体的力量与耐力，为幼儿的运动能力奠定良好的基础。

幼儿新陈代谢旺盛，骨膜较厚，适当的运动刺激有利于骨骼的生长和再生。幼儿通过身体锻炼，肌肉力量也在不断增强，能有效提高其神经系统的机能水平。因此，适宜的力量运动是必要的。耐力素质重要的生理基础是心血管与呼吸系统，其发育迟缓于运动系统。幼儿期不是发展耐力素质的关键时期，但适宜的耐力锻炼是促进心血管与呼吸系统发育的重要手段。

（二）提高幼儿基本动作技能

基本运动能力是幼儿体能发展过程中必须具备的能力。幼儿参与以跑、跳、走、钻、爬、平衡等动作为主的、形式丰富的体育游戏，通过基本动作练习获得运动技能。运动能力的强弱表现在对肌肉的控制力、身体的平衡力、动作的协调性等方面。幼儿的动作发展并不是自然增长的结果，而是多次锻炼的结果。幼儿期是动作发展的最佳时机。因此，户外体育活动是提高幼儿基本运动能力的重要途径。

四、促进幼儿社会性发展

幼儿运动的同时，会产生意志、情绪、认知等心理因素的变化与发展。体育活动有助于幼儿产生愉快的情绪，形成乐观、积极、开朗的性格，以及坚强、勇敢、不怕困难的意志品质。

（一）培养坚强的意志

体育锻炼能让幼儿在活动中遇到困难时努力克服，出现失误或失败时，不气馁、不退缩，不埋怨别人。

（二）增强自信心、自尊心和自立性

户外体育活动能培养幼儿相信自己拥有的能力、勇于说出自己的愿望和意见、乐于表现自己的才能。在活动中，幼儿能做到自己的事情自己做，不依赖别人。

（三）培养良好的社会交往能力

幼儿在体育活动中，能尊重同伴，注意听取同伴的意见；能关心同伴和热心帮助同伴，有谦让精神，不争抢运动器械、活动角色和活动的先后顺序，能与同伴积极合作、友好相处，与同伴发生矛盾时，有一定的处理能力。

（四）树立较强的集体观念

体育游戏能培养幼儿集体主义精神，让他们学会控制自己的行为，积极遵守体育活动的规则和要求。在竞技比赛中，有为集体争光的意识。

五、提高幼儿认知水平

幼儿在体育运动的过程中伴有大量的认知活动，通过游戏能促进幼儿认知水平的发展。

（一）了解运动安全知识和卫生知识

幼儿通过体育活动能掌握已学过的基本动作要领，了解游戏的名称、玩法和基本要求，能说出身体主要部位的名称和功能。

（二）促进感知觉的发展

幼儿通过体育活动能分辨上下、前后、高低、远近、大小、先后、快慢、横竖、平直、宽窄等感知觉元素，发展对自身运动的速度、力度、节奏、体位和幅度等的感知觉能力。

（三）发展观察意识和观察能力

幼儿能在教师的引导下，根据体育活动的目的正确选择观察对象、观察部位或观察位置；观察时，有一定的顺序性；在观察过程中，能有意识地进行分析和判断。

六、促进幼儿学习品质发展

户外体育运动有很多创意游戏的形式，会促进幼儿形成良好的学习品质。

（一）好奇心

幼儿在体育游戏中，对各种尝试与体验有好奇心。在好奇心的驱使下，幼儿会想办法完成游戏任务、接受游戏挑战、创新游戏玩法。幼儿积极、主动的游戏态度也决定了游戏玩法的多样化与创新性。

（二）想象与创造

幼儿在体育游戏中，想象力与创造力都能得到很好的发展。幼儿会利用周围环境、器械、材料开展内容丰富的游戏，自己设计和创编游戏，用动作模仿常见事物的形态和特征，使每一个游戏都充满乐趣。幼儿以物代物进行游戏，让游戏充满了想象与创造。

（三）专注力

幼儿在体育游戏中，能较好地集中注意力，一般不会受到无关因素的干扰，能遵守游戏规则进行游戏，尤其是在足球、接力竞赛等游戏时，表现得更加突出，能坚持完成游戏任务。

（四）发现问题和解决问题的能力

每个游戏在玩的过程中，都会出现一些问题。如果问题不解决，游戏可能就无法进行下去。为了让游戏更加有趣、更加吸引人、能够持续地玩下去，幼儿会想出各种办法解决问题，反复尝试与探索，与同伴合作、合力解决问题。解决问题的过程就是推进游戏、让它变得更加好玩且有趣的过程。

第四节　组织幼儿园户外体育活动的基本原则

教师依据幼儿户外体育活动的发展价值、幼儿身体发展的水平与特点及幼儿教育的基本原理，在组织幼儿开展户外体育活动时需要遵循以下几点原则：

一、安全性原则

幼儿园开展户外体育活动时，物质环境的安全性非常重要。《纲要》明确指出："应把促进幼儿健康成长和保护幼儿生命放在首位。"教师在组织幼儿进行体育活动时，要规范活动内容及形式，注意安全，防患于未然。

（一）场地要安全

1. 场地开阔，地面平整、不坚硬。

教师应关注地面是否有不平整且坚硬的状况、在幼儿快速跑动的区域是否有障碍物、高温天气时户外栏杆等物品长时间受太阳照射是否会烫伤幼儿等。

2. 场地规划合理。

教师在规划游戏场地时，要注意幼儿的运动路线是否合理，不合理的空间规划容易使幼儿在体育活动中受到伤害。

（二）器械及材料要安全

1. 体育器械及材料要符合国家安全标准和规范要求。

体育器械及材料要符合国家相关强制性标准和规范的要求。幼儿园户外大型器械游戏区设备的安全性要求应符合 GB 19272 及 GB/T 34272 的规定，户外中、小型玩教具的安全性要求应符合 GB 6675 的规定。

2. 材料柔软、无尖刺。

体育游戏材料要求无破损或损坏，以免扎伤或划伤幼儿。木制品器械或教师自制玩具材料要求无尖刺。玩教具的尖棱、边角要磨圆或包边，尖端部分应弯折、包裹。

3. 体育器械无脱落螺丝或松动迹象。

体育器械连接牢固，底座稳固。教师制作的体育游戏材料要结实，禁得住幼儿游戏使用。玩教具如果有小零件，要在教师的监护下使用。

《纲要》明确指出："幼儿园必须把保护幼儿的生命和促进幼儿的健康放在工作的首位。"这足以证明安全工作在幼儿园一日生活中的重要性。同样，在游戏材料的制作和投放上，安全性也是第一位的。为幼儿提供游戏材料时，应选择无毒、无味、对幼儿无伤害隐患的体育器械。幼儿使用前，应彻底清洁、消毒。

（三）组织游戏的过程中要有安全意识

1. 高度不能太高、坡度不能太陡。

教师为幼儿提供的体育材料，其尺寸应符合幼儿身高，适合幼儿在运动游戏中使用。在开展活动前，教师应与幼儿共同熟悉游戏环境，引导幼儿了解体育材料的特征、玩法、安全注意事项等。

2. 要有必要的防护。

幼儿在攀登或攀爬时，攀登器械下方应铺设垫子，在较高的攀爬处应为幼儿提供保险绳锁等，以免发生意外。再如，在开展爬树活动时，树木上的绳梯尾部应用轮胎固定，或将绳梯固定在结实的地方，以减小绳梯的摇晃幅度，增加绳子的稳定性和安全性。如果是单根绳索，可以将绳索每隔一段距离打一个绳结，方便幼儿在攀爬时抓握得更牢固。也可以在靠近树干的位置安装几个可以供幼儿脚踩的绳套，便于幼儿手脚并用向上攀爬。

（四）关注幼儿安全自护意识的培养

幼儿的骨骼、肌肉、关节及控制和协调运动的神经系统发育尚未完善，运动的感知觉较差，动作的协调性差，反应不够灵敏，平衡能力低，加上幼儿好动、认知水平低，缺乏运动经验，对各种新颖的动作和运动器材好奇心较重，比如，看到皮球就会用脚踩上去、看到荡桥就想走等，这样很容易发生事故。

为此，教师在组织幼儿开展体育活动时，应通过各种教育手段，使幼儿逐渐认识到自己身体的主要器官及其功能，知道体育活动应如何规范地进行，器械应该怎么玩，什么动作不能做，如果做了会怎样等。当幼儿在体育活动中做出危险动作时，教师要及时进行提醒和保护，使幼儿逐渐形成安全活动的意识。教师不能让幼儿只是被动地接受保护，还要对幼儿开展自我保护的教育。比如，穿适合运动的衣服，系好鞋带；在秋千、转椅、荡船摆动时，要离开一定的距离，不要在周围跑来跑去的，避免被摆动的器械撞到等。

二、兴趣性原则

幼儿园户外体育活动主要是通过幼儿感兴趣的体育游戏进行的。幼儿对体育游戏产生兴趣，能激发幼儿的好奇心、想要运动的意愿及较强的情感和认知引力。

（一）将基本动作技能融入有趣的游戏中

体育活动并不是枯燥的体育锻炼，而是根据幼儿动作发展规律将基本动作技能融入有趣的游戏中。教师选择的体育活动内容要简单易学、易于模仿、形象生动、童趣性强。在活动的组织过程中，教师应根据幼儿年龄特点，创设游戏情境，激发幼儿参与体育活动的兴趣，促进幼儿身体正常发育和机能协调发展。

（二）游戏材料突显趣味性、多变性，能吸引幼儿参与

材料投放应当坚持趣味投放的原则。在投放趣味性材料方面，教师应充分考虑幼儿的想象能力、思维活力和情感。幼儿的注意力容易被生动、形象的事物所吸引。有趣的材料投放方式能让幼儿保持参与活动的积极性。游戏材料的玩法可以让幼儿发挥主观能动性进行拓展，先引导幼儿借助想象力使用不同的材料，再引导幼儿与同伴进行玩法上的交流与互动，最终达到玩法的拓展和创新。比如，在跨跳活动中，对障碍物的设置可以按照从矮到高、从窄到宽或者颠倒顺序进行随机排列与组合，也可以增加障碍物的数量，让幼儿在运动前或者运动中充分观察、辨别不同环节的难度，从而尝试超越自己。除此之外，教师还应重视不同材料的组合，通过拼装、搭配等方式创造出更加丰富、新颖的使用方法，发挥材料的运动价值。比如，教师对各式各样的木板、板凳、绳子、梯子等材料进行拼装、组合，引导幼儿尝试钻、攀爬、跳等动作，形成新的体育活动探究点。

需要注意的是，多数教师所理解的趣味性往往是基于成人视角提出来的，侧重于造型美观、新奇玩法、功能广泛等材料因素，而对于幼儿的真实想法缺乏充分的考虑。因此，为了实现材料的趣味性，教师应当坚持以问题为导向的原则，充分考虑幼儿的兴趣、年龄特点、运动经验及活动主题等诸多因素，合

理地调整投放的材料。

三、科学性原则

《纲要》明确指出："幼儿园必须把保护幼儿的生命和促进幼儿的健康放在工作的首位。"由于幼儿身体器官、组织发育还不成熟，身体各项机能尚不完善，身心正处于发展阶段。因此，幼儿户外体育活动要为幼儿的现实发展负责，更要为幼儿的终身发展负责。

(一) 避免对幼儿身体有任何伤害的运动项目

《纲要》在健康领域部分对幼儿体育的总目标有明确的规定，《指南》也对3～6岁幼儿的运动特点进行了说明，这是幼儿园教师开展体育活动时必须参考的重要依据。同时，教师也不能简单地照搬这些规定和要求，必须在了解、分析本班幼儿具体情况及发展水平的基础上设定活动目标。在体育活动实施过程中，教师要结合幼儿身体的适应程度及创造力发挥的程度，及时调整预先设定的活动目标，以使体育活动更适合幼儿发展需要。在投放户外体育材料时，要清晰地把握幼儿各年龄阶段的教育目标，有针对性地选择对幼儿发展有促进作用的材料。

幼儿进行身体运动项目的种类繁多，内容丰富，但并不是所有的运动项目都适合幼儿。发展幼儿身体素质的目的是增强幼儿体质，促进幼儿身体全面、协调地发展。因此，教师在为幼儿选择运动项目和内容时，应采取适宜幼儿的方式、方法，那些对幼儿生长发育不利或有可能造成危害的运动项目必须绝对禁止。比如，用长时间下腰和压腿等方法来提高腰椎关节和髋关节的柔韧性等。

幼儿体育活动不要选择难度高、规范性强的动作或专项运动技术的练习，以及所谓简单的、重复性强的运动项目，避免幼儿身心受到摧残。

(二) 加强对幼儿基本动作和体能发展的了解

教师应加强对幼儿基本动作与体能发展的了解，才能正确指导幼儿。比如，大班幼儿的投掷应该做到"异侧跨步，手臂向后高举，脚蹬地，转体，挥臂，将投掷物经肩上向前上方甩出"。但是，有些教师对蹬地、转体等关键动作要点并不了解，因此，也不能正确地指导幼儿。

再比如，人体在进行激烈运动（如快速奔跑、较长距离的连续跳跃）时，心脏输出量剧增，血液主要集中在肌肉组织。如果突然停止身体运动，肌肉的活动也就停止了，这样会影响肌肉组织的血液流回心脏。此时，心脏的血液输出量就会明显减少，血压降低，造成暂时性脑贫血，影响人体健康，不利于心率的逐渐降低，也会使心脏负荷过大。因此，在激烈的身体运动之后，不要立即停止运动，应该做一些放松、整理身体的动作。

（三）避免成人化、小学化

对幼儿身体素质的培养不是为了培养专门的体育运动竞技人才。因此，必须避免身体素质培养的专项化或早期定向培养。

幼儿园的户外体育活动不仅注重幼儿动作的习得，而且培养幼儿良好的情绪和自我保护能力。而小学阶段的体育活动比幼儿园的体育活动更加具体、深入，讲究培养学生的自信心，让学生在体育运动中习得相关体育类知识、运动战术等。因此，每个一线幼儿教师需要值得注意并加以区分的是幼儿园的体育活动绝对不能等同于小学阶段的体育活动，一定不要在幼儿阶段就进行机械性训练幼儿的动作技能，让幼儿从小失去参加体育活动的兴趣。教师应根据幼儿身心发展的特点与需要，在幼儿期全面地、综合地发展幼儿的力量素质、耐力素质和调整素质等 3 方面的身体素质，把它们作为全面培养幼儿身体素质的重要组成部分。

四、循序渐进原则

户外体育活动需要幼儿直接参与。因此，教师应分析幼儿在体育活动中生理和心理变化特点及其影响因素，把握幼儿运动规律，科学、规范地做好户外体育活动材料的准备和活动的组织与指导。

（一）依据幼儿身体发展规律和年龄特点

幼儿园开展户外体育活动的科学性体现在活动内容和活动量上。活动内容的安排要符合幼儿年龄特点、身心发育水平。活动量、运动强度的安排也要科学且合理，注意动静交替，避免幼儿运动量不够或过度而影响健康。

教师在进行幼儿体育活动的设计时，一方面，要考虑客观因素，比如，幼儿园场地大小、场地软硬、器材情况、环境条件（如天气、气候等）等。另一方面，要考虑幼儿主体因素，即活动的实施对于幼儿来说是否可行，比如，运动的时长、运动量是否适宜；动作的设计是否符合该年龄段幼儿的身体和心理发展规律；幼儿是否具有相关的运动经验；还要考虑动作本身发展的特点。比如，在投掷活动中，既要注意投掷物由轻到重，又要注意投掷距离由近及远、靶子由大到小。

（二）根据幼儿活动情况调节运动负荷

幼儿园开展户外体育活动应掌握适量、适度原则。适量是指学前儿童的体育活动应该保证适宜的运动负荷。运动负荷是指人体进行身体运动时所能承受的最大负荷量和心理负荷量的总和。我们常说的"运动量"主要是指人体运动中所承受的生理负荷量。如果运动量过小，运动对幼儿身体的刺激也就较小，起不到锻炼身体和增强体质的作用。如果运动量过大，运动的刺激超出了幼儿身体所能承受的限度和范围，反而会有损幼儿身体健康。因此，合理、科学地安排和调整幼儿的运动量是开展幼儿体育活动最关键、最重要的方面。

幼儿的运动时间、运动强度、运动密度影响着运动量。教师可以通过一些具体的方法测查幼儿的运动量是否适宜。比如，根据幼儿的精神、情绪和完成动作的情况来判断，以幼儿面色稍红、汗量不多、呼吸中速或稍快为宜。运动中通过测查幼儿心率判断其运动量是否适宜。如果幼儿运动后，心率达到每分钟130～160次，则运动量较为适宜。因为运动时间和运动强度密切相关，所以当运动强度提高时，运动时间可以适当减少；反之则增加。如果运动量较大，运动间隔的时间应长一些，使幼儿身体充分地休息与调整。

五、尊重差异原则

幼儿由于个性不同、学习方式不同，在户外体育活动中也会有不同的表现。比如，不爱运动的幼儿、户外活动中胆怯的幼儿、竞赛类活动中不能很好地调适心理的幼儿、安全自护意识差的幼儿等，都需要教师针对个体的实际情况进行个别指导。

(一) 创设游戏环境时考虑个体差异

在户外体育活动中，教师可以根据不同的情况设置不同难度的游戏项目，使所有幼儿都能快乐地参与。例如，在接力传球游戏时，对运动能力强的幼儿，我们可以利用辅助材料增加游戏难度，如设置障碍物、行走传球等，借此提高他们的能力，使他们的身体能够协调发展。而对于运动能力有待提高的幼儿，我们可以降低游戏难度，先引导幼儿单人运球到指定地点，再慢慢地变成小组传球接力，逐渐增加游戏难度。虽然游戏难度不同，但对幼儿来说，完成游戏就能获得相应的成就感，也更有自信迎接接下来的游戏项目的挑战。

教师在创设体育游戏环境时，应尊重幼儿个体差异，创设能支持他们从自身原有水平向着更高水平发展的环境，让每个幼儿都能选择与自己的动作发展水平相适宜的体育游戏。

(二) 在指导中兼顾幼儿个体差异

作为教师，应充分认识幼儿行为、个性与运动发展特征之间的关系，通过选择不同类型的运动项目，有目的、有针对性地促进幼儿良好个性品质的形成和运动能力的发展。

1. 关注不同性格特点的幼儿。

幼儿之间是有差异的。教师要关注到幼儿的个性差异。有的幼儿胆小、内向；有的幼儿爱冒险、易兴奋。针对不同性格特点的幼儿，教师指导时应采取不同的互动方式和策略。教师应多鼓励胆小、内向的幼儿，和他们一起游戏，使其克服心理上的顾虑，给予他们安全感。陪伴几次后，多数幼儿就能自己游戏了。对于爱冒险、易兴奋的幼儿，要注意观察他们游戏的安全性。当幼儿运动量太大时，教师应适时建议幼儿更换运动量较小的游戏内容或到休息场地简短地休息，擦汗，避免幼儿出现出汗多、心跳快、呼吸急促、影响其身体健康的情况。

2. 关注不同运动能力的幼儿。

在体育活动中，教师既要考虑大多数幼儿经过一定努力可以完成的活动目标，又要考虑不同幼儿的运动能力和体质强弱，给每个幼儿安排适合其发展水平的活动内容。教师可以在组织游戏的过程中调节游戏难度或控制幼儿的运动量。比如，开展"捕鱼"这一四散追逐跑的游戏时，幼儿活动一段时间后，可以先捕捉体质较弱的"鱼"，让其在场外休息；对于那些体形较胖又不爱运动的"鱼"，可以在他身后假装捕捉，促使他们多活动，然后再捕捉那些体质一般或较易兴奋、控制不住自己运动量的"鱼"；对于体质强的"鱼"可以最后捕捉。

第五节　组织幼儿园户外体育活动时应注意的问题

让幼儿拥有健康的体魄是幼儿园重点工作之一。组织幼儿进行户外体育活动是科学、严谨的工作，应结合幼儿生理、心理发展水平及幼儿园体育活动特点。如何做到通过幼儿体育活动，既让幼儿增强体质、提高身体素质和运动能力，又让设计的体育活动适合幼儿参与并有成效？我们从教育实践中常见的现象出发，发现目前存在以下 6 个方面的问题。

一、对幼儿心理健康关注得不够

《纲要》中强调："幼儿园必须把保护幼儿的生命和促进幼儿的健康放在工作的首位。树立正确的健康观念，在重视幼儿身体健康的同时，要高度重视幼儿的心理健康。"《指南》中明确指出："健康是指人在身体、心理和社会适应方面的良好状态。"因此，在日常活动中，我们在关注幼儿身体健康的同时，还要关注幼儿的心理健康。

（一）创设宽松的精神氛围，满足幼儿爱的需要

对于年幼的孩子而言，他们的情感是真诚而脆弱的。在幼儿园里，他们对教师有着自然的依恋。因此，教师可以通过语言、表情、眼神及肢体动作等多种方式让幼儿感受来自教师的关爱，让他们感到安全、心情愉悦，以良好的情绪和状态积极地投入活动中。

（二）尊重幼儿的年龄特点，满足其心理需要

不同年龄段幼儿的思维水平处于不同的发展阶段。教师在体育活动中要充分尊重幼儿的年龄特点，满足他们在心理上的需要。如，小班幼儿具有泛灵化

思维，游戏时容易把自己代入角色。因此，教师在带领小班幼儿进行游戏时，就要避免出现"大灰狼""大老虎"这类幼儿感到害怕的角色；中班幼儿虽然对游戏规则有了基本的认识，但是在进行追逐类游戏时，也不要让幼儿真的被"捉住"，要让幼儿在游戏中获得自信心、成就感，以激发幼儿进一步挑战自我的积极性；大班幼儿竞争意识逐渐增强，在进行竞赛类游戏时，一定要引导幼儿正确地面对输赢，让幼儿看到自己的努力和进步，及时总结游戏经验，争取更大的进步。

二、对运动材料多样性与层次性研究得不够

运动材料是支持幼儿有效参与户外体育活动的载体。好的材料不仅能调动幼儿参与活动的积极性，还能对幼儿的动作发展起到很好的支持作用。因此，要加强对运动材料多样性和层次性的研究。

（一）根据各年龄段幼儿动作发展要求和需要丰富材料

教师要以《指南》中不同年龄段幼儿基本动作发展要求为核心，加强对运动材料的研究，针对动作要领选择适宜的材料，让材料为动作发展服务，充分发挥每种材料最大的教育价值。

首先，教师要以幼儿为主体，将户外运动材料的选择权、使用权还给幼儿，让他们自由选择材料和玩伴，鼓励他们在现有材料的基础上充分挖掘和创新玩法，达到一物多玩的目的。其次，还应拓展材料选择的范围，从专门的运动材料拓展到日常生活材料，如报纸、气球、布口袋……选择幼儿感兴趣的材料代替已经失去兴趣的材料。最后，还可以引导幼儿多物并用、以物代物，组合不同的材料，创新玩法，促进幼儿身体动作进一步发展。

（二）针对幼儿不同动作水平提供不同层次的材料

幼儿动作发展存在个体差异，教师应根据不同幼儿的动作发展水平投放材料，让不同动作发展水平的幼儿根据自己的能力与需求自主选择材料，促进每个幼儿在原有水平的基础上获得发展。如教师在钻爬区进行指导时，为小班幼儿练习手膝爬的动作制作了山洞、为中班幼儿练习手脚爬的动作提供了模仿解放军训练用的迷彩拉网、为大班幼儿练习匍匐爬的动作搭建了低矮的地道……这些材料的投放不仅能调动幼儿参与体育活动的积极性，还能有效地促进幼儿爬行动作的发展。

在活动中，我们发现，对幼儿来说，越是具有挑战性的材料，他们越喜欢，愿意主动尝试。因此，我们需要针对不同动作发展水平的幼儿提供不同层次的具有挑战性的材料。

在这里，需要特别强调的是，同一年龄班的幼儿也同样存在动作能力与水平的差异。因此，我们在提供同一类的材料时也要体现层次性，才能让每个幼

儿都能选择适合自己能力与水平发展的材料，在自己原有水平的基础上获得发展。

三、对运动强度与密度的合理性研究得不够

由于幼儿仍处于生长发育的阶段，运动系统的功能尚不完善。因此，教师要科学地设计活动，合理地安排运动强度与密度。运动强度与密度过小，不能提高幼儿的身体机能；运动强度与密度过大，不仅会对幼儿的身体造成损伤，还会降低幼儿对体育活动的兴趣。因此，在组织幼儿进行体育活动时，要使活动适宜又适量，才能真正地促进幼儿发展。

（一）针对活动内容，科学调控运动强度与密度

由于幼儿的身心功能发育尚不完善，处于稚嫩的阶段，肌肉容易疲劳，肌肉的力量和耐力较差。因此，在体育活动中，教师应针对活动内容科学调控运动强度与密度，避免幼儿因不适应较大的体力负荷而过度疲劳或发生运动损伤的情况。同时，在一次体育活动中，教师也要注意活动与休息适当交替，使幼儿在活动后经过一段时间的休息，身体机能状态能及时恢复到以前的状态。

1. 在组织幼儿进行运动强度较大的动作活动（如跑、跳、爬）时，需降低运动密度，可以创设一些游戏情境，帮助幼儿调控运动节奏和频率，如，在带领小班幼儿模仿小青蛙完成跳跃练习后，设置一个"小青蛙捉虫"的情节，提示幼儿要轻轻地绕过障碍，走到指定地点，捡起一条虫子，按照颜色的不同送到相应颜色的"家"里后，再返回起点，进行跳跃练习。有趣的情节可以起到调控运动环节动静交替的目的，避免幼儿因运动强度过大而过度疲劳。

2. 在组织幼儿进行运动强度较小的活动（如平衡、钻等）时，则要注意加大运动密度，以保证幼儿的机体在有效的时间内得到充分的发展。可以通过多设置器械组别、丰富游戏情节、扩充活动内容等方式帮助幼儿提高运动强度，使幼儿的机体得到充分的锻炼。

（二）针对季节特点，灵活调整运动强度与密度

教师应注意根据季节的冷暖，调整户外活动的强度与密度。如，冬天天气较冷时，适宜选择运动强度、密度大一些的活动；而夏天天气较热时，适宜安排一些运动强度、密度较小的活动。如，组织幼儿玩"打鸭子"游戏。这个游戏需要全体幼儿围成一个圆圈，坐下，利用滚球的方式击打圆圈中间扮演"鸭子"的幼儿。在这个游戏中，大部分幼儿都在进行滚球练习，只有扮演"鸭子"的幼儿运动强度稍大，教师可以通过游戏时间来调控其运动强度。

四、对运动兴趣与习惯的培养关注得不够

《纲要》中明确指出："培养幼儿对体育活动的兴趣是幼儿园体育的重要目标，要根据幼儿的特点组织生动有趣、形式多样的体育活动，吸引幼儿主动参与。"在组织幼儿开展体育活动时，教师应在尊重幼儿自主性、能动性的前提下，敏锐地发现幼儿的兴趣与需要，及时进行调整和指导，让幼儿的运动兴趣处于激发、保持、再激发、再保持的状态。

(一) 创设游戏情境，激发幼儿参与活动的兴趣

教师利用语言、图片、动作进行游戏情境的创设，可以更好地帮助幼儿丰富游戏内容，如，小班教师会为幼儿提供头饰和道具，帮助幼儿融入游戏情境，使其更主动地参与活动。中、大班教师观察到幼儿在匍匐爬时好像是在模仿解放军，于是，增加了军帽、小红旗等材料，让幼儿感到自己就是一名解放军，激发幼儿的游戏愿望，促使幼儿在游戏中表现得非常勇敢，并能自觉地遵守游戏规则。

(二) 巧设问题情境，促进幼儿主动探索

教师通过设置问题情境，引导幼儿不断思考、想象，激发幼儿的创造性思维和参与活动的兴趣。如，当教师观察到幼儿一个人玩轮胎已经没有新玩法时，可以请幼儿想一想，两个人一起玩，可以怎么玩？几个小朋友一起玩，可以怎么玩？用问题情境推动幼儿进一步探索新的游戏玩法。

(三) 丰富运动材料，支持幼儿主动参与活动

教师在了解本班幼儿已有的运动经验及活动意愿的前提下，创设具有丰富性、层次性和挑战性的运动环境，促进幼儿在主动参与活动的过程中不断调整自己的运动行为，发展机体动作能力。

很多幼儿对平衡游戏都不太感兴趣。教师可以提供既方便幼儿运输又能增加游戏挑战性的材料，引导幼儿发挥运动潜能和智慧，尝试用自己想出来的方法将不同的材料运过独木桥（即平衡木），让幼儿在体验成功挑战的同时，提高机体动作发展水平。这种具有挑战性的运动材料，不仅激发了幼儿参与活动的兴趣，也提高了幼儿主动参与活动的积极性。

(四) 开展家园共育，强化运动习惯

运动习惯的养成不是一天、两天的事儿，需要持之以恒地坚持下去，才会有效果。在幼儿园里，教师除了保证落实幼儿每天户外运动的时间，还应帮助幼儿养成良好的运动习惯。如，让幼儿知道运动前要先进行热身活动，能按照安全路线行进，积极参与活动不等待，活动后能主动收拾与整理材料，做好放松及拉伸运动。

同时，教师还应科学地指导家长在家里对幼儿同步施教，帮助幼儿养成良好的运动习惯。

1. 规律作息。家长应以身作则，带领幼儿一起运动，帮助幼儿形成按时间运动的良好习惯。

2. 科学安排运动内容。家长应向幼儿渗透必要的运动常识，帮助幼儿在运动中获得自信心和成就感。

五、对幼儿安全自护能力的培养关注得不够

爱玩是孩子的天性。幼儿期的孩子更是活泼、好动，对任何事物都充满好奇，什么都想看一看、摸一摸。但幼儿动作处于发展阶段，自我保护的意识及能力较弱，很容易发生一些意外。"千般照顾，不如自护。"只有教师转变安全教育的思想，帮助幼儿提高自护意识与自护能力，才能在科学地开展户外体育活动的基础上减少意外伤害的发生。

（一）提高安全意识，丰富安全经验

很多教师在户外体育活动中往往因为担心幼儿受伤，对幼儿进行过度保护，从场地的设置、材料的投放、游戏的挑战等方面降低对幼儿游戏的要求，出现教师支持与幼儿实际运动水平不匹配。教师的支持缺乏适宜性，这对幼儿的长远发展极为不利。对此，教师可以尝试从以下 3 个方面改进：

1. 做好热身运动。

热身运动是一切体育运动之前必备的环节。热身运动可以活动肢体，让肌肉紧张起来，使身体更好地适应接下来的体育运动。在具体的体育游戏中，幼儿哪个部位及关节使用频率较高，就应在游戏开始前，针对这一部位进行热身运动，避免出现运动损伤的情况。

2. 做好安全检查。

安全检查既包括在活动前对场地、材料的检查，也包括对幼儿服饰的检查。教师要检查场地是否平整，材料是否能正常使用，幼儿服装、鞋子是否适合运动。在活动前，消除一切安全隐患。

3. 丰富安全经验。

教师应通过多种方式学习有关运动的安全常识，避免在开展体育活动时因自己的过错或疏忽导致安全事故的发生。如，教师在带领幼儿练习跳跃动作时，应尽量避免让幼儿在坚硬的地面上做跳跃动作，更不要让幼儿从较高处往坚硬的地面上跳，否则有可能损伤幼儿骨盆、下肢关节及大脑。幼儿跳跃时，最好是在较柔软的泥土地或草坪上进行。如果必须在坚硬的地面上进行跳跃活动时，可以铺设垫子，以减轻地面对幼儿身体的振动。再如，教师带领幼儿进

行跑步、跨跳等活动时，一定要留出足够的场地供幼儿缓冲；幼儿剧烈运动后，提示其不能马上饮水等。

(二) 抓住日常教育契机，培养幼儿自护意识

1. 引导幼儿积累自我保护的方法和经验。

教师应摒弃那些为避免出现幼儿体育活动中的安全事故而减少体育活动的行为。一方面，教师应对幼儿进行安全教育和提醒；另一方面，要让幼儿通过体育活动学习和积累各种科学、合理、安全地开展体育活动的方法和经验，比如，按照常规要求取放运动器材并做到不争抢；用科学的方法使用各种运动器材；在体育活动过程中不碰撞同伴；当自己的身体将要被碰撞时，学会及时避让等。

2. 培养幼儿的规则意识。

为了保障幼儿安全，教师要培养幼儿体育游戏的规则意识。体育游戏规则大致可分为秩序性规则、技术性规则、任务性规则、活动性规则等。幼儿进行体育游戏时，为了使游戏有序进行，就需要制订与游戏有关的秩序性规则，这是整个游戏活动的关键，决定着游戏能否顺利进行。技术性规则主要围绕游戏活动目标来制订，要求教师在活动的不同时间段里，反复地对幼儿进行技术性示范及有针对性的技术指导，及时纠正幼儿活动中出现的错误或不规范的动作。任务性规则就是在游戏中，教师要明确指出有哪些技巧性活动是全体幼儿必须完成的，有哪些动作或活动项目幼儿可以根据自己的运动水平进行选择。活动性规则多用于"一物多玩"的游戏体验，幼儿通过自主探索、尝试、体验，总结运动技巧和多种游戏玩法，共同讨论怎样做才是合理的、规范的，使游戏玩法更加丰富多彩。

六、对幼儿运动形式的丰富性研究得不够

在户外体育活动中，常常出现幼儿运动形式单一、重复性活动较多的问题。运动形式不丰富，不利于幼儿发挥主动性，也不利于幼儿动作的全面发展。因此，教师在开展户外体育活动时，一定根据需要灵活运用多种运动形式，以促进幼儿机体动作的有效发展。

幼儿园体育活动的组织形式按照不同的分类标准有不同的分类方法。比如，按照体育活动地点的不同，可以把它分为园内体育活动和园外体育活动，或者室内体育活动和室外（户外）体育活动；按照体育活动组织的严密程度和教师指导方式的不同，可以把它分为正规性体育活动和非正规性体育活动。

通常，我们按照幼儿在园一日活动中参与体育活动的时间和内容的不同，将幼儿园体育活动的组织形式分为以下几种：

（一）操节活动

这里所指的操节活动，并非一般意义上所指的晨间体操，而是体操和其他体育锻炼活动的总称。在天气晴好的情况下，操节活动通常要求在幼儿园户外场地进行（如果遇到雨天、雪天或其他极端天气时，可以在教室内做操，也可以利用走廊开展体操和小型游戏活动；在天气炎热或寒冷的季节，有条件的幼儿园可以在专门的体育活动室内进行操节活动）。活动时间半小时左右，且要求每天按时进行。活动形式大多采用集体活动（如集体做操等）和自选活动（如利用体育器械，尤其是利用各种小型器材进行的小型且多样的体育游戏）相结合的方式。这种活动方式在全面锻炼幼儿身体各项机能、养成幼儿良好的身姿、培养幼儿积极参与体育锻炼的良好习惯等方面有着十分重要的作用。每天坚持做操，还有利于培养幼儿持之以恒、不畏寒暑等良好的意志品质，并能有效提高幼儿机体对环境的适应力，增强身体对疾病的抵抗力。

（二）集体活动

体育教学活动（即传统意义上的体育课）是幼儿园体育活动的基本组织形式。它通常采用集体（全班或小组）教学活动的方式，在天气无特殊的情况（主要指雨天、雪天或天气过热、过冷）下，一般要求在户外场地进行。体育教学活动一般每周安排1～2次，大多采用游戏的方式进行。

（三）分散游戏

分散游戏是与集体活动相对而言的，一般是指幼儿在户外场地中，自由选择、自主开展的体育游戏。分散游戏在时间的安排上更为灵活，活动形式更加多样，活动内容也更为广泛。一般来说，它通常采用自选活动的方式。因此，户外体育活动更能发挥幼儿参与活动的积极性、主动性和创造性，也更有利于教师因人施教。

（四）其他运动形式

除了上述基本组织形式外，幼儿园体育活动还有体育节、运动会、远足活动或短途游览等组织形式。教师还可以结合园本课程的需要，创设更加富有个性化、能够促进幼儿健康成长的运动形式。

第二章 幼儿园户外体育活动的组织与指导策略

幼儿园户外体育活动是幼儿体育的一种基本组织形式，是落实《指南》中有关幼儿"身体素质发展目标"和"促进幼儿基本动作发展"的重要途径之一。《指南》在健康领域"动作发展"方面提出，"目标1 具有一定的平衡能力，动作协调、灵敏""目标2 具有一定的力量和耐力""目标3 手的动作灵活、协调"。这些都是对幼儿身体素质发展需要达到一定标准的阐述，通过丰富多彩的体育活动，全面促进幼儿力量、速度、耐力、柔韧性、灵敏性等身体素质的发展。

虽然幼儿健康的身体会自然而然地生长和发展，但是为了全方位发展幼儿身体各方面的技能，需要教师的支持和引导，为幼儿提供适宜的运动材料和活动内容，发挥引导者和支持者的价值。

第一节 幼儿园户外体育活动的组织内容

幼儿园户外体育活动内容多样，按照运动发展进行分类，可以分为粗大动作和精细动作。粗大动作是指由身体大肌肉或者肌肉群产生的动作，如行走、跳跃、奔跑、投掷等。精细动作是指身体小型肌肉或小肌群运动而产生的动作。如画画、写字、刺绣、使用筷子、穿珠子等。3~6岁是幼儿动作发展的关键期，也是许多基本动作形成的黄金时期，只有基本动作发展到位，幼儿在动作反应中才会有更多的选择。

教师要了解各年龄阶段幼儿动作发展的顺序和指标，引导幼儿由易到难、循序渐进地学习并掌握基本动作要领。教师要根据幼儿的年龄特点设计有趣、好玩、材料丰富的户外体育活动，将动作发展目标融入幼儿喜欢的活动中。教师在设计活动时，还要考虑幼儿动作发展水平的个体差异，设计不同层次的教育目标，使每个幼儿的动作发展都能在已有水平的基础上获得显著提高。

一、走

走是幼儿的基本动作之一，也是幼儿园户外体育活动中不可或缺的内容。

《指南》针对不同年龄班的幼儿关于"走"的发展目标提出了不同的要求，体现了层次性（表2-1）。

表2-1 关于走的动作发展目标

年龄班	动 作 发 展 目 标
小班	能沿地面直线或在较窄的低矮物体上走一段距离 能行走1千米左右（途中可适当停歇）
中班	能在较窄的低矮物体上平稳地走一段距离 能连续行走1.5千米左右（途中可适当停歇）
大班	能在斜坡、荡桥和有一定间隔的物体上较平稳地行走 能连续行走1.5千米以上（途中可适当停歇）

走的动作发展分为下肢动作、上肢动作、躯干动作变化、辅助器械协同动作等几方面的动作内容变化（表2-2）。

表2-2 关于走的动作类型、组合与指导

动作类型	动作组合	教师指导
下肢动作变化	步伐频率快慢 步伐方向的变化 脚部功能的变化	碎步快走、散步慢走，体现了步伐、频率的变化 直线走、曲线走，向前、向后、向指定地点走等，体现了步伐方向的变化 脚尖走、脚跟走、脚掌走、全脚踏步走，体现了脚部功能的变化 观察幼儿走路时，有无内、外"八"字脚的姿势，可以采取脚内侧踢球、沿一条直线走等方式指导、纠正与调整幼儿走路的姿势
上肢动作变化	手的动作变化 臂的动作变化	拉绳走、推拉物体走、抱物走、提物走、拖物走、叉腰走、平举走、拍打身体走、手拉手走、臂挽臂走、手搭肩走等都体现出手的姿势变化、持物变化和手臂的动作变化 观察幼儿走路时，上、下肢能否协调、配合
躯干动作变化	躯干动作变化	弯腰走、挺腹走、仰头走、晃动身体走、转头走、转身走等动作变化 提醒幼儿日常走路时应抬头、挺胸

（一）动作要领

教师要掌握不同年龄班幼儿的走步动作发展目标，从体态、步幅、动作要领方面指导幼儿进行走步活动，使幼儿掌握正确的走步方法，根据走步动作发展目标设计走步游戏，灵活掌握多种走步方法，促进幼儿走步能力的发展（表2-3）。

幼儿走步常见的方式有自然走步、脚掌走、脚跟走、轻轻走、蹲走、后退走、横着走、持物走、变换手臂动作走、变换方向走等。

表 2-3　3～6 岁幼儿走的动作要求、能力发展及推荐游戏

年龄班	体态与步幅	走的动作要求	能力发展	有关走的游戏设计
小班	1. 自然、大方地走步 2. 步幅放开，落地轻 3. 脚尖向前，躯干保持正直 4. 双臂摆动，自然而协调	1. 一个跟着一个走 2. 摆臂自然、协调 3. 自身能够控制走的方向	1. 发展方位知觉，注意走步的速度、幅度、节奏 2. 发展注意力，排队走时不掉队 3. 有初步的观察、模仿能力	1. 我会这样走——自然走步 2. 小花猫走路——直线走 3. 小蚂蚁走路——跟着走，不掉队 4. 老猫睡觉醒不了——在指定范围内四散走
中班	1. 改善自然走步动作 2. 步幅趋于稳定，能够放开、匀速地走 3. 走的时候，上、下肢互相配合，动作较为协调 4. 走路姿势端正，脚不擦地，不踮脚，不走"八"字	1. 初步掌握闭目走、后退走、持物走的正确方法 2. 会创新多种模仿走、拍响走的花样动作 3. 排队走步时，保持队形	1. 发展方位知觉，注意走步的速度、幅度、节奏 2. 会调节走步的步伐、节奏及频率	1. 弯弯地走——曲线走 2. 挎上小篮子，采蘑菇——持物走 3. 红、绿灯游戏——听信号，有节奏地走 4. 走路变变变——分队或并队走 5. 去郊游——远足
大班	1. 走步自然、放松 2. 走步的步幅大而稳 3. 姿态端正，摆臂自然、协调，有精神	1. 掌握闭目走、后退走、前脚掌走、后脚跟走、推小车走等走的方法 2. 创新多种走步的方法 3. 排队走时，与集体节拍一致	1. 发展方位知觉，能够控制走步的速度、幅度、节奏 2. 走步过程中发展创新、竞赛能力 3. 发展集体协同走的能力	1. 队形一变四——变换队形走步 2. 左右变化走——听信号变换方向走步 3. 高人走、矮人走——竞赛与趣味游戏相结合的走步

（二）指导建议

古语云："形而上谓之道，形而下谓之器。"道，即道理、思想。器，即方法、手段。应用于幼儿的走步活动，即就走步之道，扬教育之器。

1. 为人师表，行为示范。

教师在日常和幼儿接触时，要保持端正的站立姿势，体态优美；走路时，

双臂自然下垂，摆动协调而有序，步幅稳健、匀速，以身示范，做幼儿行走的榜样。

2. 发现问题，针对解决。

小班幼儿刚入园时，教师发现幼儿在走步方面问题较多，如，多数幼儿喜欢用跑步代替走步，或者走步动作不协调、走步容易顺拐等。因此，教师从小班开始，引导幼儿自然行走，从走步的姿态、节奏、方向、协调性等方面设计相应的游戏，利用生活活动中送餐具、喝水等环节，对幼儿走步提出相应的要求，如送餐具时，要轻轻地走；排队喝水时，要慢慢地走；户外活动时，要像解放军一样排好队，整齐地走。

中班幼儿身体的稳定性及动作的协调性有所增强，步幅趋于稳定，上、下肢配合较协调，但控制走步的节奏较差，注意力容易分散，能控制身体不摇晃，较稳定，还有少数幼儿容易出现低头走路的现象。教师可以和幼儿一起设计趣味走步的游戏，如倒着走、"S"形走、直线走等。

大班幼儿走步自然而放松，趋于平稳、协调的状态，步幅明显增大，上、下肢协调。但该阶段幼儿容易出现摆臂幅度过大、脚落地较重、抬腿过高的情况。教师要求大班幼儿在中班走步游戏的基础上，不仅能变换动作走，还能灵活变换方向走、变换走步的速度与节奏。大班幼儿常以竞赛的形式开展走步运动，出现了两人三足走、团队多足走、抬轿子走等双人走、多人协同走、小组合作走的游戏，使走的游戏形式更加丰富、多样。

3. 借助环境，巧妙游戏。

教师可以利用辅助器械设计并开展有关走步的游戏，提高幼儿参与活动的兴趣。如，教师为幼儿提供高跷、平衡木、自制大鞋、长绳、贴在地面的脚印、梅花桩、负重物等材料，让走步游戏变得生动而有趣，创设游戏情境。除此之外，还要为幼儿提供适合走步的场地，如鹅卵石路、水泥路、木板路等赤足走的场地，以及台阶、缓坡、轮胎路、马路牙等具有挑战性走步的场地……总之，游戏化、情境化是发展幼儿走步能力的重要途径。

二、跑

跑步是一种以双脚交替快速移动为特征的运动形式。《指南》针对不同年龄班的幼儿，提出了关于跑的动作发展目标，具体描述如下（表2-4）。

表2-4　关于跑的动作发展目标

年龄班	动 作 发 展 目 标
小班	分散跑时能躲避他人的碰撞 能快跑15米左右

（续）

年龄班	动 作 发 展 目 标
中班	能助跑跨跳过一定距离，或助跑跨跳过一定高度的物体 能与他人玩追逐、躲闪跑的游戏 能快跑 20 米左右
大班	能躲避他人滚过来的球或扔过来的沙包 能快跑 25 米左右

跑步动作变化分为起跑姿势变化、上肢动作变化、下肢动作变化、跑道变化等几个方面的内容（表 2-5）。

表 2-5 关于跑的动作类型、组合与指导

动作类型	动作组合	教师指导
起跑姿势变化	预备姿势，站位、半蹲、坐位等多体位起跑姿势	根据跑步的速度引导幼儿用不同的起跑姿势准备起跑，掌握预备起跑的动作要领
上肢动作变化	两臂动作变化 手的动作变化 手臂协同动作变化	1. 指导幼儿预备跑时屈肘、握空心拳 2. 跑起来时，两臂前后摆动，协调、配合，要注意引导幼儿控制手臂摆动的幅度及频率，两臂摆动太大、太小、太快、太慢都会影响跑步速度 3. 幼儿在跑步过程中，还可以做两臂伸展、扩胸、甩臂等协同动作，丰富上肢动作变化 4. 幼儿可以边拍手或拍打身体边跑步，也可以托物跑、拎物跑等
下肢动作变化	脚的姿势变化 身体姿势变化 步伐变化 摆腿变化	1. 观察幼儿跑步时脚的姿势变化，纠正外"八"字跑、内"八"字跑、脚尖跑等不正确的跑步姿势 2. 引导幼儿全脚掌着地跑，同时注意调整腿的重心、身体的重心，纠正幼儿后坐跑、仰头跑的姿势 3. 引导幼儿掌握碎步跑、大步跑、加速或减速跑的正确方法，要根据幼儿年龄特点调整跑步的速度与方向 4. 观察幼儿摆腿跑的姿势，引导幼儿体验侧向摆腿跑和前后摆腿跑，了解摆腿与速度之间的关系，掌握正确摆腿跑的方法
跑道变化	平地跑道 斜坡跑道 宽窄跑道 设置障碍跑道	1. 要有意识地让幼儿体验不同跑道的运动方法和跑步策略，斜坡跑时学习上坡冲刺提速、下坡缓冲减速跑 2. 跑道上有障碍物时，中、大班幼儿可以选择跨障碍、躲闪跑等方式，借此提高身体动作的协调性及灵活性

（一）动作要领

跑是一项重要的位移技能，广泛出现在幼儿的体育游戏和日常活动中。若幼儿跑步动作发展滞后，可能会导致其体力活动水平不足，对幼儿的体质、健康产生一定的影响。教师要了解幼儿跑步动作发展的特点，掌握小、中、大班幼儿跑步动作的发展目标，培养其速度、下肢爆发力、平衡、协调等运动素质。发展幼儿常见的跑步动作，如慢跑、快速跑、圆圈跑、四散跑、往返跑、追逐跑、弯腰跑、后退跑、接力赛跑、持物跑和模仿动作跑等（表2-6）。

表2-6　3～6岁幼儿跑步动作能力发展要求及推荐游戏

年龄班	体态与步幅	跑步动作要求	能力发展	有关跑步的游戏设计
小班	1. 能够迈开步子跑 2. 跑步时，身体比较平稳 3. 身体重心向前 4. 屈肘、握拳，做出起跑动作准备	1. 双臂能前后自然摆动 2. 15米直线跑用时不低于7秒 3. 根据目标控制跑步的方向	1. 四散跑时，能主动躲闪他人 2. 能在成人引导下调节跑步的速度	1. 左右变化跑游戏——听信号，向指定方向跑 2. 老狼老狼几点了——在指定范围内四散跑 3. 踢足球游戏——围圈跑或者围着场地跑 4. 跑步比赛——100米走、跑交替 5. 摸墙跑游戏——往返跑
中班	1. 迈开步子跑，知道步幅大才能跑得快 2. 身体重心向前 3. 屈肘、握拳，做出起跑动作准备	1. 能屈肘、前后摆臂跑 2. 跑步时，落地较轻，避免后甩小腿和"八"字脚 3. 20米直线跑时间不少于6.5秒	1. 初步掌握圆圈跑、往返跑、持物跑、曲线跑和绕障碍跑等方法 2. 能较好地控制跑步的方向，调节跑步的速度 3. 在跑步运动中发展交往、合作等方面的能力	1. 跑跑跳跳真好玩——跑动中听信号、做出规定动作 2. 绕过轮胎跑——绕障碍跑 3. 背上小篮子跑——负重跑 4. 我是"飞人"——20米快跑 5. 切西瓜游戏、贴人游戏——曲线跑
大班	1. 懂得步子大、频率高才能跑得快的道理 2. 身体重心向前 3. 屈肘、握拳，做出起跑动作准备	1. 屈臂摆动会省力 2. 跑步时，腿部蹬伸有力，前摆放松、方向正 3. 掌握持物跑、改变方向跑、后退跑、侧向跑、躲闪跑等动作 4. 25米直线快跑时间不少于6秒	1. 根据目标和自己的体力调节跑步速度 2. 在四散跑、追逐跑、躲避跑的游戏中，能运用策略战胜对手	1. 谁是跑步冠军——竞技跑步 2. 投掷沙包游戏——躲闪跑 3. 变快、变慢跑——听信号，改变跑步方向或者改变跑步速度 4. 拯救伙伴游戏——两人或多人协同跑 5. 向上冲、向下冲游戏——上、下坡跑 6. 四人接力赛游戏——接力跑

（二）指导建议

学前阶段的幼儿非常喜欢自由地奔跑。幼儿一有机会就会在活动室、户外操场或者宽阔的场地内开展追逐跑、四散跑等游戏。教师应如何更好地指导幼儿跑步呢？

1. 选择适宜的场地。

由于幼儿年龄小、身体灵活性差。因此，经常会发生撞人、撞物的事件。这是因为跑的场地不适宜、跑的空间太狭窄、跑的方向不一致等原因导致的。开展户外跑步这项体育运动时，教师首先要目测场地的大小、适宜性、安全性等基本指标，选择适宜的场地，引导幼儿开展跑步游戏。跑步之前，教师要在场地周围检查有无石子、钉子、其他羁绊物等，察看地面是否损坏、是否有积水等危险情况，防止安全事故的发生。

2. 找准问题，协调解决。

小班幼儿在跑步的时候，往往动作不协调。有的幼儿跑步时迈不开步子，速度慢，步子小，躲避障碍的能力弱。这和幼儿体质特点、运动次数、家长教养方式等有关。因此，小班教师除了在园内注意观察幼儿跑步动作，找到跑步能力需要提高的方面，同时要和家长进行沟通，让家长在家庭教育中有目的、有针对性地和幼儿共同开展与跑步有关的游戏。

中班幼儿跑步动作的协调性相比小班时有所增强，步伐稳健，身体重心较稳，也开始掌握一些跑步要领，如预备跑、摆臂跑、加速跑、减速跑等。中班幼儿有一定的规则意识。教师在组织跑步游戏时，可以设计贴人、切西瓜、丢手绢等游戏，引导幼儿按照一个方向转圈跑、追逐跑。到中班末期，可以设计一些竞赛类活动，提高中班幼儿的小组合作意识。

大班幼儿的耐力相比小、中班幼儿有所增强，自身也更加关注跑步的方法和技能，希望自己能跑得快一点儿，能追上比自己跑得快的同伴。首先，教师要和幼儿共同制订或约定游戏规则；其次，调动幼儿参与活动的积极性，引导幼儿尝试进行预备跑、加速跑、变速跑、助跑等游戏，探究省力跑、臂肘协同摆动加速跑的方法，提高幼儿身体动作的灵活度及耐力等运动素质；最后，教师不能只关注幼儿的兴趣点，还要关注幼儿的心肺功能。如果幼儿长时间处于快跑状态会损伤其心肺功能。因此，要观察幼儿出汗情况，及时调整运动强度与密度。

3. 结合季节，适度游戏。

幼儿喜欢跑、愿意跑，表现出对此项活动的热爱。很多幼儿跑起来就不知道累。教师要注意引导幼儿调节跑步的速度和频率，避免机体长时间处于疲劳状态，影响幼儿身体健康。活动结束后，幼儿坐在地上，不愿意起来，这是运动量过大的表现。运动量过大会损害幼儿身心健康。因此，教师要关注每一个幼儿。跑步和季节、天气有着密不可分的关系。三四月的初春、深秋和寒冬时，教师应适当延长跑步的时间。当幼儿面色红润、呼吸急促时，意味着已经达到足够的运动量。夏季的时候，天气炎热，教师应尽量减少组织跑步活动，让幼儿进行运动量较小的活动。

总之，跑步是幼儿喜欢的一项运动，能够发展其多项运动能力，但是，教师需要结合幼儿年龄特点、场地、动作发展目标、季节等因素进行有针对性的指导。

三、跳跃

跳跃是指通过双腿发力使身体腾空产生位移的运动形式，可以原地向上或向前跳。跳跃运动能够增加幼儿腿部的肌肉力量，发展他们的弹跳能力、爆发力及身体的灵敏性、协调能力，并提高耐力素质。通过纵跳、从上向下跳，还可以发展幼儿的目测能力，提高和改善视觉运动能力，培养勇敢的意志品质。

《指南》针对不同年龄班的幼儿，提出了关于跳跃的动作发展目标，分别进行了如下的描述（表2-7）。

表2-7　关于跳跃动作的发展目标

年龄班	动 作 发 展 目 标
小班	能身体平稳地双脚连续向前跳 能单脚连续向前跳2米左右
中班	能助跑跨跳过一定距离，或助跑跨跳过一定高度的物体 能单脚连续向前跳5米左右
大班	能连续跳绳 能单脚连续向前跳8米左右

跳跃动作的变化丰富多样。幼儿可以在模仿游戏中体验跳跃动作的变化，如模仿青蛙连续向前蹲跳。大班幼儿在深蹲跳的过程中，开始还能完成蹲跳，跳几个之后，就自动变成屈腿跳了。跳跃动作的变化还体现在预备动作、起跳动作、腾空动作、落地动作、跳的方向等动作变化中（表2-8）。

表2-8　关于跳跃的动作类型、组合与指导

动作类型	动作组合	教 师 指 导
预备动作变化	原地起跳、助跑起跳的预备起跳动作变化	1. 原地起跳分为站位起跳、蹲位起跳、跪立起跳3种起跳方式。蹲位起跳、跪立起跳时，前方的地面一定要有柔软的缓冲地带保护，如沙池、软垫等，以免身体受伤 2. 助跑起跳动作分为直线助跑、曲线助跑、圆圈助跑等几种助跑方式。助跑加速度时，一般用直线助跑起跳的方式。跨障碍跳时，可选用曲线助跑、圆圈助跑的起跳方式

（续）

动作类型	动作组合	教师指导
起跳动作变化	脚的动作变化 腿的动作变化	1. 在指导幼儿完成跳远动作时，要找到起跳踏点。如果是单脚起跳，就要用习惯脚找踏点起跳；如果是双脚起跳，就要双脚一起找踏点完成起跳动作 2. 在一般的跳跃游戏中不需要找踏点，单脚、双脚可连续完成起跳动作，起跳要与摆腿动作同时完成
腾空动作变化	腾空动作与起跳高度密切相关	1. 小班幼儿腾空动作变化较少 2. 中班后期及大班幼儿喜欢在腾空时摆出很酷的造型，或是手中持物，投射固定的靶位
落地动作变化	保持身体的稳定性	1. 幼儿在完成落地动作时，身体稳定性好的幼儿能够站稳、很少晃动，教师不需要过多介入 2. 身体稳定性不好的幼儿，时常会手扶地面或向前、向后倒，教师应铺设软垫等进行保护 3. 有些幼儿在完成助跑跳跃动作时，落地后，可以做出向前爬、身体向前趴、双手向后扶等辅助动作来保持身体平衡，教师应视具体情况进行指导
跳跃动作方向变化	向前跳 向后跳 向左跳 向右跳 体验正位跳、侧位跳、转圈跳的不同感受	引导幼儿发展空间方位知觉，前庭功能弱的幼儿可以多进行变换方向跳，提高幼儿身体的平衡能力，促进前庭功能的发展

（一）动作要领

跳跃是孩子表达高兴、开心的动作方式。婴儿在不会走时，在大人的协助下就有了屈腿跳跃的动作，常会在大人腿上蹬腿、向上跳跃。幼儿模仿能力极强，再大一点儿，他们就会模仿小青蛙、小兔子、小袋鼠等动作开始向前、向上跳。随着幼儿探索空间的不断扩大，用脚蹬地的动作越来越有力量，跳跃动作的协调性、灵敏性均有所发展。

跳跃的动作形式有很多，如双脚跳、单脚跳、纵跳、向下跳、蹲跳、撑跳、立定跳、跨跳、跳绳等。无论哪种形式的跳跃都包含一系列的动作，具体包括"预备（屈腿）——起跳（蹬地）——腾空——落地"4个步骤的内容。教师应为幼儿示范并指导幼儿每个步骤的动作要领，还要关注幼儿起跳前的预备动作及起跳后的落地缓冲动作要领。

表 2-9 3～6 岁幼儿跳跃动作要求、能力发展及推荐游戏

年龄班	预备姿势	跳跃动作要求	能力发展	有关跳跃的游戏设计
小班	1. 双腿稍屈 2. 双臂后摆 3. 上体稍前倾	1. 能双脚向上跳、向前跳、向下跳 2. 会双脚用力蹬地跳起、有节奏地连续跳 3. 双脚同时落地，落地较轻 4. 双腿屈腿缓冲，基本稳定 5. 双臂自然摆动 6. 能初步跨跳和立定跳远	1. 初步掌握双脚起跳和落地的技能 2. 在连续双脚向前跳中掌握合理、稳定的节奏	1. 小兔连续跳游戏——双脚连续向前行进跳 2. 青蛙跳游戏——双脚向上跳、向前跳 3. 跳台阶游戏——双脚向下跳（15～25 厘米高）
中班	1. 双腿稍曲 2. 双臂后摆 3. 上体稍前倾	1. 能够双脚向不同方向跳 2. 双脚起跳时，能有意识地双臂摆动与蹬腿动作协调，落地时能主动屈腿、缓冲，比较轻稳 3. 熟练掌握跨跳动作，落地时能不停顿地向前跑动 4. 能单脚连续跳 5 米以上，动作连贯 5. 立定跳远 75 厘米以上	1. 训练弹跳力和灵敏素质 2. 掌握单脚起跳和单脚落地的动作要领 3. 提高调节步幅的能力	1. 公鸡跳游戏——单脚连续跳（不少于 10 米） 2. 立定跳远游戏（不少于 75 厘米） 3. 助跑跨跳平面障碍游戏（大于 40 厘米的平行线） 4. 袋鼠跳——原地纵跳触物（距指尖 15～20 厘米） 5. 兔子跳游戏——双脚在直线两侧左右行进跳 6. 宝石运送游戏——夹沙包跳
大班	1. 双腿稍曲 2. 双臂后摆 3. 上体稍前倾	1. 能较有力、较协调地向各个方向跳跃 2. 熟练做跨跳和连续跳的动作 3. 双脚跳绳 10 次以上 4. 立定跳远 95 厘米以上 5. 单脚连续跳 8 米以上 6. 尝试合作跳跃游戏	1. 发展幼儿跳跃能力 2. 培养幼儿的耐力及速度 3. 屈腿缓冲，保持身体平衡能力	1. 跳圈真有趣游戏 2. 跳绳、跳皮筋、跳蹦床、跳箱等游戏 3. 跳竹竿游戏 4. 跨跳立体障碍游戏 5. 跳跳球游戏 6. 高处向下跳（30～35 厘米高） 7. 青蛙向前跳游戏——立定跳远（不少于 95 厘米） 8. 过小河游戏——助跑跨跳平面障碍（大于 50 厘米的平行线）

（二）指导建议

幼儿完成跳跃动作的关键在于双脚离地向上、向前跳跃的那一刻，完成这一动作需要屈腿、摆臂、躯干与上、下肢动作的配合、脚部蹬地力量的协同配合。教师要掌握不同年龄阶段幼儿跳跃动作的发展特点，以游戏化的方式，有针对性地指导幼儿进行跳跃游戏（表2-9）。

1. 小班幼儿指导策略。

小班幼儿在初学跳跃动作时，很多幼儿双脚跳不起来、不会离地。教师要分析幼儿跳不起来的原因：是幼儿不敢跳，还是脚部没有力量？跳跃过程中，是双脚同时离地，还是单脚离地？完成跳跃动作前、后有没有屈腿预备和屈腿缓冲的动作……这些都需要教师仔细观察、具体分析，进而解决小班幼儿跳跃动作中的问题，指导小班幼儿尝试分解动作。

在跳跃游戏中，教师一定要亲自示范动作，让幼儿通过观察、游戏、体验等方式了解跳跃的动作要领，可以用手拉着幼儿跳，让幼儿体验跳跃的姿势，增强其自信心；教师要接纳暂时学不会跳跃动作的幼儿，鼓励幼儿主动尝试；还可以结合音乐游戏、模仿游戏、表演游戏中的角色，如"小兔子拔萝卜""小猴子摘苹果"等，引导幼儿扮演相关角色，自主尝试跳跃动作。

教师在指导小班幼儿跳跃动作时要考虑小班幼儿腿部肌肉易疲劳的特点，在游戏中间设计舒缓、放松的调整环节。

2. 中班幼儿指导策略。

中班幼儿跳跃动作有了很大的提高，腿部肌肉力量有所增强，身体的灵活性、协调性都有所提高。教师在跳跃游戏中，观察幼儿是否熟练掌握跳跃的动作要领，引导幼儿在完成动作的过程中研究怎样跳得更高、怎样跳得更远，以游戏化的方式引导幼儿掌握弹跳、大步向前跳、单脚跳、双脚跳等跳跃方法。

中班幼儿完成跳跃动作时，教师要重点指导幼儿掌握起跳踏点、学习助跑起跳的方法，鼓励幼儿自主探究速度与步伐之间的关系，提高弹跳能力及身体的灵敏性。中班幼儿由于下肢肌肉力量耐力不足，往往跳跃的持久性差。因此，教师应和幼儿一起创新更多有关跳跃游戏的玩法，如双脚跳变单脚跳、横向跳变纵向跳、改变障碍物的摆放位置、选择适宜的辅助材料行进跳等。

3. 大班幼儿指导策略。

大班幼儿弹跳力及身体的灵敏性发展得较为成熟，他们能连续向前、向上完成跳跃动作，还可以向不同方向跳跃，并能在跳跃运动中自我保护。这个阶段的幼儿喜欢参与竞技游戏，教师要多为幼儿设计挑战性强的跳跃游戏，如跳绳比赛、跳竹竿、跳高触物、跨越立体障碍等游戏，提高幼儿的耐力与运动素质。

总之，跳跃游戏对场地有相应的要求，应选择平坦、有弹性的地面；在从上往下跳的位置或跳床周围铺上软垫，以保证幼儿的安全。教师需要注意由于跳跃动作是以下肢运动为主的活动，幼儿在运动后腿部、脚部容易疲劳。因此，在玩跳跃游戏时，需要适当增加上肢的游戏内容，使幼儿全身都得到锻炼，注意上、下肢能力的均衡发展。教师要根据幼儿身体状况及动作发展水平，选择性地变换方向跳，遵循循序渐进的原则，不能为了提高幼儿空间方位知觉而做出有损幼儿身体健康的运动项目。

四、投掷

投掷是指向目标所在位置抛或扔出物体。此动作不仅能有效地发展大肌肉群、腕部、手指小肌肉群的力量，而且能促进全身力量及身体协调能力的发展。它是发展方位、深度、幅度、速度、形状等知觉能力的有效运动。

幼儿园常见的投掷动作包括滚球、传接球、拍皮球、投掷飞机、投准、投远、投篮等。《指南》针对不同年龄班的幼儿提出了关于投掷动作的发展目标，具体有以下不同的要求（表 2－10）。

表 2－10　关于投掷动作的发展目标

年龄班	动作发展目标
小班	能双手向上抛球 能单手将沙包向前投掷 2 米左右
中班	能连续自抛自接球 能单手将沙包向前投掷 4 米左右
大班	能连续拍球 能单手将沙包向前投掷 5 米左右

投掷动作变化主要体现在上肢动作及投掷物、靶位的变化，具体分为手的动作变化、投掷体位的变化、投掷物的变化、投掷靶位的变化、用力方式的变化等（表 2－11）。

表 2－11　关于投掷的动作类型、组合与指导

动作类型	动作组合	教师指导
手的动作变化	单手投（投掷姿势一般分为肩上挥臂、身体后方 45°挥臂、头上挥臂） 双手投（双手投掷时，手一般放在胸前、头顶位置，然后向前、向上推物）	根据幼儿动作发展水平，指导幼儿学习正确的投掷动作 1. 双手腹前投掷，持物于腹前，两腿稍屈，蹬腿、展体、快速挥臂、将物体向上抛出 2. 双手头上投掷，持物于头后，两腿稍屈，上体稍后仰，蹬腿、收腹、挥臂抛出物体 3. 双手胸前投掷，持物于胸前，两肘下垂，五指分开稍屈，上体稍后仰，蹬腿、展体、快速伸臂推出物体 4. 单手低手投掷，两腿一前一后站立，重心在后腿，后腿稍屈，蹬腿、转体、快速向前挥臂，向前上方投出物体

（续）

动作类型	动作组合	教师指导
投掷体位变化	正面投掷（正面投掷体位包括站位投掷、跪位投掷、坐位投掷等） 侧面投掷（侧面投掷包括向斜前方、斜后方投掷）	投掷体位变化体现在身体投掷重心的转移上，引导幼儿体验不同体位投掷动作的变化、身体重心的转移，发展幼儿空间知觉
投掷物的变化	轻型投掷物 有一定重量的投掷物	1. 投掷不同的投掷物时，运用的投掷方法不同 2. 为幼儿提供材料丰富的投掷物，引导幼儿探索不同投掷物的功能和特点，运用不同材质的投掷物进行投掷，如纸团、纸飞镖、软包、软飞盘等都属于轻型投掷物；沙包、流星球、自制手榴弹、纸板飞盘属于有一定重量的投掷物 3. 引导幼儿选择不同的投掷物进行游戏，体验投掷物的特点
投掷靶位的变化	固定靶位（固定靶位指提前设定好的投掷目标，供幼儿进行投准活动） 移动靶位（移动靶位指可定向移动的投掷目标）	1. 带滑轮的移动靶位，大班幼儿适合可随时移动的靶位 2. 教师指导幼儿先进行固定靶位投掷活动，根据幼儿投准的情况，再引导幼儿进行移动靶位投掷活动
用力方式的变化	推力 投出物体的力 抛出物体的力	1. 幼儿投掷时，根据投掷动作的目标要求，可以清晰地观察幼儿用力方式的变化，如腹前投掷用的是推力；向上投掷用的是挥臂投出物体的动作；投流星球时，用的是挥臂抛掷动作 2. 教师引导幼儿在投掷时体验不同的用力方式，总结出不同的用力方法，增加投掷距离

（一）动作要领

投掷是幼儿较早掌握且十分喜爱的运动项目之一。投掷运动是幼儿上、下肢互相配合且躯干协同运动的项目。小班幼儿尝试投掷时，总是把握不好投掷方向、身体投掷重心、身体协同动作之间的配合，到了中、大班阶段，能够掌握投掷的基本动作要领，投得又高又远。教师要了解幼儿各年龄阶段投掷动作的发展水平（表2-12），从身体预备动作、投掷动作要领、投掷方向等方面指导幼儿进行投掷活动。

表 2-12　3～6 岁幼儿投掷动作要求、能力发展及推荐游戏

年龄班	身体预备动作	投掷动作要求	能力发展	有关投掷的游戏设计
小班	1. 掌握预备姿势和持物动作 2. 调节身体姿势，拉长主要用力肌群 3. 目测投掷目标的方位和距离	1. 掌握双手腹前、双手头上、单手肩上、单手肩侧的投掷动作 2. 掌握快速挥臂的动作要领 3. 双手腹前投掷时，用上腿部力量 4. 单手肩上投掷时，用上腰部力量 5. 能单手将沙包向前投掷 2 米左右	1. 初步形成躯干用力的意识 2. 根据目标调节投掷力度 3. 发展挥臂、蹬腿力量与身体的协调能力	1. 打怪兽游戏——双手头上投掷 2. 掷沙包游戏——单手肩上投掷 3. 滚接皮球游戏——双手腹前投掷 4. 拍球游戏——单手或双手体前拍接球
中班	1. 掌握预备姿势和持物动作 2. 调节身体姿势，拉长主要用力肌群 3. 目测投掷目标的方位和距离	1. 改进已掌握的投掷动作 2. 学会双手胸前推球 3. 投掷时，上、下肢协调用力，挥臂速度较快，向前上方投掷 4. 能单手将沙包向前投掷 4 米左右	1. 发展力量、柔韧、协调等运动素质 2. 能够全身协调用力 3. 注意调节投掷物出手的角度	1. 推球游戏——双手胸前推球 2. 投网球游戏——单手前上方投掷 3. 自抛自接球游戏 4. 左右手拍球游戏 5. 打雪仗游戏——投准、投远 6. 保龄球游戏——滚球击物
大班	1. 掌握预备姿势和持物动作 2. 调节身体姿势，拉长主要用力肌群 3. 目测投掷目标的方位和距离	1. 改善投掷动作 2. 全身协调用力 3. 挥臂较快，向前上方投掷 4. 控制投掷方向 5. 能单手将沙包向前投掷 5 米左右	1. 发展投远、投准的能力 2. 了解并掌握投掷物出手的角度、投掷速度与投掷远度、高度的关系	1. 开炮游戏——双手投远 2. 套圈游戏——投准 3. 打沙包游戏——投击、躲闪 4. 抛接大皮球游戏——两人相距 2～4 米，互相抛接球 5. 边走或跑边拍球游戏 6. 投篮游戏

（二）指导建议

投掷动作属于非周期性动作，通常分为两大类，一类是投远，一类是投准。投远的目的是将投掷物尽量投得远一些，属于速度型力量动作，需要用力投掷，才能获得较大的爆发力。投准的目的是用投掷物击中指定目标，不仅需要具有一定的肌肉力量，更需要具有良好的目测能力及投掷动作的准确性。因此，投准比投远相对难一些。

1. 对小班幼儿的指导重在激发兴趣。

小班幼儿身体的协调性较差。教师指导时应重点让幼儿感受投掷前的预备动作，帮助幼儿体验肢体动作及躯干动作的协调与配合，提高身体的灵活性、动作的协调性。教师要观察幼儿的投掷姿势，重点观察幼儿手的动作，指导幼儿向前、向高处、向远处投掷物体。小班幼儿投掷动作指导一般都在情境游戏中完成，如语言提示"将果子扔过小河，千万不要让它掉进河里了"，这样幼儿就会尽量往远处投。

2. 对中班幼儿的指导重在挑战自我。

中班幼儿已经掌握了基本的投掷动作要领，如单手挥臂投掷，身体重心转移的同时用力向上、向前的挥臂动作。教师引导幼儿感受拉长主要用力肌群，体验躯干、身体重心、上下肢协同配合的动作要领，指导幼儿学习双手推球投掷、单手挥臂投掷的动作。到了中班后期，幼儿投掷的距离更远，他们开始关注自己和同伴的投掷距离，希望能投得更高、更远。因此，教师要在每次投掷游戏中为中班幼儿设置不同的投掷距离，鼓励幼儿不断挑战自我。

3. 对大班幼儿的指导重在总结经验。

大班幼儿已经完全掌握了投掷动作要领。教师应为幼儿设计不同高度、不同距离的靶位，以竞赛的形式培养大班幼儿的投掷兴趣。大班幼儿积累了很多投掷经验，教师要引导幼儿自己梳理并总结投掷经验，如怎样投得远，还不费力气？怎样提高投掷速度？怎样投掷能投中靶心……引导幼儿和同伴分享投掷经验。大班幼儿创新能力有所提高。教师要引导幼儿创新投掷游戏的玩法，鼓励幼儿学习边跑边投掷、边跳边投掷、转圈投掷、投掷躲闪跑等，提高幼儿对投掷游戏的兴趣。

在户外体育活动中，最重要的是确保幼儿的人身安全。教师在组织、指导幼儿进行投掷游戏时，要把安全放在首位。如大家朝同一方向投掷；一起投掷；一起捡回投掷物；投掷物中，没有坚硬的材料；让幼儿知道基本的投掷规则，不追逐、打闹，确保自己和他人的安全。

五、平衡

平衡能力是指人体在不同状态下维持站立、行走及能支撑人体协调完成各种动作的一种能力。在《指南》中，平衡能力和走的动作密不可分，主要体现在以下的要求中（表2-13）。

表2-13 关于平衡动作的发展目标

年龄班	动作发展目标
小班	能沿地面直线或在较窄的低矮物体上走一段距离
中班	能在较窄的低矮物体上平稳地走一段距离
大班	能在斜坡、荡桥和有一定间隔的物体上较平稳地行走

幼儿平衡动作的发展变化丰富、多样。教师可以借鉴下面的表格内容思考平衡动作的发展变化（表2-14）。

表2-14 关于平衡动作类型、组合与指导

动作类型	动作组合	教师指导
场地材料的变化	道路宽窄的变化；从平面材料宽度到立体材料宽度和高度的变化	1. 开始走平衡时，要在平面场地指导幼儿进行和平衡能力有关的运动 2. 幼儿掌握基本动作要领后，逐步过渡到有一定高度和坡度的场地 3. 逐步增加平衡材料的高度
动作发展的变化	从单一平衡动作到肢体配合平衡动作、借助辅助材料的平衡动作变化	1. 可以通过游戏体现平衡动作的各种变化 2. 从开始双脚走平衡线，发展到可以单脚稳定地站一段时间，再逐步过渡到能够在有一定高度的平衡材料上行走一段距离。大班幼儿还能在走平衡木的过程中完成闭目、旋转等高难度动作，发展平衡技能
本体知觉的变化	从平地动作的稳定性到挑战一定高度、闭目、旋转的本体知觉变化	幼儿进行一段时间的平衡游戏后，会发现身体的稳定性提高了，能够坐转椅、荡秋千。平衡动作会促进幼儿前庭系统的发展，尤其是对先天感统失调的幼儿有很大的帮助
辅助材料的变化	体验手持平衡物、脚踩平衡物、头顶平衡物的动作变化	1. 进行平衡游戏时，为了增加幼儿游戏兴趣，教师可以提供挑扁担、单手托球、双手拎物、托物走等手持平衡物，辅助幼儿进行平衡游戏 2. 脚踩的平衡物有地面平衡线、宽窄不同的梅花桩、高跷、平衡球、绳子等材料 3. 头顶的平衡物有球、垫子、沙包、飞盘等材料
平衡动作的变化	窄道移动、缩小自身支撑面积的走动、旋转、闭目移动、滚动与翻滚、单脚站立等	平衡运动活动范围小，活动强度较小，但对幼儿能力要求较高。教师必须了解各个年龄段幼儿的年龄特点、兴趣需要及平衡能力的水平，帮助幼儿掌握各种平衡动作的要点

（一）动作要领

幼儿平衡能力是自身感觉、知觉发展的需要，从学步扶站、扶走就已经开始自身平衡能力的发展。到了幼儿期，随着幼儿神经系统的不断完善，平衡觉、体位觉、本体知觉及灵敏素质的提高，幼儿掌握了平衡动作的要领，并逐渐在丰富多彩的体育活动中做出各种平衡动作保护自己，使平衡能力不断提高。教师要从以下几个方面了解不同年龄段幼儿平衡能力的发展指标（表 2-15），以便科学、有效地引导幼儿进行平衡游戏。

表 2-15　3～6 岁幼儿平衡动作要求、能力发展及推荐游戏

年龄班	自我保护动作	平衡动作要求	能力发展	有关平衡的游戏设计
小班	1. 用两臂侧平举的动作调节身体重心 2. 能将身体重心转移到支撑脚上 3. 身体失衡时，会屈腿降低重心	1. 掌握平稳地走平衡木的要点 2. 掌握单脚站立、原地旋转的动作要点 3. 单脚站立时长 8 秒以上 4. 能走一定距离的窄道	1. 初步掌握平衡技能 2. 增强下肢支撑力量 3. 发展平衡觉、本体觉 4. 培养注意力、力量、灵敏性等素质	1. 平衡木游戏 2. 金鸡独立游戏——单脚站立 3. 转转转游戏——旋转 4. 滚过来、滚过去游戏——身体滚动
中班	1. 用两臂侧平举的动作调节身体重心 2. 能将身体重心转移到支撑脚上 3. 身体失衡时，会屈腿降低重心	1. 熟练掌握走平衡木、单脚站立、原地旋转的动作要点 2. 平稳地走过宽 10～15 厘米、高 30～45 厘米的平衡木 3. 单脚站立时长不少于 20 秒	1. 增强前庭器官机能，提高平衡能力 2. 提高幼儿调整身体平衡的能力 3. 掌握单脚站立的技能	1. 小路弯弯游戏——走窄道 2. 闭眼旋转游戏——闭目旋转走 3. 我是小泥鳅游戏——滚翻 4. 抬担架游戏——持物平衡走
大班	1. 用两臂侧平举的动作调节身体重心 2. 能将身体重心转移到支撑脚上 3. 身体失衡时，会屈腿降低重心	1. 熟练掌握走平衡木、单脚站立、原地旋转的动作要点 2. 稳定、放松地走宽 10 厘米、长 250 厘米的窄路 3. 单脚站立时长不少于 30 秒	1. 在走、跑、跳、投掷中发展幼儿的平衡能力 2. 提高幼儿调整身体平衡的能力 3. 提高幼儿走平衡过障碍的能力	1. 闭眼前进游戏——闭目移动 2. 平衡木游戏——手持平衡物行走 3. 窄桥竞赛游戏——平衡竞赛 4. 轮胎大闯关游戏——走平衡过障碍

（二）指导建议

幼儿平衡动作的发展能提高身体的平衡能力和协调性，促进维持平衡所需

要的力量、灵敏性、平衡觉、本体知觉，是每个幼儿自身动作发展的需求。教师要从肢体平衡动作、平衡自我保护、平衡知觉等方面指导幼儿掌握平衡动作的要领，提高身体动作的平衡性、稳定性、协调性。

1. 指导小班幼儿时以协助为主。

小班幼儿自身的平衡能力较弱，尤其在进行走、跑、跳等运动时，遇到拐弯处或场地不平处，容易身体失衡而摔倒。教师要了解小班幼儿平衡动作的发展特点，掌握运动中稳定重心的方法，指导小班幼儿开展平衡动作的游戏。

教师要遵循循序渐进的原则，先从走的稳定性入手，从平地走逐步过渡到走平衡木。教师可以选择由宽到窄的平衡物，引导幼儿进行游戏。幼儿初次在平衡木上行走时，教师要对幼儿做好保护，不要让幼儿产生畏惧、害怕的心理。必要时，教师可以进行动作辅助，伸出一只手，让幼儿扶着走过去。当幼儿逐步适应后，再放手，让幼儿自己走。

小班幼儿喜欢以游戏的方式领悟平衡动作要领，如"滚动的鸡蛋"游戏，教师扮演鸡妈妈，请幼儿扮演蛋宝宝。当听到"下蛋"的口令时，扮演蛋宝宝的幼儿就可以在场地内自由滚动。走平衡木、单脚站立等平衡动作练习都可以以游戏的形式来开展，提高幼儿参与游戏的兴趣。

2. 丰富中班幼儿平衡游戏经验。

中班幼儿已经能够熟练掌握平衡动作的要领，平衡能力也在不断提高。他们能独立完成走平衡木、轮胎桥、梅花桩等平衡项目。平衡能力弱的幼儿也不会像小班幼儿那样不敢走，他们会根据自身的动作水平调节速度、步伐，使身体始终保持平衡状态。

中班幼儿能够随时调整身体的重心来保持平衡。在顶物走的游戏中，幼儿可以自主调整重心，以保持头顶上的物体不会掉落下来。他们的平衡经验越来越丰富，在玩平衡游戏时，还会在旁边给同伴出主意。如，玩转椅游戏时，前庭功能发育不好的幼儿会晕。幼儿从转椅上下来时，其他幼儿会建议其反方向再转几圈。

中班幼儿非常喜欢玩"迷迷转"、持物走的平衡游戏。教师在为幼儿设计这类游戏时，要考虑不同幼儿的身体发育情况，让幼儿根据自身情况有选择地参与平衡游戏，提高幼儿调节身体平衡的能力。

3. 以竞技游戏促进大班幼儿平衡能力的发展。

大班幼儿身体的稳定性极强，单脚站立时，也不容易晃动，有时，他们会假装站不稳，故意让身体左右摇摆晃动，直至单脚落地。其实，这也是大班幼儿自主创意的平衡游戏，是满足自身本体平衡知觉的一种新形式。

大班幼儿已经不能满足于单纯的平衡游戏，他们常常结合走、跑、跳、投掷等动作发展自身的平衡能力，以竞赛的形式展示自己平衡动作的发展水平。如，走高跷过障碍、闭目旋转画鼻子、托球走、金鸡独立等竞技游戏，都是大班幼儿喜欢参与的平衡游戏。教师要多为幼儿设计竞技类平衡游戏，借此调动幼儿参与游戏的兴趣。

教师也要关注竞技类平衡游戏的安全性，活动前，引导幼儿做好手腕、脚踝等关节的热身运动，为接下来的平衡游戏做准备。平衡器材离地面的高度不要太高，幼儿一旦从平衡器材上掉下来，也能靠自身的平衡能力进行自我调整，保持身体的稳定性。教师要为幼儿提供安全的场地及器械，做好对幼儿的身体保护。

每学期，各年龄班的幼儿都会有走平衡木的体能测试，以便记录幼儿身体的发展状况。很多幼儿一走平衡木，就害怕，有的幼儿甚至产生哭闹等不良情绪反应。体能测试项目是在幼儿动作发展基础上进行的。教师不能一上来就让幼儿机械性地重复体能测试项目动作，要指导幼儿掌握基本动作要领，遵循循序渐进的原则，让幼儿觉得好玩又有趣。教师要遵循从宽到窄、由低到高、由近到远、由无障碍过渡到有障碍、由平到斜、由平稳到摇晃、由连续到间隔、由徒手到持物、由慢到快、由前进到后退的平衡动作发展顺序，遵循幼儿动作发展规律，指导幼儿逐渐掌握各种平衡动作。

六、钻爬

钻和爬都属于身体移动的方式。钻是穿过缩小空间的身体移动方式。爬行是四肢支撑、协调用力移动身体的动作。钻爬活动丰富多样，是幼儿喜欢的体育运动之一，也是生活中的一项实用技能。钻爬能促进幼儿大肌肉群的发展，增强身体的力量、协调性和灵敏性，还有利于幼儿智力发展。

《指南》针对不同年龄班的幼儿，提出了关于钻爬的动作发展目标，具体描述如下（表2-16）。

表2-16 关于钻爬动作的发展目标

年龄班	动作发展目标
中班	能以匍匐、膝盖悬空等多种方式钻爬
大班	能以手脚并用的方式安全地爬攀登架、网等

幼儿在钻爬运动中，钻爬路线、钻爬场地、钻爬材料、钻爬动作的变化都能调动幼儿参与游戏的兴趣（表2-17）。

表2-17 关于钻爬动作类型、组合与指导

动作类型	动作组合	教师指导
钻爬路线的变化	直线钻爬、曲线钻爬、斜线钻爬、圆圈钻爬等	根据游戏目标来设计钻爬路线，可以是单一路线，也可以是组合路线，引导幼儿体验不同路线的钻爬特点

（续）

动作类型	动作组合	教师指导
钻爬场地的变化	平地钻爬、草地钻爬、圆圈网钻爬、坡道钻爬、平衡木钻爬、攀登架钻爬	1. 带领幼儿尝试在各种场地内进行钻爬 2. 在场地的选择上，教师要考虑幼儿动作发展水平。小班幼儿适宜选择平地钻爬、软地面钻爬、坡道钻爬、圆圈网钻爬等 3. 中、大班幼儿身体的灵活性、协调性增强，能够平稳地控制自己的身体，可以在此基础上，增加攀登架钻爬、平衡木钻爬的内容，培养幼儿勇敢、细心、挑战自我的能力
钻爬材料的变化	钻爬材料的变化品种丰富，分为平面材料的变化和立体材料的变化两部分 平面材料包括：地面爬行线、地垫、石子路、沙地、纸板路等爬行路面 立体材料包括：钻爬筒、钻爬圈、钻爬纸箱、钻爬障碍物、攀登架、攀岩墙	有条件的园所可以在建园时设计一些供幼儿钻爬的设施，但是一定要考虑到设施的安全性
钻爬动作的变化	钻爬动作根据钻爬物体的高度有不同的变化	1. 地面爬行动作：幼儿趴在地面上，四肢着地，抬头，沿爬行标志向前爬行，在爬行的过程中过障碍物，或手膝爬过钻筒，或身体紧贴地面，匍匐爬过低桩网 2. 完成钻爬动作过较高障碍时，正面钻要低头、弯腰、屈腿；侧面钻要身体侧面对着障碍物，离障碍物远的腿向障碍物下伸出，低头、弯腰、弯曲伸过障碍物的腿、前移重心，同时转体，钻过障碍物 3. 攀爬动作：在攀登架、攀岩墙的爬行动作中，幼儿可以体验钻爬体位的变化，原来贴着地面的爬行体位变为直立爬行的体位。此时，爬行动作虽然有变化，但是钻的动作和地面钻的方法是一致的

（一）动作要领

钻爬是通过紧缩身体从障碍物下通过或爬行实现身体的移动，是一种四肢、躯干协调配合的运动方式。爬行改变了幼儿认识世界的空间，开阔了幼儿的视野。人从婴儿期开始就喜欢爬行，到了幼儿期，更是喜欢爬到洞里、桌椅下、床底下，有时，幼儿还会把自己藏起来。大一些的幼儿喜欢钻爬障碍物。爬行的动作可分为手脚着地爬、手膝着地爬、匍匐爬、肘膝着地爬、侧身爬、仰身爬、持物爬、背物爬等。钻的动作可以分为正面钻、侧面钻、后退钻、钻上、钻下、徒手钻、持物钻等。钻爬环境的创设使得钻爬动作更加有趣，能促进四肢、躯干大肌肉群的均衡发育，增强手部、腿部和脚部的力量，提高身体的协调性和灵敏度（表2-18）。

表2-18　3～6岁幼儿钻爬动作要求、能力发展及推荐游戏

年龄班	钻爬准备	钻爬动作要求	能力发展	有关钻爬的游戏设计
小班	1. 场地要求：地垫、地板、平坦地面、不滑动的地面 2. 爬行时，要套上护膝或软垫 3. 爬行前，手腕、脚腕、膝盖要充分活动	1. 熟练掌握手膝着地爬行的基本动作 2. 掌握正面钻的动作要领，如低头、弯腰、屈腿 3. 能侧面钻过障碍物 4. 钻时，先伸过去一条腿，边钻边转移重心 5. 钻洞时，身体不触碰障碍物	1. 发展力量、灵敏度、协调性等运动素质 2. 发展空间知觉和体位知觉 3. 爬行速度每10米不低于10秒	1. 过草地游戏——手膝着地爬 2. 正面钻游戏 3. 侧面钻游戏 4. 过雪山游戏——爬过障碍物
中班	1. 场地要求：地垫、地板、平坦地面、不滑动的地面 2. 爬行时，要套上护膝或软垫 3. 爬行前，手腕、脚腕、膝盖要充分活动	1. 能够手脚、手膝着地爬行 2. 初步掌握匍匐爬的动作要领 3. 熟练掌握正面钻和侧面钻的动作要领	1. 发展力量、灵敏度、协调性等运动素质 2. 发展空间知觉和体位知觉 3. 爬行速度每10米不低于8秒 4. 探索钻不同形状的洞的合理方法 5. 探索新的爬行方法	1. 小虫子草地游戏——手脚着地爬 2. 我是解放军游戏——匍匐爬 3. 正面钻、侧面钻组合游戏 4. 螃蟹爬游戏——横着爬 5. 过山洞游戏——钻不同形状的洞
大班	1. 场地要求：地垫、地板、平坦地面、不滑动的地面 2. 爬行时，要套上护膝或软垫 3. 爬行前，手腕、脚腕、膝盖要充分活动	1. 学习侧身爬等动作 2. 用合理的方式钻过洞或圈 3. 独自或合作想出新的钻爬动作	1. 发展力量、灵敏度、协调性等运动素质 2. 发展空间知觉和体位知觉 3. 爬行速度每10米不低于7秒 4. 培养竞争意识和合作能力	1. 侧身爬游戏 2. 钻各种形状的洞、钻圈组合游戏 3. 创新钻爬动作游戏（倒着爬、转圈爬、匍匐爬等）

（二）指导建议

钻爬动作是在幼儿掌握爬行动作的基础上发展而来的。婴儿刚刚学会爬行动作时，需要头、手臂、颈部、腿部、躯干、膝盖、脚部动作的相互配合，婴儿通过爬行动作，促进感统器官、神经系统的不断成熟与发展。幼儿期，随着幼儿探索空间的不断扩大，身体逐渐长大。当幼儿偶然爬到桌子底下时，会觉得这个空间很有趣，开始寻找周围有利于钻爬的空间。这就是教师经常看到托小班幼儿时常钻到桌子下面的原因。教师要掌握不同年龄段幼儿钻爬动作的特点，从钻爬准备、钻爬动作要求、钻爬安全保护等方面引导幼儿进行钻爬游戏，掌握钻爬动作的要领。

1. 小班幼儿培养钻爬兴趣。

首先，教师要考虑到场地、空间的安全性。幼儿喜欢钻到床下、桌子下，教师要检查墙壁上是否有电源插孔，床下空间有没有钉子、毛刺、尖锐的棱角、床板是不是结实、会不会掉下来等安全隐患，这是教师必须考虑的；其次，教师要引导幼儿观察环境，学习自我保护的方法。如，幼儿爬到床下时，常常顾及不到头上的床板、床沿、床腿等，容易磕到头。教师引导幼儿不要莽撞，探索陌生空间时要放慢速度，尤其在钻出的那一刻，不要猛抬头；最后，教师要注意保护幼儿的安全，但也要让幼儿有因磕碰而疼一下的机会，不要过度保护幼儿，借此提高其自我保护的能力。小班幼儿已经熟练掌握手膝着地爬的动作，但是爬行速度较慢。教师在指导幼儿时，多模仿小动物的动作进行游戏，如"小乌龟爬爬""小花猫抓老鼠"等，从而激发幼儿参与手膝着地爬活动的兴趣，提高幼儿爬行的速度。此阶段的幼儿手脚着地爬相对困难，幼儿手臂、腿、脚的支撑力量不足，四肢运动协调性差，导致爬行时间短。教师可以和幼儿一起边游戏边爬，激发幼儿手脚着地爬的兴趣。

2. 中班幼儿培养手脚配合能力，发展动作的灵敏性。

中班幼儿钻爬动作发展较好。教师可以引导幼儿学习向不同方向钻爬，发展幼儿的空间知觉。教师重点纠正幼儿爬行时的动作，如手肘交替向前爬、爬行时躯干跟随、交替蹬腿等。个别幼儿在爬行中身体不协调，教师要多为幼儿提供游戏的机会。此阶段，男孩子喜欢模仿解放军叔叔匍匐爬的动作。在匍匐爬游戏中，大部分幼儿手臂与蹬腿动作的协调、配合能力较弱，需要教师在游戏中重点示范、指导。中班幼儿思维活跃，在钻爬游戏中，已经不满足于完成基本动作，他们喜欢创新动作，如爬滚结合。教师可以根据幼儿动作发展需求设计游戏情节，让幼儿一边匍匐爬，一边翻滚躲避炸弹，既发展了身体的灵活性，又增加了游戏的趣味性。

3. 大班幼儿培养灵活控制身体的能力，学习用合理的方法钻爬通过器械。

大班幼儿活动量较大，教师要特别注意让幼儿活动前做好准备活动，尤其是膝关节、腕关节的准备活动，避免关节损伤。大班幼儿已经掌握了钻爬的动作要领，他们的身体能够灵活地控制钻爬方向和钻爬路线。教师可以和幼儿一起创设钻爬游戏区，通过分组、合作、竞赛的方式，交流与创新钻爬动作，借此调动幼儿参与游戏的兴趣。

　　钻爬游戏中的游戏材料和幼儿身体接触较多。因此，教师一定要检查材料和游戏场地是否安全，确保垫子干净、卫生，无尖锐、坚硬物体，以免划伤幼儿。夏天玩此类游戏前一日，教师应提醒幼儿穿合适的衣服。

七、悬垂

　　悬垂是指双手抓住具有一定高度的固定物体，借助手臂力量使身体悬空吊起。《指南》健康领域的子领域"动作发展"目标中提及有关悬垂的内容，对幼儿的双手握力、臂力和耐力提出了一定的要求。幼儿园有关悬垂动作的游戏较少，更多的情况下是借助运动器材，如攀登架、单杠等，进行综合游戏。悬垂动作不仅可以发展幼儿的握力与臂力，而且通过触物和倒挂等方式也可以发展幼儿的弹跳力、下肢力量和身体的协调性。可见，悬垂运动对幼儿身体运动能力的发展非常有利。

　　《指南》有关悬垂动作的发展目标在"目标 2　具有一定的力量和耐力"中，有相应的表述（表 2-19）。

表 2-19　关于悬垂动作的发展目标

年龄班	动作发展目标
小班	能双手抓杠悬空吊起 10 秒左右
中班	能双手抓杠悬空吊起 15 秒左右
大班	能双手抓杠悬空吊起 20 秒左右

（一）动作要领

　　悬垂动作需要手腕用力，但是幼儿的腕骨在 6 岁前软骨钙化不完全，8 块腕骨要到 10 岁才能全部钙化，并且手骨也没有全部钙化。幼儿的肌肉纤维和韧带细，水分多，肌肉的力量和能量储备都不如成人，容易疲劳。幼儿的肩关节、肘关节、腕关节的发育不完全，关节牢固性差，关节囊松弛，关节周围的韧带也不够结实，很容易发生脱臼，特别是当肘部处于伸直位置时，若被猛力牵拉手臂，很容易造成牵拉肘。1～5 岁为小儿牵拉肘的高发期。牵拉肘是幼儿需要急救的常见疾病之一。当幼儿玩耍时，手臂上举、悬空吊起，自身的重量下坠牵拉，就有可能造成牵拉肘；幼儿提拎太重的物体，过度牵拉也容易受伤。因此，教师如何开展悬垂的游戏？首先要考虑的是幼儿的安全问题（表 2-20）。

表 2－20　3～6 岁幼儿悬垂动作要求、能力发展及推荐游戏

年龄班	悬垂准备	悬垂动作要求	能力发展	有关悬垂的游戏设计
小班	1. 适合小班幼儿身高的单杠或攀爬架 2. 在单杠或攀爬架的下方铺好软垫	1. 双手抓杠 2. 脚尖离地 3. 坚持 10 秒左右	1. 发展幼儿抓握能力 2. 锻炼幼儿耐力	1. 手臂秋千——抓住教师手臂轻荡秋千 2. 小猴子挂树——横杠短时悬垂
中班	1. 适合中班幼儿身高的单杠或攀爬架 2. 在单杠或攀爬架的下方铺好软垫	1. 双手抓杠 2. 脚尖离地 3. 身体自然垂直 4. 坚持 15 秒左右	1. 发展幼儿抓握能力 2. 锻炼幼儿耐力	1. 荡秋千——悬垂后小幅度摆动身体 2. 小猴子摘果实——悬垂后尝试屈腿、侧身、摇摆等触碰周边"果实"
大班	1. 适合大班幼儿身高的单杠或攀爬架 2. 在单杠或攀爬架的下方铺好软垫	1. 双手抓杠 2. 脚尖离地 3. 身体自然垂直 4. 坚持 20 秒左右	1. 发展幼儿抓握能力 2. 锻炼幼儿耐力	1. 空中飞人——手抓吊环悬垂 2. 力量小勇士——悬垂倒计时比赛

（二）指导建议

随着人们生活条件的改善，幼儿接触悬垂动作的机会较少，尤其是小班幼儿。对于悬垂动作，幼儿除了臂力、腕力不足等客观因素外，心理因素也产生了重要的影响。对于没有支撑物的悬吊，幼儿心理上会产生恐惧。

1. 小班幼儿激发其对悬垂动作的兴趣。

教师指导小班幼儿时，要让其对悬垂动作感兴趣，觉得这是一件好玩的事，是一次好玩的游戏。第一阶段，教师不要对幼儿悬垂动作做过多的要求，只需要提示幼儿踮起脚尖、双手抓杠即可，教师采用亲一亲、抱一抱的方式肯定幼儿的进步；第二阶段，在原有动作发展的基础上，鼓励幼儿身体自然垂直，脚尖慢慢离开垫子，或者教师慢慢地把幼儿脚下的垫子轻轻地拿走，让幼儿感受悬空垂吊的状态；第三阶段，可以适当延长幼儿悬垂的时间，让幼儿有成就感。小班幼儿单纯地重复动作不可取，可以在生活中发展幼儿上肢力量，如搬桌子、搬椅子、扔垃圾等。

2. 中班幼儿需要掌握悬垂的基本动作要领。

中班幼儿与小班阶段相比，悬垂能力发展较快，在大部分幼儿挑战悬垂动作成功后，可以适当开展一些竞赛性游戏，如悬垂时身体姿势保持自然垂直、悬垂时间的长短、落地时身体的平衡状态、悬垂时双手交替行进等。教师应提醒幼儿掌握悬垂动作的要点——双手握紧物体、双臂自然下垂、身体保持静

止、落地时保持身体平衡状态等。

教师应引导幼儿记住悬垂动作的要领，避免因动作不到位损伤身体。此阶段，有的幼儿愿意自主探索悬垂动作的各种难度，有的幼儿玩一会儿就会转移他处。教师应根据幼儿兴趣进行引导，切不可强求。教师可以为幼儿提供多种游戏器械，如握力器、小推车、爬网、滑索等，通过握、推、爬、拉等运动，提高幼儿上肢肌肉力量。教师在组织集体的体育活动时，可以引导幼儿手持一定重量的活动材料完成游戏任务，或者在游戏中设计一些力量型的动作，如滚轮胎、提水桶、推小车、拖木箱等。当幼儿的上肢肌肉力量和耐力有了一定的发展，幼儿就能比较顺利地完成双手抓杠悬垂的动作了。

3. 大班幼儿需要激发挑战悬垂动作的欲望。

教师应结合大班幼儿的年龄特点和同伴间互相学习的学习方式，通过器械组合、挑战赛等形式，进一步激发幼儿参与挑战悬垂游戏的欲望。教师可以在悬垂游戏中生成小主题教育活动，激发幼儿的学习意识，如活动前，引导幼儿设计"悬垂挑战赛"的项目、内容，制订自己的小目标，分步骤实施。游戏中，幼儿通过结伴游戏，参与计时、计数等活动，获得更丰富的游戏体验。最后，对幼儿的活动进行开放式评价，如成功的经验或失败的原因、新的玩法与体验等，进一步提高幼儿对悬垂游戏的认识。

总之，以上是关于户外体育活动基本动作的阐述，文中还有一些没有涉及的动作，教师应结合幼儿年龄特点、身心发展水平，尤其是个体身体素质和动作发展水平有针对性地进行指导，让幼儿爱上运动。

第二节　幼儿园户外体育活动的组织形式

幼儿园户外体育活动的组织形式多种多样，按照时间段可以分为晨间锻炼、上午和下午的户外体育活动；按照人员数量可以分为集体活动和小组活动；按照参与运动的人员可以分为幼儿运动和亲子运动等。幼儿园要根据园所场地、体育器材与设施等条件，在安全第一的前提下，尽量组织丰富多彩的体育活动，以满足幼儿身心发展需要。

一、晨间锻炼

一年之计在于春，一日之计在于晨。很多幼儿园在幼儿早来园后会在户外组织幼儿进行晨间锻炼。晨间锻炼依据年龄班和季节会有多种形式，如幼儿自主运动、以班级为单位组织的早操或者游戏、以年级为单位组织的户外锻炼活动等。无论哪种组织形式，重点在于让幼儿锻炼身体的同时，发展幼儿的自主性和积极性，让晨间锻炼开启幼儿美好的一日生活。

（一）晨间锻炼的游戏材料丰富，便于幼儿自主选择

早晨，幼儿陆陆续续来到幼儿园。在幼儿人数相对较少的情况下，教师可以最大程度地放手，让幼儿自主选择游戏材料，自己决定游戏内容。幼儿园以年级为单位建立相对开放的材料资源库，便于相同年龄班的幼儿使用。幼儿来园后，能够直接从材料资源库中自由选择自己感兴趣的材料，搬运至游戏场地，满足自己的游戏需要，实现"游戏材料自由"。

材料资源库中的材料除了户外游戏所使用的球类、飞盘、跳绳、飘带等，还可以增加水桶、抹布、浇灌水壶、测量工具等，幼儿可以自主选择此类物品进行劳动，清洁灰尘和垃圾，也可以观察与测量操场上的植物等，实现"活动选择自由"。

在早锻炼最开始的阶段，每个班幼儿来园人数不多，不同年龄班的教师可以和幼儿一起游戏，幼儿可以与本班幼儿一起游戏，也可以与其他班级的幼儿一起游戏，实现"游戏伙伴自由"。

（二）晨间锻炼环节的体操有趣，让幼儿觉得好玩

晨间锻炼环节，体操是幼儿园常见的户外体育活动形式之一。幼儿在教师的带领下，根据音乐节奏，有目的地做出举、摆、绕、振、踢、屈伸、跳跃等一系列的身体动作，促进头部、肩部、背部、腰腹部、四肢等主要骨骼、肌肉群及神经系统的发育与发展，达到系统性地训练身体平衡、柔韧性、协调性等基本能力的目的。要想让早操变得有趣，需要注意以下两点：

1. 选择有趣的音乐。

音乐就是幼儿体操的灵魂。只有动作与音乐协调、统一，才能让幼儿通过动作的美感，提高审美能力。幼儿体操音乐的选择是否合理，将直接影响幼儿做操的情绪和效果。好的音乐可以调动、感染幼儿，激发幼儿做操的热情，让他们在美的旋律中陶冶情操、身心得到锻炼与发展。配合幼儿体操的音乐应选择活泼轻快、节奏鲜明、旋律优美的音乐，还要考虑幼儿的身体易疲劳、注意力易转移的年龄特点，关注音乐的时长，时间以 2～4 分钟为佳。教师要与时俱进，选择目前幼儿喜欢的音乐，或者具有地方特色的音乐。同时，还要考虑音乐的教育价值，选择具有教育意义和可供欣赏的音乐。

2. 做操过程中要有呼应。

教师和幼儿可以根据歌词做出相应的动作。师幼之间可以进行简单的口号呼应或动作呼应。如听到一长串儿的拟声词"哦哦哦哦哦"时，师幼可以边做动作边跟随歌词大声附和；或者在一问一答的歌曲中，男孩、女孩各唱一句。语言和动作的呼应可以让做操的氛围变得轻松、有趣，也会让幼儿爱上做操、爱上锻炼身体。

二、体操

幼儿体操分为早操和间操两种。早操为幼儿晨间锻炼时做的体操。间操为上午活动间隙进行的短时体操。由于季节的不同，做操时间也会有所改变，多为上午 9：00 或 10：00 左右。早操的作用不同于间操，早操主要以幼儿兴趣和开心为主，意在唤醒幼儿对美好一天的憧憬；间操在一日活动中起到调节的作用，如幼儿在学习或者游戏后参加间操活动，可以缓解疲劳，形成良好的身体姿势。间操需要遵循快乐的原则，让幼儿快乐地动起来，达到锻炼和调节情绪的作用。同时，编排间操要注意变化、多样，以韵律操、徒手操、器械操为主，包括一些基本的队形变化，但是不要过于舞蹈化。音乐的选择要兼顾男孩和女孩的性别特点，刚柔并济，给幼儿以欢快、活泼的感受。

（一）按照不同的年龄班创编不同的体操动作

小班幼儿的体操动作要简单、易学、富有童趣，以模仿操为主，尤其是小动物模仿操，如小兔子或小乌龟的动作等。小班体操动作的创编还可以增加游戏化内容，如"吹泡泡"，可以让全班幼儿手拉手，围成一个大圆圈，根据音乐节奏或内容，让圆圈变大、变小。

中、大班的体操动作要让幼儿全身都得到锻炼，动作幅度要大，动作变化适当增多，具有一定的挑战性。还可以增加队形的变化，让班里的男孩、女孩之间做出队形变化，也可以是同年龄班级之间做出队形变化。队形的穿插和合并会让幼儿感到体操的有趣和好玩，在锻炼身体的同时，培养幼儿团队合作意识，增强幼儿的凝聚力。

（二）根据幼儿年龄特点选择不同的器械

器械在体操中能起到画龙点睛的作用。不同年龄段的幼儿选择不同的器械。教师可以用废旧材料自制体操时使用的器械，也可以集体购买适合的器械。适合小班幼儿体操使用的器械有响罐、毛绒玩具、沙锤、摇铃、小呼啦圈等；适合中班的器械有哑铃、大呼啦圈、球类、旗子等；适合大班的器械有棍棒、扇子、椅子、红绸等。器械的选择会让幼儿产生想要积极参与体操的情感体验。

（三）根据体操的特点选择适合的音乐

在体操的编排方面，要在确定好体操锻炼的目标、主题、动作之后，再选择适合的音乐，而不是根据音乐创编动作。音乐尽量选择幼儿在日常生活中经常听到的音乐或幼儿喜欢的音乐，歌词要朗朗上口，节奏要鲜明、欢快，歌词内容具有教育意义或诙谐、风趣。

三、集体活动

集体活动就是通常所说的"体育课",是高结构、高密度的体育活动。

(一)开始部分

开始部分需要教师迅速地将幼儿组织起来,集中幼儿的注意力,并从生理上和心理上动员幼儿积极参与体育活动。生理上的动员,主要是指做一些身体的准备活动,逐步提高幼儿机体的活动能力,针对幼儿身体各部位进行热身运动,为后续开展较大活动量的运动做好准备。心理上的动员,是指调动幼儿参与活动的积极性和愿望,让幼儿达到精神振奋、情绪饱满、跃跃欲试的状态。教师的情绪、语调和姿态等会直接影响幼儿的情绪和兴趣。因此,教师要格外注意自己的一言一行。准备活动应尽量让幼儿感到轻松、愉快、新颖、活泼。

这部分的内容一般包括队列活动、一般性准备活动及专门性准备活动。教师要组织幼儿站好队,集中注意力,听教师说明本次活动的内容和要求。

1. 队列活动。

队列活动包括队列变化和队形变化两个方面。队列变化是指幼儿个体在队伍中的位置移动(如前后、左右)或者切分、合并队伍,形成一条或多条队伍的动态调整。如幼儿在一个跟着一个走的过程中完成分队走或并队走,即幼儿根据教师口令,从面向教师的纵队,通过"向左转"变成横队,或者从一队变成两队、两队变成四队或两队变成一队等。队形变化是指在完成队列变化之后,各队沿着图案(如小花、大树等)或形状(如圆形、正方形、三角形等)走或排列出相应的图形。教师组织幼儿进行队列活动时,要根据不同年龄班幼儿的能力与水平完成队列与队形的变化。小班幼儿还不能完全理解教师口令,需要教师为幼儿提供一些参照物,如地面的圆点、线等,教师可以发出口令:"全体小朋友每人找到一个圆点,站好。"让幼儿把参照物当作站队的标记,学习站队。中班幼儿已经能够站齐队伍,并能根据口令变换队列或队形。大班幼儿能够根据排头的站位,结合教师口令进行队形变化,团队配合度较中班有所增强。

2. 一般性准备活动。

教师组织幼儿开展体育锻炼之前要先带领幼儿进行热身准备活动,从头部、颈部运动开始,自上而下地活动身体各个部位,使骨骼、关节、肌肉等通过活动达到做好较大活动量的准备,避免运动损伤的发生。准备活动的活动量要循序渐进,主要使全身各个部位得到充分的活动,使身体状态逐步适应高强度的运动,生理机能逐步提高。

3. 专门性准备活动。

教师要有计划、有目的地针对体育锻炼的内容开展专门性的准备活动，从强度较小的骨骼、关节活动开始，逐渐过渡到对重点部位活动的准备。如果本次体育活动的目标是助跑跨跳，那么，在热身准备环节时，重点活动脚踝、膝关节，还要进行跳跃、跨跳的动作准备，为锻炼助跑跨跳动作打基础。

准备部分时间不宜过长，通常以幼儿身体舒展及情绪逐渐高昂为宜，占体育活动总时间的 10%～20%，具体时长可以根据季节的不同灵活调整。秋、冬季天气较冷，热身准备的时间可以长一些；春、夏季天气较热，热身准备的时间可以缩短。

（二）基本部分

基本部分的主要任务是完成体育锻炼的主要目标，即通过一定的身体运动，提高幼儿身体素质，发展幼儿的动作能力，培养幼儿良好的品质等。基本部分的时间一般占活动总时间的 70%～80%。教师在集体活动中需要注意以下几个方面：

1. 正确运用讲解和示范。

讲解和示范是教师组织、实施幼儿体育活动最常用的方法，尤其是在带领幼儿学习新动作时，科学地运用讲解和示范就显得尤为重要。讲解和示范要科学、合理、规范。教师应根据幼儿的年龄特点和幼儿对活动内容的熟悉程度确定讲解和示范的内容和比例。示范能让幼儿直观地看到连贯的动作表现或游戏玩法，能弥补讲解的不足，而讲解能让幼儿清楚地了解具体的动作要领或游戏规则，补充示范不易表达的内容。因此，边示范边讲解是符合幼儿学习特点的有效教学方法之一。教师进行讲解和示范时，还要考虑不同年龄段幼儿的学习方式，小班幼儿思维具体、形象，一般采取示范多于讲解方式；而中、大班幼儿随着体育活动经验的增长，可以逐步增加讲解的比例。讲解时，教师语言要准确、精炼，突出重、难点，避免长篇大论；讲解要有启发性，能够支持幼儿主动体验。示范时动作要正确、优美，帮助幼儿学习并掌握准确的动作表现，感受体态美。示范时，以教师示范为主。需要幼儿示范时，教师要现场观察，根据教学活动的需要，挑选适合的幼儿进行示范，如果是正面示范，一定要保证幼儿示范的动作准确、无误。如果是反面示范，要找出具有普遍性、典型性的错误动作进行示范，提醒全体幼儿注意不要出现同样的问题。同时，要注意示范时的站位和角度，既要让幼儿尽量站在背风、背阳的地方，避开易分散幼儿注意力的刺激物，又要保证每个幼儿都能看清示范动作的位置。例如，在示范立定跳远动作时，教师为了让每个幼儿都能看清楚示范的动作，就需要幼儿站成一列横队，这时给幼儿做示范动作的人就应站在以横队为一条边的等边三角形顶点的位置，这样无论站在什么位置的幼儿都能清楚地看到示范者的动作。在左、右行进跳时，教师应采用镜面示范，因为这个动作的重点在于提示幼儿了解左右移动的距离和状态，这时的镜面示范就显得格外重要。而在"摇摇船"的游戏中，教师与一名幼儿一起示范游戏动作，如两腿的位置、摇动时使用腰部的力量等，这些只有在侧面才能清楚地观察到动作要领，因此，需要采用侧面示范的方式。

2. 合理创设游戏情境。

教师应巧妙地设计游戏情境，促使幼儿掌握动作要领，提高其基本动作能力的发展。如小班幼儿进行正面钻时，幼儿低头、团身后，往往不能马上舒展身体，而是保持蹲走的状态。针对这种情况，可以请幼儿变身小动物，在"钻过山洞"后，立即创设一个"迈过门槛回家"的情境，幼儿为了迈过门槛，肯定会先站起来，这样就能有效地解决幼儿团身后不舒展身体的问题。同时，教师要针对幼儿的运动情况丰富游戏情境，避免简单动作的重复练习，如组织小班幼儿学习双脚跳的动作时，最常用的方法就是请幼儿扮作可爱的小兔子，可以用找菜地、撒种子、浇水、施肥、拔萝卜、砍白菜、采蘑菇等一系列的游戏情境来调动幼儿积极参与活动。

3. 科学安排运动密度。

在设计集体活动时，要避免教师多余的讲解和幼儿的消极等待，这些都是影响幼儿运动密度的主要因素。一般来讲，在进行平衡动作练习时，最容易引发排队的现象。因为走平衡木对于每个幼儿来说，至少需要 10 秒的时间，年龄越小的幼儿则需要的时间越长，排在队伍后面的幼儿往往要等待更长的时间，特别是排在最后的幼儿。因此，教师可以为幼儿提供不同层次的走平衡木的材料，引导幼儿根据自己的能力选择材料。也可以通过幼儿多分小组的方式使每组人数减少，缩短幼儿消极等待的时间，加大锻炼的密度。在进行投掷动作训练时，受场地的限制，也容易出现幼儿消极等待的现象。教师可以在保证幼儿安全的前提下组织幼儿面对面地投掷，这样也可以增加体育活动的密度，缩短幼儿消极等待的时长。

活动中安排放松环节。对于年龄小的幼儿，放松的次数要多一些。如小班幼儿的肌肉、骨骼力量较弱，心肺功能较弱，运动强度过大，容易出现剧烈咳嗽、呕吐的情况。因此，教师要在幼儿跑动、跳跃后，以慢走、呼气吐气、拍打放松、舒展拉伸等方式带领幼儿放松身体各部位，缓解肌肉紧张与疲劳的状态。

（三）结束部分

结束部分的主要任务是小结本次活动中幼儿的收获与体验，引导幼儿放松身体，缓解幼儿高度兴奋或紧张的状态，收拾与整理活动场地及体育器械等。主要包括两个环节：一是放松环节，教师带领幼儿做一些身体放松的游戏或动作，帮助幼儿放松肌肉，消除疲劳，使幼儿的身体和情绪由高度的紧张、兴奋、激动状态逐渐过渡到相对平静的状态，使幼儿的心率恢复到正常状态；二是小结与整理环节，教师应及时肯定幼儿的努力和表扬幼儿成功地完成了挑战任务，带领幼儿一起收拾与整理体育器械。结束部分的时间约占活动总时间的10%。教师可以根据具体活动情况进行增减。

1. 放松环节。

在集体体育活动的结束部分，组织有效的放松环节至关重要，可以帮助幼儿缓解肌肉紧张与疲劳的状态，培养幼儿剧烈运动后进行放松活动的良好运动习惯。教师可以用幼儿能理解的指令组织幼儿进行简单的放松活动，如"大树摇摇"，表示双脚分开站立，双臂上举，轻轻地左右摇摆，模仿大风吹大树的情形；也可以安排幼儿同伴间互助放松，如"小手握小锤，轻轻地敲敲好朋友的背部"等，教师通过语言、动作、游戏等，帮助幼儿将紧张的身体状态恢复到平静的状态。

2. 小结和整理环节。

教师要积极肯定幼儿在活动中的表现，强化他们克服困难、坚持完成挑战任务的意志品质，还可以为幼儿布置下次活动或回到家里和家长一起完成的挑战任务，激发和保持幼儿参与身体锻炼的兴趣和积极性。最为关键的是，教师应针对幼儿的实际水平，带领幼儿一起完成玩具、材料的收拾与整理工作，培养幼儿的自我服务意识与能力。

（四）延伸活动

一次集体活动的时间有限，是高密度、高结构的体育活动，但是幼儿的身体素质发展更多体现在一日生活的各个环节，那就需要教师做到心中有目标，在日常的游戏和生活中巩固幼儿对动作要领的掌握，有针对性地进行体育锻炼。

1. 延伸活动安排在过渡环节开展。

教师可以将集体活动的延伸活动内容安排在过渡环节来完成。如教师组织完与平衡动作有关的集体活动后，可以在过渡环节带领幼儿沿着幼儿园的花坛边走一走；教师组织完与跳跃动作有关的集体活动后，可以在过渡环节引导幼儿站在户外楼梯最低的一级台阶向下跳跃。

2. 延伸活动安排在分散游戏中开展。

教师可以将集体活动的延伸活动内容安排在户外分散游戏环节来完成，引导幼儿巩固动作要领。如教师组织完有关投掷动作的集体活动后，在分散游戏时，可以在铁丝上倒着悬挂几把打开的雨伞，引导幼儿将沙包投掷到雨伞中，增加游戏的趣味性。

3. 延伸活动安排在家园共育活动中开展。

教师可以将集体活动中的延伸活动内容安排在家园共育活动中完成。针对体能测试中的难点项目，如坐位体前屈，教师可以在组织完相关的集体活动后，录制正确动作的视频，发到班级家长微信群中，作为亲子游戏，引导家长带领幼儿在家里完成动作练习，相信通过家园共育，幼儿的坐位体前屈动作一定会取得较好的成绩。

四、分散游戏

分散游戏的形式多种多样，包括基本动作类、一物多玩类、民间游戏类和综合类等类型。分散游戏以幼儿自主游戏为主，通过为幼儿提供适宜的场地、材料，促进幼儿的动作发展。

（一）活动前引导幼儿观察场地和材料

幼儿对周围的新鲜事物比较敏感。教师为幼儿提供新的游戏材料，幼儿都会积极地尝试与体验。幼儿会运用自己的想象力、创造力充分挖掘玩具的功能，开发出多种玩法。在准备好游戏材料、带领幼儿游戏之前，教师应引导幼儿自主思考"这些材料可以怎么玩"。如教师第一次把沙包提供给幼儿游戏时，他们能够想出踢沙包、夹着沙包跳、抛沙包、投沙包、顶沙包等多种玩法，通过交流与模仿尝试一物多玩的游戏。教师在游戏开始之前，要让幼儿观察场地，看看有哪些游戏材料、场地是如何布置的，根据这些对游戏内容进行预判。

（二）引导幼儿根据自己的兴趣选择适合的游戏材料

教师要为幼儿提供多样化的活动设备、体育器材、玩具材料等，激发幼儿参与游戏的兴趣，满足幼儿的实际需要。例如，适合大班幼儿体育游戏的弯道滑梯、秋千、投篮架、转椅等。教师可以根据不同年龄段幼儿的兴趣，自制一些户外体育游戏材料，如为"钓鱼"游戏自制鱼竿、"S"形钩子，提供水桶、纸卡涂色制作的小鱼等；为"打地鼠"游戏自制的网；投掷游戏使用的沙包及魔术粘扣等。

（三）创设户外体育游戏环境，体现分散游戏的发展目标

教师为幼儿创设良好的户外体育游戏环境，对幼儿的健康发展有着积极的作用和意义。除了大型滑梯组合、儿童三轮小车、球类等设施和材料，教师还应因地制宜，创设悬垂、攀爬、投掷等相应的器械或环境，如将教学楼的外墙创设为攀岩墙；围绕大树增设攀爬网；在幼儿园操场的地面上贴上小青蛙和小荷叶的图案，幼儿经过时会不自觉地跳跃；创设往返跑的起点和终点标识；将平衡木放在操场边，便于幼儿随时练习……教师应观察幼儿园户外环境，如操

场地面、教学楼外墙面、各种户外活动设施、体育材料等，看看这些物品对应的体育项目是否与《指南》中对幼儿的体能发展目标相符合。

(四) 改编民间体育游戏

民间体育游戏是源自民间传统文化的体育游戏，由传统的游戏规则和体育技能组成，具有浓厚的地方特色和文化内涵。中国地域辽阔，每个地方的民间体育游戏种类和形式都会有所区别，具有很强的地方特色和独特的地域文化内涵。目前，幼儿园经常开展的民间体育游戏有"老鹰捉小鸡""滚铁环""舞龙舞狮""划旱船""跳皮筋""拔河""放风筝""跳绳""跳竹竿""抢椅子""掰手腕"等。如何充分发挥民间体育游戏的教育价值？这是每位教师都应该认真思考的问题。教师应结合不同年龄段幼儿的特点和学习方式，适当地改编民间体育游戏，让其发挥更多的教育作用。

首先，教师应发挥主观能动性，学习和了解当地的民间体育游戏有哪些、如何玩。这是学习传统文化的过程，只有教师懂了、理解了，才能引导幼儿玩起来。其次，教师应对游戏中的文字进行审核和改编，最后，对游戏的玩法进行识别和判断，根据幼儿的年龄特点和能力水平，对游戏适合哪个年龄段的幼儿进行初步的判断。如"打沙包"游戏，两名幼儿分别站在场地两端，用沙包击打场地中间的幼儿，场地中间的幼儿需要及时躲避投过来的沙包，避免被沙包击中。这个游戏显然更适合中班后期和大班的幼儿，而小班和中班前期的幼儿的躲闪能力发展不足，无法玩此游戏。

(五) 支持幼儿自主创编个性化的游戏

教师应如何创设户外体育分散游戏区，以便更好地支持幼儿进行体育锻炼呢？首先，体育材料体积小且数量多，具有不同的重量，可以用收纳箱、藤编或竹编的筐或篮子集中存放。其次，存放体育材料的地点应与游戏地点保持一段距离，让幼儿将游戏所用材料运到游戏场地。教师可以鼓励幼儿自己想办法运送材料，支持幼儿大胆尝试不同的运输方法。在游戏中，幼儿想到的运输材料有环保袋、麻袋、布口袋、小水桶、大水桶、篮子、纸箱、小推车、小拉车、大块的布等。运输方式根据材料的不同有手提、肩扛、肩背、两人抬、两人提、推、拉、拽、抱等。幼儿在运送过程中，需要上、下肢协调、配合，上肢负重，下肢移动，才能完成运输任务。幼儿可以在过程中感知物体重量、用不同的方法运送材料、了解运输方式与力量之间的相互关系，实现了个性化感知与学习，体现了个性化的锻炼方式。

五、其他类型的体育活动

户外体育活动的类型除了上述常见的组织形式以外，还有一些特殊形式，例如，幼儿园每年举行的运动会和远足活动。

（一）运动会

幼儿园运动会常在初春或深秋时节举行，分为亲子运动会和主题运动会两种。运动会是全体幼儿共同参与的一种体育活动，包括竞技、娱乐、表演等多种形式，对于促进幼儿身心健康发展、增进亲子关系、拉近幼儿园和家长之间的距离及扩大幼儿园的社会影响力等方面具有重要意义。幼儿园在设计运动会时，一般遵循以下几点原则：

1. 安全运动原则。

因为 3~6 岁幼儿生长、发育得不够成熟和完善，所以就需要教师和家长更多地关注幼儿在运动过程中的危险因素。对于幼儿来说，在运动中发生任何损伤都会给自己带来痛苦的记忆，严重的还会带来长期的负面影响，这些都是家长和幼儿园不愿看到的事情。因此，教师在设计运动会比赛项目时，首先要考虑安全因素，尽可能地避免发生危险，提前做好各项风险管理预案，并在过程中加强监督、严格落实。

2. 符合幼儿年龄特点。

运动会的设计应遵循《指南》中对各年龄段幼儿动作发展方面提出的各项目标与要求。例如，《指南》中指出 5~6 岁幼儿能连续跳绳。在设计运动会的比赛项目时，可以遵循幼儿及家长的意愿，为大班幼儿增加有关跳绳比赛的项目。当然，对于跳绳这样的技能性活动，不要过于追求数量。

3. 人人参与原则。

运动会的设计要面向全体幼儿，要让每一位幼儿都有机会参与具体的运动项目，通过同伴间竞赛、亲子游戏等形式体验运动的快乐和有趣。

4. 注重发挥集体的力量。

运动会一般以全园幼儿或同一年龄班的全体幼儿为基本单位。在活动形式上，一般以班级、单个或数个家庭为单位设计、编排。在运动项目的设置上，除了要体现竞赛的要求，还要注重引导幼儿发挥集体的力量，让参与运动的幼儿、家长通过合作赢得比赛，形成正确的集体意识和良好的团队合作精神。

5. 注重体验运动乐趣原则。

在开展运动会时，要让幼儿在锻炼身体的同时，充分体验运动带来的乐趣，积极鼓励幼儿在运动中学习与创造，让幼儿爱上运动、喜欢参与运动。同时，引导幼儿了解比赛有输赢，以"重在参与"的运动理念来教育幼儿，提前做好幼儿的心理辅导工作。教师不应忽视那些有意义的失败或挫折，要引导幼儿积极面对，从中吸取相关经验，不气馁、不放弃。

（二）远足活动

远足活动是一种徒步行走较远路程的身体活动。它对于发展幼儿身体素质、磨炼幼儿意志品质、提高幼儿独立生活能力等具有重要的价值。值得注意的是，远足活动的目的地可以是幼儿园周边的公园、森林、绿地等。幼儿园也可以借助校车等交通工具前往适合远足的自然场所或具有教育意义的文化和社会场所。例如，幼儿园可以组织幼儿到附近的公园、森林、儿童乐园、植物园等地打卡，攀爬小山丘，到沙滩自由玩耍，到大草原追逐奔跑，到附近的红色教育基地、科技馆、消防站等地参观、学习等，这些都可以作为远足活动的场所。

幼儿园在开展远足活动时，要充分考虑幼儿的安全，尽量规避意外的发生。远足活动因其开放性而存在着很多不确定因素，相比在园内开展的其他体育活动，具有更多的风险和更大的挑战。在远足活动开始前，教师应对远足的路线、场地进行勘察，将可能给幼儿带来风险的因素——排除，还要做好幼儿受伤、走失等安全事故处理预案，在真正遇到问题时，不至于手足无措。在有家长参与的远足活动中，教师应积极调动家长资源，让每一位家长都成为幼儿安全保障的负责人，也可以让家长志愿者参与到幼儿的安全防护工作中。远足活动中，还应配备充足的安全防护设备，如对讲机、旗子、医疗箱等。必要时，可以安排一名医护人员随行。

（三）季节性特殊活动

在幼儿的成长过程中，四季的变化时时刻刻都会对其产生一定的影响。在幼儿园体育活动中，季节性活动也成了重要的教育资源。在幼儿园季节性活动中，教师可以结合四季特点，让幼儿进行相关的体育活动。如，春天万物复苏，幼儿可以和"柳枝"互动开展游戏；夏天骄阳似火，幼儿可以和"水"互动开展游戏；秋天落叶飘飘，幼儿可以和"落叶"互动开展游戏；冬天大雪纷飞，幼儿可以和"雪"互动开展游戏。

1. 幼儿和"柳枝"互动的体育游戏。

游戏名称：射柳。

游戏目标：提高投远、投准的能力。

材料准备：沙包若干。

游戏玩法：几名幼儿站在同一条投掷线后，手拿沙包，以幼儿园园内种植的柳树上绑着的毛绒玩具为目标进行投掷。相同时间内，投中次数多者获胜。

指导建议：注意观察幼儿投掷时的动作是否正确，及时纠正与指导。

拓展游戏：拾柳絮、找新芽、春日踏青等。

2. 幼儿和"水"互动的体育游戏。

游戏名称：打水仗。

游戏目标：在躲避和奔跑中锻炼身体的协调能力，体验合作游戏的快乐。

材料准备：幼儿自备泳衣、泳镜、水枪，搭建掩体的各种材料，水、盆，音乐等。

游戏玩法：幼儿分成两组，分别运用已有材料搭建掩体。音乐响起，每组幼儿向对面阵营用水枪射出水柱进行攻击，同时注意保护自己。

指导建议：提示幼儿穿戴好游泳衣、游泳镜，提前进行安全教育、规则意识教育；活动前，组织幼儿进行热身活动。

拓展游戏：挖水沟、洗石子、浇花等。

3. 幼儿和"落叶"互动的体育游戏。

游戏名称：运落叶。

游戏目标：在运送落叶的过程中，提高走、跑、跳、平衡等基本动作能力。

材料准备：收集好的落叶、障碍物、收纳筐、塑料袋等。

游戏玩法：幼儿分为四组，分别站在起点处，手拿一筐或一袋落叶，绕过各种障碍物，将收集到的落叶运送到指定地点——"垃圾站"，先送完落叶的小组获胜。

指导建议：提前组织幼儿收集落叶。

拓展游戏：落叶迷宫、身体飘飘、双腿夹树叶跳等。

4. 幼儿和"雪"互动的体育游戏。

游戏名称：堆雪人。

游戏目标：探索将雪球滚得又大又圆的方法，能与同伴分工合作、不怕寒冷。

材料准备：小铲子、树枝、胡萝卜等堆雪人需要用到的道具；手套、帽子等防护用品。

游戏玩法：幼儿分成几组，合作堆雪人。

指导建议：和幼儿共同探讨将雪球滚得又大又圆的方法；提示幼儿注意保暖与防护。

拓展游戏：打雪仗、扫雪场、运雪堆等。

幼儿园户外体育活动的组织形式还有很多，如足球赛、篮球赛等，内容丰富多彩，有利于幼儿各项身体机能的发展，让幼儿健康、快乐地成长。同时，能促进教师与家长、教师与幼儿、家长与幼儿之间的关系，使教师、家长真正成为幼儿的玩伴。

第三节　幼儿园户外体育活动的指导策略

在户外体育活动中，教师以遵循幼儿身心发展规律为基础，为实现教育目标采取有目的、有计划、有组织地指导或干预幼儿游戏行为的方法，就是指导策略。指导策略按照不同的维度有多种类型。按照教师的指导方式分为语言策略和非言语策略，按照幼儿参与程度分为集体指导策略和个别指导策略等。

在 2022 年教育部颁布的《幼儿园保育教育质量评估指南》（以下简称《评估指南》）中，针对"活动组织""师幼关系""空间设施""玩具材料"等方面有具体、明确的评价标准，突出幼儿主体地位。那么，幼儿园户外体育活动的指导策略就应该从儿童的视角出发进行归纳与总结教师指导策略，重点从活动形式、材料投放、自主选择、个性化发展等方面来思考和实施。

一、多样化的体育活动提高幼儿运动兴趣

多样化的体育活动是指活动的形式不同、活动的场地不同、活动的玩伴不同、活动的规则不同等。体育活动应该以幼儿的运动兴趣为前提，变化开展户外体育活动的各种条件、规则等。

（一）多样化的户外体育活动环境激发幼儿运动兴趣

幼儿园的户外体育活动环境应该是丰富的、有层次性的，能够激发幼儿多种感官的探索活动和运动愿望。如园内环境创设了沙地、水泥地、石子地、草地等活动场地。幼儿可以体验在不同的地面上走、跑、跳的感受。幼儿园户外体育活动环境富于变化，有高有低，有平地、斜坡，有丰富的绿化带等区域场地，让幼儿在运动的同时获得不一样的体验。户外场地可以分为器械区、游戏区、沙水区、动物区、植物区等。

丰富的运动环境能为幼儿提供更多自主选择的空间，满足不同幼儿的个体需要，最大限度地让幼儿玩得开心、尽兴，提高幼儿的游戏水平，促进他们自信、大胆、自主、合作等非智力因素的发展，为幼儿积累生活经验，在运动中健康、快乐地成长。

（二）创新性的游戏规则能让幼儿保持持久的运动兴趣

户外体育活动具有一定的规则性，以此来保证幼儿运动时的安全或运动效果。教师可以和幼儿共同制订适宜的规则，让游戏变得更加新颖、有趣。如大班幼儿跳绳时，常见的方式是幼儿拿着一根跳绳反复进行摇绳、跳绳、落地等动作；两位教师分别拉着跳绳的两端，快速地从孩子们的头顶或者脚下划过，发展幼儿快速跳跃或者快速低头的反应能力；可以组织孩子们跳长绳；还可以让两个幼儿玩一根跳绳，合作跳绳等。教师只有创新游戏规则，才能让户外体育活动变成孩子们期待的活动。

（三）多样的游戏伙伴能让幼儿主动交流经验

户外体育活动场地界限不明显，各班级之间和各年龄班之间多发生场地重合的情况。教师可以在户外体育活动的时候有意识地开展同年龄班联合游戏、

大带小游戏、对抗游戏等，让幼儿的游戏伙伴发生多样的变化。如组织"两人三足"的活动时，可以让大班和中班的幼儿组队。大班幼儿能够清楚地讲述游戏规则，放慢脚步，等待弟弟、妹妹。同时，在哥哥、姐姐的带领下，中班的弟弟、妹妹能迅速地了解游戏玩法，提升自己的运动速度。

二、丰富而有趣的材料指向多个体育锻炼目标

幼儿的注意力容易被生动、形象的事物所吸引。丰富、有趣的材料能激发幼儿的运动热情，同时，能够指向多种体育锻炼目标。幼儿喜欢什么样儿的材料进行体育游戏呢？这就需要教师细心地观察和发现。大多数教师认为的材料的趣味性往往是基于成人的视角提出来的，且更多关注材料造型美观、玩法新奇、功能多样等因素，很少考虑幼儿的真实想法和需求。因此，教师应当坚持以问题为导向的原则，充分考虑幼儿的兴趣、年龄特点、游戏经验及活动主题等诸多因素，合理投放多样化的材料。

（一）制订合理的目标，引导幼儿参与户外体育游戏

户外体育活动必须有明确的目标。首先，教师应当引导幼儿建立一定的情感目标，让幼儿在参与户外体育活动的过程中，懂得自己要玩的内容是什么，游戏后想要获得怎样的情感体验；其次，教师应当提出要求，让幼儿明确自己在游戏过程中应该达到的动作发展目标，如教师组织幼儿玩篮球，在活动前，可以鼓励他们："咱们班的小朋友太厉害了！你们肯定有关于篮球的多种玩法。"简单的两句话，让幼儿了解了本次活动的主要目标，即创设有关篮球的多种玩法。

（二）充分发挥体育材料的多种功能

教师应充分发挥体育材料的多种功能，使其在原有设计的基础上帮助幼儿更好地实现游戏目标，并拓展出更多的使用功能，从而达到理想的使用状态和效果。此外，教师还可以自制一部分体育材料，在原有材料的基础上进一步完善其游戏功能，或者组合使用现有材料，使幼儿获得更丰富的游戏体验和乐趣。

多功能运动材料在幼儿园户外活动材料的投放中并不少见，它发挥着一物多玩、一材料多目标的作用。例如，沙包可以作为投掷游戏的材料，也可以作为器械操的手持物；水桶既可以充当跨栏器材使用，也可以制作成滚动的小车，供幼儿进行推、拉游戏。教师可以选用彩虹伞开展游戏活动，幼儿围着彩虹伞，通过上下抖动彩虹伞，制作出鼓鼓的"彩色大面包"。

（三）不同的材料实现同一发展目标

为了避免单一的重复性动作练习，教师可以引导幼儿开展趣味性强的情境游戏。如在中班集体活动"能干的小螃蟹"中，幼儿通过游戏体验侧身行走，

感受不同的行走方式。活动中，教师创设了"小螃蟹跟着妈妈学本领"的情境，为幼儿提供了皮球、塑料筐、螃蟹头饰等游戏材料，让幼儿扮作小螃蟹，完成了热身活动、横向走、侧身走游戏活动及放松活动，通过情境游戏，不仅让体育活动充满了趣味性及探索性，而且丰富了幼儿的学习经验。

简而言之，单调的重复同一动作技能的练习很容易让幼儿失去参与活动的兴趣与积极性。教师应在活动内容和组织形式等方面认真思考，丰富游戏材料，提升幼儿学习相同动作技能的经验，从而有效地促进幼儿动作技能的发展。

三、提供更多幼儿自主选择的活动内容

幼儿园户外游戏包括体育游戏、建构游戏、表演游戏、角色游戏等游戏形式。创设的游戏区域有投掷区、攀爬区、骑行区、跳跃区、球类区、玩沙区、玩水区、建构区等。游戏材料包括大型固定游戏器械、小型可移动的游戏器械、玩沙和玩水的工具、各种建构类玩具、角色游戏玩具和表演游戏的场景、道具等。大型固定游戏器械有滑梯、索道、攀爬墙、树桩、平衡木等；小型可移动的游戏器械有小推车、三轮车、平衡脚踏车、拱形门、跨栏、体操垫、彩虹伞等。还有许多零散的游戏材料，如蹦跳类游戏材料，包括跳绳、羊角球等；球类游戏材料，包括篮球、足球等。

研究表明，不同类型的户外体育设施和场地能带给幼儿不同的心理体验。在游戏设施和材料投放的基础上，教师应当鼓励幼儿自主选择活动内容，让他们与材料、环境、同伴、教师积极互动。

（一）固定的游戏内容

幼儿园户外设施有跷跷板、儿童秋千、儿童滑滑梯、攀爬网、独木桥等。从使用类型的角度划分，可以将这些设施分为娱乐类、体能拓展类。

1. 娱乐类设施。

常见的娱乐类设施有滑梯、蹦床、小木马、跷跷板等。大型组合滑梯是集跑、钻、爬、攀、滑、翻、滚等动作训练于一体的游乐设施之一，能让幼儿在玩乐中锻炼身体，愉悦身心，提高幼儿身体的平衡、协调能力和创造能力。

2. 体能拓展类设施。

常见的体能拓展类设施有梅花桩、独木桥、吊桥、障碍赛道等。体能拓展类设施能够锻炼幼儿的平衡能力，磨炼幼儿的意志力，起到锻炼身体的作用。在设计与安装这些设施的过程中，要综合考虑幼儿的能力与水平，铺设或安装相应的保护设施，以确保幼儿游戏时的安全。

除了幼儿园户外体育设施外，幼儿园还应根据《北京市幼儿园玩具配备目录》配备便于幼儿日常集体活动或分散游戏使用的游戏材料，如体操垫、高

跷、球类玩具（皮球、篮球、足球、羊角球等）、沙包、体操器械等，用于满足幼儿日常户外游戏需要。幼儿园体育类型的设施与材料较多，小、中、大型都有。幼儿玩乐时，基本以教师引导为主。教师在关注幼儿安全使用设施和材料的同时，还应引导幼儿树立团队意识，加强与同伴的合作与互动，共同参与游戏。

（二）自主的游戏内容

教师应当引导幼儿对材料进行二次加工——自制材料，改进材料的性能，增加材料的游戏功能，以满足活动需求。自制材料制作简单、方便操作、玩法多样。自制的运动材料不能牵扯教师过多的精力，应尽量制作简单，成本低廉，操作方便，不会给幼儿造成困惑，并力求玩法多样，既能满足同年龄段幼儿的不同探索和锻炼需求，又能让不同年龄段幼儿进行不同层次的操作，供幼儿户外运动时使用。

自制材料应牢固、耐用、安全，在材质的选择、结构的设计上都应该以此为准。首先，作为户外运动材料必须牢固、耐用，应避免使用一压就变形、一碰就脱落的材质。其次，由于自制材料在户外使用，地面和空气都具有一定的湿度，应尽量避免使用纸质材料。如果必须使用纸质的，最好先覆膜，再使用。再次，自制材料往往是幼儿直接手持或与幼儿贴身接触的材料，材料上避免出现尖刺或类似刀刃的边缘，必须将尖刺磨平或包裹锋利的边缘，以确保幼儿安全使用该材料。

四、有针对性地观察幼儿，灵活调整指导策略

教师对幼儿参与体育游戏的要求应当充分考虑幼儿的阶段性心智发展规律，也就是让不同阶段、不同性格、不同能力的幼儿能够差异化地参与到户外体育游戏中。同时，教师的科学引导、材料与环境的高质量布局等，也为拓展幼儿的户外活动空间创造了条件。

（一）尊重幼儿的年龄特点及行为方式

幼儿个体的动作发展是从无条件反射动作、无意识动作发展到复杂、精确、有意识的动作。如幼儿的投掷动作，小班幼儿投掷动作不协调，投掷时主要使用上肢力量，下肢和躯干动作配合不协调，多余的动作较多；中班幼儿身体能够比较协调、自然地用力，可以掌握单手肩上正面投掷、双手头上投掷、双手胸前投掷、双手腹前投掷等动作；大班幼儿投掷动作协调、有力，投掷的远度和准确度有明显的提高。为了保证不同年龄段幼儿投掷动作的提升，需要结合不同层次的材料进行投掷练习。如小班幼儿可以用皮球（两名幼儿互相滚接皮球）、沙包（自然往前上方或远处投掷沙包）等材料进行投掷；中班幼儿可以用篮球（左、右手轮流拍球）、沙包（击物）等材料进行投掷；大班幼儿

可以用篮球（边走或跑边拍球）、沙包与标靶组合（肩上挥臂投准、投远）等材料进行投掷。总之，教师通过提供不同层次的游戏材料来满足不同年龄段幼儿的动作发展需要。

（二）尊重幼儿个体差异

教师可以在幼儿参与户外体育活动的过程中针对不同年龄阶段的幼儿提出不同的要求。比如，对于小班幼儿而言，教师可以给幼儿提出着装的要求，让幼儿明白应当穿着宽松、舒适的服装参与体育运动。教师也可以引导幼儿学会不要在运动中受伤，做好自我保护。同时，要友好地对待同伴，不要伤害同伴。对于中班幼儿而言，教师可以从规则的角度出发给幼儿提出要求，让中班幼儿学会遵守游戏规则，建立一定的规则意识。此外，教师也可以从卫生的角度出发，让中班幼儿养成游戏后洗手的卫生习惯，强化中班幼儿讲卫生的意识。对于大班幼儿而言，其参与体育运动的能力较强，喜欢挑战一些有难度的体育游戏。因此，教师应当引导大班幼儿在面对困难时，自己想办法解决或与同伴协商解决。

在材料投放方面，教师应投放难易程度不同的游戏材料。比如，在"跳过小河"的游戏中，可以用两根绳子在地面上摆出由窄到宽的不同宽度的"小河"，教师引导幼儿根据自己的能力与水平，选择适合自己宽度的"小河"，跳过不同宽度的"小河"；在"踩梅花桩"的游戏中，教师为幼儿提供大小不一的梅花桩，以便满足不同发展需求的幼儿。总之，教师通过循序渐进地投放游戏材料，逐步提高幼儿的运动强度，让幼儿的动作能力与水平在原来的基础上获得提升，让幼儿能够更加积极、主动地按照自己的想法进行游戏，激发幼儿体育锻炼的兴趣，增强参与体育游戏的自信心。

总之，户外体育活动是幼儿健康、快乐成长的载体。教师是幼儿户外体育活动的合作者、引导者、支持者和研究者。在设计户外体育游戏时，教师应当始终围绕"自主"这一主题，坚持"快乐与发展"的原则，充分释放每个幼儿的天性，让他们在自由地奔跑和跳跃中享受童年的乐趣。

第三章 幼儿园户外体育活动——幼儿体操

幼儿体操是幼儿园体育活动的重要组成形式之一，是幼儿健康发展的重要活动，是增强幼儿体质、发展幼儿基本动作的有效手段。同时，它也可以以艺术的形式呈现，让幼儿在感受音乐、理解音乐、表现音乐的过程中愉悦身心，提高幼儿身体动作的表现力，增强幼儿的自信心。幼儿体操要符合幼儿的年龄特点，尽可能地选择幼儿耳熟能详的音乐和适宜的体育器械，根据幼儿体能发展目标来创编，让体操充分发挥应有的作用。

第一节　小班幼儿体操

小班幼儿身体处于迅速发展的阶段。幼儿在做操的过程中表现出基本动作不够标准，有好动、爱模仿、缺乏耐力等特点。教师针对幼儿以上的问题与特点，创编小班幼儿体操时应注意以下几点：

第一，在动作的编排方面，需要编排那些动作难度低、简单、重复、以左右对称的动作为主、易学和富有趣味性的体操。这样的体操能够激发小班幼儿的兴趣，使其积极地参与做操。

第二，在动作的变换频率方面，每组动作以两个八拍为宜，注意动作左右变换，减少上、下肢同时做动作的情况，节奏较慢，动作变化小，使幼儿不会因为变换动作而忽略对音乐的感受。

第三，在体操器械的选用方面，小班幼儿手部力量较小，抓握器械的力量不足。因此，教师在选择器械的过程中，需要细致考虑其重量、粗细等因素，选择重量适中、适合抓握的器械，通过甩动、摇晃、敲击等使器械发出声响，激发小班幼儿做操的兴趣和动作的爆发力。教师可以选择一些金属瓶罐、能发出声响的铃铛、布艺亮片等物品作为运动器械，制作颜色鲜亮、造型可爱、带有声响或闪亮的体操器械，使小班幼儿能伴随音乐，激情摆动，达到愉悦身心、锻炼身体的效果。

一、韵律操《糖果屋里的小老虎》

《糖果屋里的小老虎》是一首适合小班幼儿倾听的音乐，它节奏鲜明，歌词朗朗上口。做操时，戴上老虎造型的帽子，让幼儿觉得有趣和好玩。在动作编排方面，既有模仿老虎的动作，又有简单的队形变化，能够吸引幼儿沉浸其中，共同感受韵律操的动感美（图3-1）（参看视频3-1）。

图3-1

扫码看视频3-1

二、徒手操《勇气大爆发》

《勇气大爆发》是幼儿非常喜欢的一首儿歌，歌词内容积极向上，节奏感强。教师在创编动作的过程中组合了招呼同伴、加油、拍手、迈步等常见动作，配合歌词进行表演，让幼儿自然而然地爱上这套徒手操（图3-2）（参见视频3-2）。

图3-2

扫码看视频3-2

第二节 中班幼儿体操

中班幼儿能够伴随着欢快的音乐节奏按顺序做操，动作准确、有力，相比小班阶段，体操的动作表现能力更强了。因此，在中班幼儿体操的编排方面要注意以下两点：

第一，中班幼儿能在教师的口令和节奏鲜明的音乐伴奏下，进行队形变换，切段分队或并队走。教师可以在开展体操活动前增加一些简单的队形变化练习，也可以在取放器械时编排队形，便于幼儿自己取放器械。中班幼儿听辨音乐节奏的能力稍差，注意力容易分散，需要教师用语言提示幼儿体操动作内容。

第二，中班幼儿的自主性进一步发展，在动作编排方面，可以增加同伴之间的互动，如两名幼儿互相拍手、击掌等。

一、器械操《我是一颗跳跳糖》

这是一套轻器械操。做操时所用器械是用彩带和矿泉水瓶自制的。这套体操动作中，下肢动作变化较多，让幼儿跟随音乐《我是一颗跳跳糖》做出跳、转、踢等动作，从而提高幼儿手脚的协调与配合能力（图3-3）（参看视频3-3）。

图3-3　　　　　　　扫码看视频3-3

二、武术操《功夫宝宝棒棒棒》

歌曲《功夫宝宝棒棒棒》可以作为幼儿武术操的配乐。由于歌词中有武术动作提示，如"敬礼""坐如钟""站如松""昂首挺胸"等，因此，非常适合作为幼儿阶段的武术操配乐。教师在编排武术操时，把弓步、丁字步、立掌、金鸡独立等武术基本动作融入其中，让幼儿在做操的过程中感受中华武术的魅力（图3-4）（参看视频3-4）。

图3-4　　　　　　　扫码看视频3-4

第三节 大班幼儿体操

大班幼儿正处于自我评价能力逐步发展的阶段，他们合作意识增强，动作的灵活性、控制能力也明显增强，表达与表现方式多样化。总之，大班幼儿各方面的能力都在迅速发展。因此，教师需要结合大班幼儿特点，有针对性地编排体操动作。

第一，动作编排。教师在创编体操动作的过程中，应根据大班幼儿年龄特点，调动幼儿的积极性，共同参与创编动作。教师还应将园所所在地区的民俗、民族特色融入体操之中，让幼儿体操成为传承民族文化的新载体。

第二，音乐选择。音乐在体操中起着节拍、口令的作用。教师在选择音乐时，应注意音乐本身的节奏和旋律，所选音乐要与体操特色、风格一致。大班体操可以选择一些变化较快、节奏多样的音乐。

第三，器材选择。教师选用的体操器械必须安全，其体积和重量适合大班幼儿年龄特点。除了选择圈、杆、绳等成品器械材料以外，还可以选择球、扇子、手鼓等运动器材或舞蹈道具。

一、扇子操《春天在哪里》

扇子是中国传统民族舞的舞蹈道具。教师将扇子舞蹈技法运用于扇子操的创编中，以达到舞扇技能表现、身体表现和情绪表现三者合一。在扇子操《春天在哪里》中，有开扇、闭扇、握扇、架扇等基本动作，同时有同伴之间的合作，让幼儿在做操的过程中体验舞动扇子的动作之美和合作做操的乐趣（图 3-5）（参看视频 3-5）。

图 3-5

扫码看视频 3-5

二、徒手操《站在草原望北京》

《站在草原望北京》是一首具有浓郁蒙古族特色的音乐，歌曲热情奔放、稳健有力、节奏鲜明欢快。教师在创编徒手操动作的过程中，结合歌词内容，创编有模仿骏马奔驰、雄鹰展翅等动作，让大班幼儿在做操的过程中感受不一样的体操风格，体验我国多民族的文化特色（图 3-6）（参看视频 3-6）。

图 3-6   扫码看视频 3-6

总之，幼儿体操动作的编排既要考虑幼儿的年龄特点，又要结合地方民族特色和民俗文化，充分发挥幼儿的主动性和创造性，让体操成为幼儿喜欢参与的活动，达到锻炼身体和发展体能的目的。

第四章 幼儿园户外体育活动——集体活动

幼儿园户外体育活动是一个广义的概念，包括集体活动和分散游戏，它们相辅相成，组成了丰富多彩的户外体育活动。集体活动是以幼儿基本动作能力发展为主，遵循幼儿身体生长发育规律，增强幼儿体质、提高幼儿动作发展水平的集体体育活动。教师应坚持保教结合，科学、合理地组织与开展集体体育活动，促进幼儿各方面能力的提升。

第一节　小班集体活动案例

小班的户外体育集体活动时间不宜过长，以 15～20 分钟为宜。活动环节设计不宜过多，应尽量减少场地变换。教师在组织活动的过程中，应及时关注幼儿的运动状况，给予适当的指导，重在激发幼儿的运动兴趣，让幼儿喜欢运动。教师在组织集体活动时，需要准备丰富的材料，减少幼儿消极等待的时间，这是必须要注意的关键因素。

活动一　平衡：给小动物送礼物

设计思路

《指南》在小班健康领域的目标中提到：幼儿"能沿地面直线或在较窄的低矮物体上走一段距离"。本班幼儿的平衡能力各不相同，大部分幼儿无法达到小班的目标，因此，需要利用多种活动发展幼儿身体的平衡和协调能力。为了激发每个幼儿参与体育游戏的兴趣，我们以"给小动物送礼物"为主题，利用可爱的动物形象，激发幼儿想要走过较窄平衡木给动物送礼物的欲望，增强幼儿的责任感和爱心，通过送礼物的游戏发展幼儿的平衡能力。

活动目标

1. 能够勇敢地尝试在不同宽度的平衡运动器械上行走。

2. 在走的过程中，能够稳定身体重心，保持身体平衡。

3. 喜欢参与体育游戏，愿意尝试有一定难度的活动。

活动重点

能够不怕困难，尝试在不同宽度的平衡运动器械上行走并保持身体平衡。

活动难点

在平衡运动器械上行走时，掌握稳定身体重心和保持身体平衡的方法。

活动准备

1. 经验准备：

（1）幼儿尝试过在平衡木和台阶上行走。

（2）幼儿了解常见的小动物喜欢吃的食物。

2. 物质准备：

（1）鱼、萝卜、桃子、西瓜卡片若干。

（2）不同宽度的小桥若干（各种平衡运动器械代替）。

（3）小兔、小猴、小猫、小猪的家（将这几个小动物的卡片贴在小椅子上，代表它们的家）。

（4）律动音乐。

活动过程

（一）开始部分

1. 播放音乐，律动热身。

师：今天，小动物们邀请咱们去它们的家里做客。一起来运动一下，看看都有哪些小动物邀请咱们。

教师带领幼儿跟随律动音乐进行热身活动。

2. 激发兴趣，模仿互动。

师：刚才的律动音乐里有哪些小动物邀请咱们了？

幼：小猫咪、小猴子、小兔子。

师：小朋友们，咱们一起模仿一下小动物们吧！先模仿一下淘气的小猴子，咱们一起单脚站立吧！看看哪只小猴子站立的时间长。现在，换另一只脚试试。

教师引导幼儿边说边模仿小动物的动作，如小兔跳、小猫走、小猴单脚站立、小猪打呼噜等动作，帮助幼儿充分热身，激发幼儿想要去小动物家做客的欲望。

（二）基本部分

1. 初次尝试，体验与探索。

师：小朋友们，你们愿意到小动物们的家里去做客吗？

师：一会儿，咱们就要去小动物家做客啦！在去小动物家的路上，每个人要选择一条小路，走过去。咱们一起来试一试吧！

幼儿依次走过不同宽度的小路，尝试寻找保持身体平衡的方法。在此过程中，教师指导幼儿保持平衡地走过小路，提示幼儿注意动作要领，双脚脚尖向前，两脚交替前行，脚要踩在小路的中间，两臂侧平举，保持身体平衡。

2. 倾听幼儿分享经验。

师：小朋友们，请你们分享一下，刚才你们都用了什么好方法，让自己的身体保持平衡的？

教师引导个别幼儿说一说自己的感受和方法。

教师和其他幼儿倾听个别幼儿讲述自己的感受并思考。

小结：我们可以变成"小飞机"来保持平衡。我们将身体的重心放在小脚上，小脚才能更有力量，帮助我们走得更加平稳哦！你们想不想再试一试呢？

教师引导幼儿再次尝试，帮助幼儿在游戏中掌握保持身体平衡的方法。

3. 探索游戏，掌握技能。

（1）教师讲述游戏规则。

师：现在，我们要去小动物家做客。我们为小动物们准备了许多礼物，都是它们喜欢吃的食物，有萝卜、小鱼、桃子和西瓜。请你们每次选一件礼物，走过独木桥，将礼物送到相应的小动物家里。

幼儿根据自己的能力，选择不同宽度的独木桥，走过独木桥，完成送礼物的游戏任务。

（2）幼儿开展给小动物送礼物的游戏。教师进行过程性指导。

师：小朋友们在走独木桥的时候，尽量选择人少的独木桥，注意保持身体平衡，不推，也不挤。

幼儿选择一件礼物，自由选择不同宽度的独木桥，走过独木桥，把礼物送到相应的小动物家里。在游戏过程中，教师注意观察幼儿并指导，帮助幼儿平稳地走过独木桥。

（3）再次游戏。

幼儿分为两组，再次游戏，为小动物们送去更多的礼物。

师：小动物们特别喜欢大家送的礼物。咱们再给小动物们多送一些礼物吧！

幼儿再次游戏。

4. 分享与总结。

师：小朋友们，你们为小动物们送了这么多礼物，你们太棒啦！

教师表扬幼儿，鼓励幼儿不怕困难，增强其自信心。

（三）结束部分

师：每个小动物都收到了咱们送的礼物，它们高兴极了，还说非常感谢你们！接下来，咱们一起放松一下吧！

教师组织幼儿做放松活动，收拾与整理材料，活动自然结束。

活动延伸

1. 改变独木桥的长度和宽度。

教师可以根据幼儿游戏水平，在后续的游戏中调整独木桥的长度和宽度，或者进行不同难度的分组游戏，支持幼儿不同能力的发展。在幼儿熟悉游戏规则后，可以进行平衡游戏比赛，促进幼儿平衡能力的发展。

2. 创设更多的平衡游戏。

教师可以为幼儿创设更多不同情境的平衡游戏，如小猴摘桃子、小马运粮食等，结合不同的情境，引导幼儿进行角色游戏，不断地调动幼儿参与活动的兴趣和积极性。教师还可以利用各种平衡类的游戏材料，如平衡板、滑板等，引导幼儿游戏，提高幼儿的平衡能力。

活动反思

1. 情境激趣，乐于参与活动。

本次体育活动的主题十分明确，整个活动过程融入了不同的动物角色，抓住了小班幼儿喜欢小动物的特点，引导幼儿积极、主动地为每个小动物送去相应的礼物。幼儿在游戏中能为小动物们选择合适的礼物，将食物与小动物的食性一一对应，十分投入和享受游戏过程并乐在其中。

2. 积极探索，掌握动作要领。

本次活动注重幼儿自主建构游戏经验。教师引导幼儿积极探索多种玩法，支持幼儿自主尝试，再进行经验的梳理与总结。游戏从走过"小路"到走过"小桥"，由易到难，层层递进。活动过程中，教师能有效地指导幼儿在平衡木上保持平衡的方法，倾听幼儿在游戏中的感受和心得，再从幼儿的角度出发，用小动物们的口吻总结经验与方法，鼓励与表扬幼儿，让幼儿通过实践获得走平衡木的运动经验，引导幼儿掌握了相关的动作要领。

3. 调整提升，助力幼儿发展。

教师对游戏中的一些细节进行了反思。在今后的游戏中，可以根据游戏开展的情况，适当增减独木桥的数量，以便减少幼儿消极等待的时间。对于不同水平的幼儿，教师应根据幼儿能力鼓励他们尝试在不同宽度、高度的平衡运动器械上行走。教师针对个别幼儿走平衡木的情况，及时给予具体的帮助，如拉着幼儿的手或在幼儿身旁跟着他走，让幼儿更有安全感，引导幼儿平稳地走过平衡运动器械。对于能力强的幼儿，教师可以鼓励其加快行走的速度。

（北京市丰台区第一幼儿园　王培烨）

活动二　跳远：小青蛙跳荷叶

设计思路

立定跳远是一项有益又有趣的运动。它可以锻炼幼儿身体的协调性、下肢力量等，帮助幼儿提高身体素质。小班幼儿受年龄特点及发展水平的限制，立定跳远的能力各不相同。一部分幼儿不会立定跳远，无法掌握立定跳远的动作要领；一部分幼儿能跳一段距离，但是距离很近，这是他们下肢力量不够造成的；一部分幼儿能达到立定跳远的目标距离。教师要从引导幼儿掌握动作要领和关键经验出发，开展体育活动，提升幼儿的运动能力。小班的教育活动注重游戏化、情境化。因此，可以选择"小青蛙"这一角色，通过创设"小青蛙跳荷叶"的游戏情境，引导幼儿在有趣的游戏氛围中积极锻炼身体，掌握立定跳远的动作要领。

活动目标

1. 通过模仿青蛙屈腿跳学习立定跳远的动作。
2. 学会在跳跃的过程中屈膝，掌握立定跳远的动作要领。
3. 喜欢参加体育运动，感受与同伴共同游戏的快乐。

活动重点

通过模仿青蛙屈腿跳，学会立定跳远的方法，锻炼身体的协调性和下肢力量。

活动难点

学会在跳跃的过程中，掌握立定跳远中屈膝、摆臂的动作要领，能够跳跃一定的距离。

活动准备

1. 经验准备：
幼儿有立定跳远的经验。

2. 物质准备:

地面画有黄色起跳线、呼啦圈若干、虫子卡片、音乐。

🎂 活动过程

(一) 开始部分

师:青蛙宝宝们,快和妈妈一起跳一跳,活动一下身体吧!

教师扮演青蛙妈妈,与幼儿打招呼,一边说儿歌"小青蛙跳一跳,小膝盖转一转,小脚腕转一转"等,一边带领幼儿做韵律操热身,重点活动上肢和下肢。

(二) 基本部分

1. 角色情境引入,初步感受跳跃。

师:小青蛙们,午饭的时间到了。咱们去哪里找虫子呢?

教师引导幼儿观察周围环境。

师:小青蛙们,你们已经猜到咱们要去池塘里找虫子了吧!

教师将几个同样大小的呼啦圈摆成一条直线,当作荷叶,创设池塘里有几片荷叶的游戏情境。

2. 正确示范立定跳远的动作,幼儿进行尝试。

(1) 幼儿自由尝试立定跳远。

幼儿初步尝试立定跳远。教师鼓励幼儿跳到荷叶上。

师:咱们一起跳到荷叶上,找虫子吃吧!

师:小青蛙们要双脚跳到荷叶上,去抓虫子哦!一定要小心哦!小脚要稳稳地跳在荷叶上,千万不要掉进池塘里!

教师请个别幼儿尝试跳过呼啦圈,重点引导其他幼儿观察其立定跳远的动作。

(2) 教师示范立定跳远的动作。

师:请青蛙宝宝们站在黄线的后面,脚尖对着黄线,和青蛙妈妈一起跳吧!

师:站在线后向前瞧,膝盖弯曲准备好,胳膊摆起用力跳,跳得远来跳得高。

教师边说儿歌边跳进呼啦圈里,为幼儿示范并讲解立定跳远的动作要领。幼儿进行观察,并尝试立定跳远。

师:小青蛙们跳一跳,膝盖变成小弹簧,用力一蹬,跳到荷叶上。

(3) 幼儿再次游戏。教师在此过程中引导幼儿用正确的姿势立定跳远。

师:小青蛙们快用聪明的脑袋想一想,试一试好方法。咱们比一比,看谁跳得远、捉的虫子多。

3. 再次尝试游戏,增加游戏难度。

(1) 教师增加呼啦圈间隔的距离,鼓励幼儿再次尝试立定跳远,注重观察幼儿动作是否准确，提醒幼儿"站在线后向前瞧，膝盖弯曲准备好，胳膊摆起用力跳"。

师：刚才，我看到青蛙宝宝们都跳到了荷叶上，非常棒！咱们继续往前走吧！

师：哇！这片池塘和刚才的不一样哦！两片荷叶之间的距离变大啦！小青蛙们一定要小腿用力蹬地跳！

（2）教师与幼儿共同总结立定跳远的好方法。

师：你们还记得立定跳远的小口诀吗？咱们一起再说一遍吧！

师：站在线后向前瞧，膝盖弯曲准备好，胳膊摆起用力跳，跳得远来跳得高。

师：请青蛙宝宝们跟着青蛙妈妈一起再跳一次吧！

幼儿和教师一起做青蛙跳的动作。教师边说儿歌边观察幼儿动作，引导幼儿根据儿歌提示做动作。"站在线后向前瞧，膝盖弯曲准备好，胳膊摆起用力跳，跳得远来跳得高。"游戏可以重复进行 2～3 轮。教师在幼儿跳的过程中注意观察每个幼儿是否已经掌握立定跳远的动作要领。对于能力较弱的幼儿，教师应及时给予帮助和指导。

（三）结束部分

1. 总结方法。

师：小青蛙们，你太勇敢了！你们是怎么跳得这么远的？

教师和幼儿共同总结跳得远的方法，先鼓励幼儿分享自己的经验，教师再进行梳理与总结。

师：小青蛙们，你们真勇敢！在荷叶上跳来跳去的，还捉到了这么多的小虫子，你们可太棒啦！

教师鼓励幼儿坚持体育锻炼。

2. 放松与整理。

师：你们的小腿一定也变得更有力量了！现在，咱们一起来放松一下吧！

教师播放舒缓的音乐。幼儿听音乐，做捶腿、抖手的动作，放松身体。

师幼一起收拾并整理材料，活动自然结束。

🏸 活动延伸

1. 户外游戏："小青蛙跳荷叶"。教师带领幼儿在户外操场上摆好间距不等的若干个小呼啦圈，创设"小青蛙跳荷叶"的游戏情境，引导幼儿巩固立定跳远的动作要领。教师也可以让幼儿与好友共同设计荷叶摆放的位置，自主游戏。

2. 家园共育：教师将立定跳远的动作要领拍成视频，发送到班级家长微信群里，跟家长分享，引导家长在家里利用生活中的日常物品为幼儿设置障碍，引导幼儿练习立定跳远。

活动反思

1. 活动参与度方面。

本次活动以"小青蛙跳荷叶"的游戏情境贯穿始终，让立定跳远的活动更加有趣。幼儿变身活泼、可爱的小青蛙，跳过一片片小荷叶，捉到了许多小虫子。幼儿在游戏过程中，完成了立定跳远的动作练习，吃到了很多小虫子，获得了成就感。教师可以增加更多的游戏情节，让幼儿根据不同的情节进行游戏，可以创设"小青蛙采荷花""小青蛙找妈妈"等情节，提升幼儿持续参与游戏的兴趣。

2. 幼儿能力方面。

幼儿参与本次活动的兴趣浓厚，时间持久，充分锻炼了下肢肌肉力量。在此过程中，教师用小儿歌引导幼儿掌握了立定跳远的动作要领。同时，教师注意观察幼儿立定跳远的动作，及时进行指导。之后，教师通过拉开荷叶之间的距离，提高了游戏难度，使游戏更具挑战性。教师还可以设计难易程度不同的立定跳远路线，引导幼儿模仿青蛙跳，找到青蛙妈妈，让幼儿根据自己的能力与需求，自主选择相应的路线进行游戏。

3. 掌握动作要领方面。

教师以情境游戏的方式开展体育活动，非常适合小班幼儿。教师通过边说儿歌边做动作的方式讲解并示范了立定跳远的动作，让幼儿更容易记住动作要领并掌握动作技巧。

（北京市丰台区第一幼儿园　王培烨）

活动三　双脚连续跳：小兔运萝卜

设计思路

小班幼儿年龄小，常常会把假想当作真实，他们喜欢玩情境游戏。我们观察小班幼儿户外游戏时发现，他们大多喜欢一些扔沙包、推小车等简单而又有成就感的游戏，而这类游戏锻炼上肢力量的比较多。

小班幼儿处于大肌肉发展阶段。如何让幼儿更加协调、灵活地参与各种游戏，获得全面发展呢？我们设计了有趣的"小兔运萝卜"游戏，让幼儿在游戏情境中，通过夹物跳运送萝卜来增强小班幼儿的腿部肌肉力量，使他们的身体得到均衡发展。

活动目标

1. 在游戏情境中，掌握双脚并齐连续向前跳的动作要领。
2. 能够尝试双腿夹物向前跳，增强腿部肌肉的控制力量。
3. 感受用双腿夹物跳的方式运送物品带来的乐趣。

活动重点

能够双脚并齐连续向前跳。

活动难点

能够双腿夹住沙包并向前连续跳跃。

活动准备

1. 经验准备：
（1）知道兔子跳的动作。
（2）练习过兔子跳的动作。
（3）熟悉幼儿园操场。
2. 物质准备：
（1）小兔头饰每人一个，自制胡萝卜玩具每人一个。
（2）大塑料筐一个，沙包每人一个，大灰狼图卡一张。
（3）音乐播放器及存放录好的音频 U 盘一个。

活动过程

（一）开始部分
师：今天，天气这么好，兔宝宝们和兔妈妈一起来游戏吧！
教师扮演兔妈妈，幼儿扮演兔宝宝，边走边说儿歌，根据儿歌内容活动身体，重复 3 遍动作，重点活动身体各部位。

附儿歌：

兔宝宝做操

今天天气真正好，我们一起来做操！

伸伸臂，弯弯腰，踢踢腿，跳一跳，

转个圆圈，跑一跑，我是快乐的兔宝宝。

重点指导：关注幼儿是否能跟随教师一起做动作，并观察幼儿的精神面貌，引导幼儿充分活动身体各部位。教师根据本次活动的主题合理分配身体各部位热身活动的比重。

（二）基本部分

1. 充分体验角色，尝试双脚向前跳。

（1）幼儿自由尝试。

师：想一想，小兔子是怎么跳的？咱们一起来试一试吧！

教师请幼儿模仿兔子跳行进，鼓励幼儿做出各种跳的动作，及时肯定与表扬幼儿。

（2）教师示范动作。

师：小兔子们做出了各种跳的动作，真棒！

师：今天，兔妈妈要教你们一个新的跳跃方法。一起来看看吧！

教师示范并讲解双脚向前跳的动作要领：双脚并齐，膝盖弯曲，身体向前倾，双臂前后摆动，向上跳起，双脚轻轻地落地。

重点指导：教师示范标准动作，要求幼儿做出与教师一致的动作。

（3）幼儿双脚连续向前跳。

师：哪只小兔子想来试一试双脚向前跳呢？

教师引导幼儿练习双脚向前跳的动作，重点观察幼儿膝盖是否弯曲、双脚落地时轻不轻。

师幼一起学兔子跳的动作。

重点指导：教师利用儿歌，引领幼儿边跳边说："小兔乖乖跳跳跳，小脚并齐向前跳。"提醒幼儿注意落地时要屈膝缓冲，尽量保持身体平衡，避免摔倒。

2. 小兔子运萝卜，巩固跳跃动作。

（1）小兔子用双腿夹住萝卜，把萝卜运回家。

师：萝卜地到了。兔宝宝们快去拔一根大萝卜。再把萝卜夹在两条腿的中间，跳着运回家吧！

教师与幼儿从场地的一端出发，一起跳过场地，来到另一端（两端距离3米左右），再一起把拔到的萝卜夹在两腿中间，双脚向前行进跳，沿着来时的路线跳回家，并将萝卜放进大塑料筐里。

重点指导：幼儿将萝卜夹在双腿中间，在跳跃的过程中尽量不要让它掉在地上。教师重点观察幼儿跳跃时的动作是否准确、是否会遇到问题等，根据情况，及时进行个别指导。

（2）个别幼儿进行示范。

师：刚才，小兔子们跳得都很标准。我发现有一只小兔子跳得很快，并且把他的萝卜完好无损地运回了家。咱们一起来看看他是怎么跳的吧！

（3）再次游戏，巩固练习双脚向前跳的动作。

师：咱们再玩一次游戏，试一试他的方法吧！

3. 再次创设情境游戏，升级游戏玩法。

（1）大灰狼来抢萝卜，引导幼儿用沙包投掷大灰狼。

教师播放敲门声的音频，吸引幼儿的注意力。

师：谁呀？是谁在敲门？

播放音频：我呀，我是大灰狼，快把你们刚运回来的大萝卜给我，我要把它们全吃掉！

教师引导幼儿遇到危险时要共同想办法解决。

师：兔宝宝们想出来的办法都很好。现在，妈妈这里有许多沙包。一会儿，你们每人拿一个。等妈妈开门后，你们要瞄准大灰狼，使劲儿地把沙包扔出去，把大灰狼打跑。

教师提前将大灰狼的图片摆在距离幼儿2~3米的地方。幼儿每人自取一个沙包。教师数"一、二、三"，大喊"门开了"。幼儿向大灰狼图片投掷沙包。

（2）幼儿将萝卜运到厨房，巩固双脚连续向前跳的动作。

师：大灰狼被我们打倒啦！咱们一起把萝卜运到厨房，制作好吃的萝卜食物吧！

师：这一次，咱们要多运点儿萝卜。看看两腿之间能夹住几根萝卜，并把它们全部送到厨房。

（三）结束部分

师：兔宝宝们真勇敢！大灰狼被你们打跑了。接下来，咱们一起来做萝卜汤吧！

教师带领幼儿做萝卜汤。教师一边说"剁剁剁，剁萝卜，做出萝卜汤真好喝"，一边带领幼儿一起用左手敲击右臂，再换右手敲击左臂，做放松运动。

师：好吃的萝卜汤做好了！兔宝宝们快点儿来喝吧！

活动自然结束。

活动延伸

1. 户外体育活动：当幼儿熟练掌握双脚向前跳的动作后，可以在运萝卜的路上设置高低不同的障碍物，如积木块等，增加游戏难度，引导幼儿跳过障碍物，让幼儿感受活动的趣味性和挑战性。

2. 家园共育：教师引导幼儿回家后，和家长一起进行双脚向前跳的比赛，看看谁能把双脚紧紧地"粘"在一起，不松开，连续向前跳跃。

活动反思

1. 利用角色，激发兴趣。

本次活动以幼儿最常见的小动物小兔子作为游戏主角，并结合小兔子的特征，设计了双脚连续跳的游戏。整个活动以游戏情境贯穿始终，结合小兔子拔萝卜的故事情节激发幼儿的学习欲望，符合小班幼儿的学习方式及年龄特点。教师通过创设的游戏情境开展活动，吸引幼儿主动参与活动，并且注意力非常集中。

2. 尊重个体差异，情境贯穿始终。

教师针对小班幼儿的年龄特点及兴趣点，尊重幼儿的个体差异，鼓励幼儿在实践中主动探究双脚连续跳的动作要领，通过创设情境、重点动作指导、游戏化的教学方法支持幼儿充分体验游戏过程，更好地掌握相关的动作技能与方法。

3. 循序渐进，掌握动作技能。

在活动中，幼儿能够积极地参与游戏，沉浸式地与教师互动，循序渐进地学习并掌握了双脚连续跳的动作技能。随后，教师创设了有关大灰狼的游戏，提高了游戏难度，适合不同能力与水平的幼儿。在游戏中，幼儿体验到成功运送萝卜的喜悦及战胜大灰狼的成就感，既玩得开心，又学到了本领，还培养了幼儿不怕困难、勇往直前的意志品质。

（北京市丰台区第一幼儿园　秦　旭）

活动四　投掷：投喂长颈鹿

设计思路

教师统计了近两年幼儿体能测试成绩，发现小班幼儿的投掷项目优秀率很低，这间接地说明了小班幼儿需要增加投掷动作练习。

在体育游戏中，幼儿的肌肉力量发展尤为重要。投掷这项运动技能对于小班幼儿来说有一定的难度，由于小班幼儿的上肢力量不足，导致他们投不远，也投不准。本次活动主要以发展小班幼儿的投掷能力为目标。教师创设了游戏情境，巧妙地开展了投掷游戏，引导幼儿积极参与游戏，掌握投掷动作要领。

活动目标

1. 尝试单手肩上投掷的动作，发展上、下肢肌肉力量及手眼的协调能力。

2. 尝试进行目测，将投掷物投到指定区域。

3. 喜欢参与投掷游戏，感受和同伴一起投掷的快乐。

活动重点

尝试单手肩上投掷并投准。

活动难点

能够在投掷的过程中保持姿势正确并投准。

活动准备

1. 经验准备：

（1）了解长颈鹿的形象特点。

（2）在日常生活中练习过投、扔、抛、接的动作。

（3）熟悉幼儿园的操场。

2. 物质准备：

（1）空旷的活动场地，将长颈鹿图片粘贴在离地面 1.5 米的墙面上。

（2）布包若干、音乐。

（3）场地内画有 3 条投掷起始红线，分别距离墙壁 2 米、2.5 米、3 米，供幼儿自主选择。

活动过程

（一）开始部分

师：小朋友们，你们知道吗？昨天，长颈鹿先生给我打电话了。它邀请我们一起去大森林里看看它的新朋友们，咱们快点儿出发吧！

教师带领幼儿听音乐，一起做热身运动，如模仿长颈鹿走路、跑步、跳跃、转头、踢腿、扭腰等动作，重点活动上肢部位。

附儿歌：

长颈鹿动起来

长颈鹿脖子长，转一转头看得远。

长颈鹿小腿长，踢一踢腿长得壮。

长颈鹿尾巴长，扭一扭腰最灵活。

长颈鹿长得高，我们一起向上长。

重点指导：关注幼儿热身动作及幼儿游戏状态，并用游戏化的语言引导幼儿充分地活动全身，重点活动上肢部位。

（二）基本部分

1. 情境导入，自由尝试投掷。

师：哇，大森林到了！（伸懒腰）大森林里的空气可真新鲜啊！小朋友们，你们看到长颈鹿先生和它的朋友们了吗？

师：咱们一起去找它们吧！

师：它们还没有吃早饭呢！小朋友们能不能给它们一些吃的，喂喂它们呢？长颈鹿这么高，我们怎么才能把食物喂到它的嘴里呢？

幼儿积极思考并说出给长颈鹿喂食的方法，然后自由尝试。教师请个别幼儿在集体面前展示。

重点指导：指导幼儿自主探索或者和同伴一起探讨喂食长颈鹿的方法。

2. 喂食游戏，掌握投掷方法。

（1）介绍游戏材料及玩法。

师：老师为小朋友们准备好了长颈鹿爱吃的果子（布包代替）。为了能把食物准确地投进长颈鹿的嘴里，小朋友们需要选择一条投掷线，站在线后，投喂长颈鹿。

游戏玩法：幼儿自取布包，站在投掷线后（幼儿自由选择一条投掷线），将布包投向长颈鹿。

（2）教师示范投掷动作并讲解动作要领。

师：一脚在前，一脚在后，两脚前后分开站立，单手拿布包，将布包举过头顶，用力投向长颈鹿。在挥臂的同时，把布包扔出去。

（3）幼儿尝试喂食长颈鹿。

师：小朋友们，请你们选择一条投掷线，站在线后，拿好果子，投喂长颈鹿吧！看看谁能把小果子准确地投进长颈鹿的嘴里。

重点指导：游戏过程中，教师观察幼儿在投掷中出现的问题并进行个别指导。

3. 选择投掷位置，尊重幼儿个体差异。

（1）引导幼儿选择难度不等的投掷位置，尊重幼儿个体差异。

师：地面上画有3条不一样的投掷线，有的线距离长颈鹿近一些，有的线距离长颈鹿远一些。你想挑战哪条线呢？

（2）幼儿根据自己的投掷能力和水平，选择适合自己的投掷线，站在线后投掷。

4. 展示游戏成果，分享游戏经验。

师：小朋友们，这3只长颈鹿分别吃了多少颗果子啊！一起来数一数吧！你们是怎么成功地把果子投进长颈鹿的嘴里的？

3 组幼儿在教师的帮助与引导下，尝试点数每只长颈鹿吃到的果子数量，并分享成功投喂的经验。

（三）结束部分

师：你们可真棒，把长颈鹿喂得饱饱的！长颈鹿们说它们可喜欢你们了。咱们和长颈鹿们说"再见"吧！一起来放松一下身体吧！放松完身体，咱们就可以回家啦！

教师带领幼儿做放松运动，捶一捶小胳膊，抖一抖小腿，共同收拾与整理游戏材料，活动自然结束。

活动延伸

1. 教师引导幼儿运送果子，将果子用自己想出来的方法运送到指定地点，增强上、下肢肌肉力量。

2. 教师为幼儿提供大小不同、重量不同的投掷物，增加投掷的难度，让游戏更具挑战性。

活动反思

1. 创设有趣的游戏情境，激发幼儿参与游戏的兴趣。

在本次活动中，教师利用长颈鹿这一角色及其外形特点，创设了情境式的游戏活动，引导幼儿以投喂长颈鹿的方式，巧妙地进行投掷练习。

教师创设有趣的游戏情境，激发幼儿参与游戏的兴趣。本次活动以有趣的情境贯穿始终，游戏性强，让幼儿体验到了游戏带来的快乐感受。教师以同伴的身份介入活动，和幼儿一起游戏，用巧妙且有针对性的语言启发并指导幼儿的游戏行为，激发幼儿的游戏兴趣。

2. 遵循幼儿年龄特点设计游戏，提高幼儿的投掷能力。

本次活动根据小班幼儿年龄特点进行设计，主要突出活动的情境化及游戏性，从而培养小班幼儿积极参加体育活动的兴趣及运动习惯，增强幼儿体质，提高幼儿投远、投准的能力。针对小班幼儿的年龄特点和兴趣点，用幼儿喜闻乐见的游戏形式发展幼儿投掷动作技能、身体的平衡能力和控制能力及四散跑的能力，提高身体动作的协调性和灵活性。

3. 尊重幼儿的个体差异，关注幼儿的学习收获。

在"投喂长颈鹿"的活动中，游戏由易到难，适合小班幼儿的发展水平。教师通过游戏提高幼儿的投掷能力，引导幼儿掌握正确的投掷动作要领。教师根据本班幼儿的个体差异，设置了不同投掷距离的投掷线，供幼儿自行选择，让幼儿能够在轻松、自主的环境下进行游戏。

（北京市丰台区第一幼儿园 秦 旭）

活动五　爬行：乌龟爬爬

设计思路

　　小班幼儿对自然角里憨态可掬的小乌龟充满了好奇。他们看到乌龟在地上爬的时候，也会模仿小乌龟爬行。爬行是一项比较复杂的运动技能，需要幼儿同时运用身体多个部位，如手臂、腿部及腹部等肌肉群协同用力才能完成这个动作。爬行能有效地锻炼幼儿身体的肌肉力量、平衡能力及四肢动作的协调性，对于促进幼儿身体机能协调发展具有十分重要的作用。

　　走、跑、跳、攀爬等是幼儿应该发展的基本动作技能，幼儿园应该根据幼儿动作发展目标，通过多种途径，促进幼儿基本动作能力的发展。教师根据小班幼儿年龄特点和运动发展规律，设计了本次活动，让幼儿在爬行过程中，体验这项激情与勇气、智慧与技巧相结合的运动技能，促进身体的平衡能力和四肢动作的灵活性、协调性，感受运动带来的乐趣。

活动目标

　　1. 通过模仿小乌龟爬行掌握手脚着地爬的动作要领。
　　2. 尝试体验后退爬行的动作，能在后退爬的过程中躲避障碍物。
　　3. 喜欢与同伴共同游戏，能坚持做完一件事情。

活动重点

　　掌握手脚着地向前爬的动作要领，爬行过程中能保持身体平衡。

活动难点

　　掌握手脚着地前进或后退爬行的动作要领。

活动准备

　　1. 经验准备：
　　（1）幼儿有玩接力游戏排队的经验。
　　（2）幼儿有将不同的户外运动材料组合游戏的经验。
　　（3）幼儿有与同伴合作游戏的经验。
　　（4）幼儿熟悉幼儿园运动器械与材料的存放位置。
　　（5）户外体育游戏时，幼儿能在教师的指导下摆放游戏材料。

2. 物质准备：

（1）戴上乌龟头饰或将棉垫做的乌龟壳背在背上。

（2）铃鼓、垫子、小椅子、小红旗。

（3）音响设备，音乐《小乌龟》和《小乌龟远足》。

活动过程

（一）开始部分

师：乌龟宝宝们，今天的太阳真好！咱们来到了沙滩上，一起做个游戏吧！

教师扮演乌龟妈妈，幼儿扮演乌龟宝宝，边走边音乐活动身体。

教师播放《小乌龟》的音乐，引导幼儿跟随音乐节奏，活动身体各部位，重复3遍动作，重点活动手腕和脚腕。

重点指导：教师关注幼儿的热身动作是否做到位，引导幼儿充分活动手腕和脚腕，把握运动密度和律动节奏。

（二）基本部分

1. 初步尝试，自由探索。

师：小朋友们想一想，小乌龟是怎么爬的？咱们一起来试一试吧！

教师鼓励幼儿尝试做出各种爬的动作，探索多种爬行方式，并及时给予肯定。

教师请能力强的幼儿进行动作示范，指导幼儿在爬行中保持身体平衡的方法，总结爬行动作要领，即四肢着地，膝盖悬空，头向前看，手脚交替移动，向前爬行。

2. 激发兴趣，引发思考。

（1）师：今天，小朋友们要扮演小乌龟，爬过沙滩，去找好朋友一起做游戏。小乌龟是怎么爬行的？

教师为每个幼儿佩戴乌龟头饰，引导幼儿扮作小乌龟，在垫子上模仿小乌龟爬行的动作，激发幼儿游戏兴趣。幼儿通过讨论，尝试乌龟爬行的不同姿势。幼儿在爬行过程中，探索保持身体重心平衡的技巧，双手、双脚同时放在垫子上，膝盖悬空，头向前看，然后向前移动左手和右脚，再移动右手和左脚，交替进行，同时，注意保持身体的平衡和稳定，不要摇晃和倾斜身体。

（2）教师启发幼儿积极思考：当乌龟遇到危险或者发生紧急状况时，应该怎么保护自己？引导幼儿尝试后退爬行的动作，或者把头和四肢快速地缩回乌龟壳里，即低头、团起身体。过程中，教师注意倾听幼儿的想法，观察并指导幼儿掌握正确的爬行姿势。

师：在爬行的时候，如果遇到敌人该怎么办呢？小乌龟应该如何躲避危险，保护好自己，做到安全逃离呢？

3. 探索游戏，提升经验。

（1）过沙滩，向前爬。

幼儿自由分为两组，进行小乌龟爬过沙滩的比赛。两组幼儿分别站在起始线后，排好队。教师敲响铃鼓，比赛开始。每组第一名幼儿开始向前手脚着地爬行，爬过绿色的垫子，绕过小椅子，再往回爬，爬到起始线后，起立，拍击第二名幼儿的手，即完成一次游戏，到队尾排队。第二名幼儿出发，继续游戏。本组幼儿依次接力爬行。最先完成爬行任务的一组获胜。

（2）躲避鳄鱼，后退爬。

教师请配班教师扮演鳄鱼。当小乌龟向前爬行的过程中，鳄鱼突然出现。教师引导幼儿做出后退爬行的动作。在游戏过程中，教师注意观察幼儿游戏状况，指导和帮助幼儿安全、平稳地爬过沙滩。

师：游戏中，你有什么发现？

幼：向前爬行的时候，身体容易保持平衡。后退爬行时，身体容易倾斜、歪倒。

幼：后退爬行容易爬出垫子。

幼：后退爬行时看不见后面的人，很容易撞到或踢到后面的小朋友。

师：怎么做才能解决身体倾斜、不容易保持平衡的问题？

幼：爬行的时候，手脚要用力撑住地面，让身体保持平衡。

幼：每次向前或向后移动时，都要先稳定住身体，再交替移动四肢，完成下一步。

师：你们想不想再试一试呢？

幼儿结合刚才总结的方法，再次尝试游戏。

4. 完善规则，巩固技能。

幼儿自由分为两组，请一名幼儿扮演鳄鱼，增加游戏的趣味性，调动幼儿参与游戏的积极性。教师指导幼儿再次进行游戏。两组幼儿依次接力爬行。最先完成爬行任务的一组获胜，奖励该组一面小红旗。

游戏结束，教师针对游戏过程中出现的问题与幼儿讨论，指导幼儿在游戏中遵守游戏规则。

师：你们在游戏过程中出现了什么情况或者遇到了什么困难？

幼：有的小朋友没有按照路线出发，还插队，不遵守游戏规则。

师：大家有没有好的方法来解决？

幼：我们可以通过拍手接力的方式来告诉下一个小朋友可以出发了。

鼓励幼儿分组合作完成游戏任务，提醒每组组员要相互配合，排好队，集中注意力，接力完成游戏任务。

5. 梳理经验，总结与分享。

教师请幼儿谈谈游戏过程中的感受，并与同伴分享。

教师请爬行动作做得比较规范的幼儿分享自己的好方法，鼓励幼儿掌握爬行技巧，如手脚用力均匀、相互配合，坚持爬行，不放弃。

（三）结束部分

1. 教师总结小乌龟爬得又快又好的方法。

2. 教师播放《小乌龟远足》的舒缓音乐，带领幼儿跟着音乐节奏，一起拍拍肩、抖抖手、捶捶腿，放松身体各部位。

活动延伸

教师鼓励幼儿借助更多的游戏材料来探索游戏。在本次游戏的基础上，设置高低不同的障碍物，增加游戏的挑战性和趣味性。

活动反思

1. 教育生活化。

本次活动前，教师引导幼儿观察自然角里的小乌龟，了解小乌龟的爬行姿势及日常活动的动作，让幼儿在与小乌龟的亲密接触中，观察、触摸小乌龟，模仿小乌龟的动作，喜欢可爱的小乌龟，对小乌龟的生活习性有所了解，为今后的爬行游戏积累相关经验。

2. 游戏情境化。

小班幼儿特别喜欢模仿小动物爬行的动作。本次活动通过创设游戏情境，引导幼儿练习手脚着地向前爬行和后退爬行。孩子们自由、自主地参与到户外游戏的创设中，感受到向前爬行比后退爬行相对容易一些。幼儿在玩中学、做中学，在整个游戏过程中表现得专注、投入。

3. 角色多样化。

游戏中增加了鳄鱼的角色，使游戏变得更加好玩、有趣。同时，随着鳄鱼出现频率的增加，孩子们的爬行动作技能和速度也得到了提升，四肢配合得更加协调，促进了幼儿身体平衡能力的发展。

（北京市丰台区第一幼儿园　田永莉）

第二节　中班集体活动案例

教师在设计中班集体教学活动时，要充分考虑幼儿当前的发展水平和兴趣点，制订的活动目标要适当和适宜。活动中，要投放丰富的集体活动材料，充分调动幼儿的主观能动性，激发幼儿参与游戏的兴趣。教师在设计集体活动时，对游戏材料的分配要做到心中有数，确定是每人一份还是每组一份。

集体教学材料的选择应和中班幼儿的能力发展水平相匹配，符合活动本身的内容，能助力教师完成教学目标，符合幼儿最近发展区的发展需求，如球类、飞盘类是中班幼儿较为喜欢的游戏材料。在此基础上，教师应尽可能多地提供类型多样、符合不同季节特点的游戏材料，以促进幼儿在原有水平的基础上获得发展。

活动一　创意轮胎：有趣的轮胎阵

设计思路

轮胎是幼儿比较熟悉的一种户外体育材料，也是日常生活中幼儿比较感兴趣的游戏材料。在户外活动中，经常可以看到幼儿在轮胎上蹦蹦跳跳，或滚动轮胎进行游戏。可见，轮胎带给幼儿的兴趣是极大的。同时，我们也经常看到幼儿自主开展轮胎创意玩法，如几名幼儿将几个轮胎拼摆在一起，在轮胎上爬行；或将几个轮胎立起来，固定好之后，玩钻轮胎的游戏等。

中班幼儿的年龄特点在于喜欢探索不同运动材料的多种玩法，他们喜欢挑战自我，在探索运动材料的过程中，不能预测潜在的安全隐患及可能出现的危险情况。因此，为了让幼儿能安全地探索轮胎的多种玩法，教师设计并组织了"有趣的轮胎阵"活动，引导幼儿在小组合作游戏的过程中轮流担任不同的角色，体验小组合作游戏的乐趣，敢于创新，增强其自信心。

活动目标

1. 敢于挑战轮胎阵游戏的不同玩法。

2. 通过轮胎阵游戏，体验走、跳跃、钻、平衡等动作并掌握相关的动作要领。

3. 能根据游戏需要大胆地设计、拼摆轮胎阵，体验自主游戏和与同伴合作游戏的快乐。

活动重点

通过轮胎阵游戏，体验走、跳跃、钻、平衡等动作并掌握相关的动作要领。

活动难点

能根据游戏需要设计轮胎阵并画出图纸，大胆拼摆轮胎阵。

活动准备

1. 经验准备：

（1）幼儿已有钻、跳跃、平衡等动作经验，玩过轮胎。

（2）幼儿在小组内自由选择游戏角色，包括安全员、绘画员、设计员、拼摆员。

2. 物质准备：

（1）轮胎若干（4～5人一组），长方形纸盒、跳绳、呼啦圈、沙包等。

（2）幼儿前期通过分组讨论确定了本组拼摆轮胎阵的材料，画出了本组想象的轮胎阵。

活动过程

（一）开始部分

教师带领幼儿利用轮胎进行热身活动，按照头部——肩部——身体——腿部——脚部的顺序进行热身。

师：小朋友们，轮胎游戏开始啦！让我们一起站在轮胎里，运动一下吧！

教师带领幼儿做出点头、抬头、左右摆头、甩手臂、扭屁股、敲腿、踏步走、坐在轮胎上等动作。

（二）基本部分

1. 出示轮胎，谈话引入，引导幼儿分享轮胎的多种玩法。

师：这是什么？你觉得可以怎么玩？你有什么有趣的玩法吗？

幼儿与同伴分享自己想出来的轮胎玩法。

2. 分组进行轮胎阵游戏，挑战其他组的轮胎阵游戏。

幼儿按照前期画设计图的小组进行分组，尝试将轮胎与各种辅助材料组合在一起，按照设计图的样式拼摆轮胎阵。

师：看来小朋友们知道的玩法真不少！活动前，我们还探索了一个轮胎阵的游戏。小朋友们通过小组合作画出了自己小组的轮胎阵设计图。接下来，请小朋友们找到自己的小组，按照图纸拼摆轮胎阵吧！

教师分组指导，鼓励幼儿大胆、自由搭建，并分组轮流尝试游戏。同时，引导幼儿在摆放轮胎及其他辅助材料时注意安全（由每组的安全员负责）。

师：每组小朋友完成自己小组的轮胎阵游戏后，可以自由地选择其他组的轮胎阵进行挑战，看看能否挑战成功。

重点指导：挑战各组轮胎阵的不同玩法，尝试运用走、跳、钻、平衡等动作玩轮胎阵的游戏。

师：你们认为每个轮胎阵游戏最有意思的地方在哪里？为什么？

3. 再次挑战，尝试进行走、跳、钻、平衡等动作的游戏体验。

（1）鼓励幼儿大胆发言，表达自己的看法。

师：小朋友们，你们觉得轮胎阵怎么摆，才能更有挑战性？让我们一起来试一试吧！

（2）幼儿调整本组轮胎阵的摆法，再进行新一轮的挑战。

（三）结束部分

1. 小结。

小结：小朋友们真是太棒了！你们不仅和同伴设计了有趣的轮胎阵，还挑战了其他小组的轮胎阵，并在游戏中完成了走、跳、钻、平衡等动作的挑战，非常勇敢，也非常有创意！

2. 放松与整理。

教师引导幼儿听音乐，进行放松活动，再共同收拾、整理轮胎及其他辅助材料。

师：找到你的好朋友，互相捏一捏、按一按吧！

活动延伸

1. 创意轮胎阵。

幼儿自由分组，设计轮胎阵，可以尝试寻找其他的辅助材料进行拼摆，可以是生活中的材料，也可以是自然物。

2. 探究轮胎的多种玩法。

除了轮胎阵游戏以外，幼儿还可以探索滚轮胎、垒高轮胎、搬运轮胎、轮胎独木桥、翻越轮胎等多种玩法，并通过小组的方式进行比赛。

3. 美工区的活动。

鼓励幼儿创作轮胎创意画，并与同伴分享自己的创作灵感和意图。

4. 安全小建议。

安全员在小组成员共同摆放轮胎和其他辅助材料时，提示小组成员注意安全。教师观察每组摆放的游戏器材是否安全，发现安全隐患，及时提醒小组成员进行调整。教师在活动前为幼儿提供户外体育材料，引导幼儿检查材料的安全性，避免出现尖角、破损等问题。

活动反思

1. 活动目标清晰，活动内容围绕目标开展。

本次活动中的游戏环节目的明确，能解决重、难点问题。本次活动以幼儿自主探究为主，充分发挥幼儿游戏的主体性。幼儿在活动中积极、主动、乐于挑战，敢于大胆表达，初步尝试与同伴合作游戏的乐趣。

2. 活动过程循序渐进，幼儿能够深入探究。

本次活动将轮胎作为主要的游戏材料开展活动，探索了关于轮胎一物多玩的方法，充分发挥轮胎这一材料的优势和游戏功能。教师还借助活动场地，为幼儿创设了一个宽松的环境，引导幼儿根据提前设计好的轮胎阵图纸，拼摆出各种轮胎阵。整个游戏过程促进了幼儿走、跑、跳、爬、钻、滚、平衡等基本动作的发展，调动幼儿积极参与游戏的同时，保证了每个幼儿的活动量。

3. 通过小组讨论，让幼儿互相学习。

本次活动遵循中班幼儿的年龄特点和学习方式，鼓励幼儿之间互相合作，创新游戏玩法。如幼儿分组设计轮胎阵不同的摆放方式，商量如何分配游戏中不同的角色，小组成员各负其责，自由探索，合作游戏，从而发现和创造出有关轮胎的新玩法。活动中，幼儿情绪高涨，把活动推向了高潮，最终完成了游戏挑战。

4. 预设与生成相辅相成，为幼儿提供积极互动的机会。

本次活动体现了教师的活动预设与幼儿在活动中自发生成的关系，它们是相辅相成的两个方面。教师要恰当处理活动预设与生成的关系，使活动过程真正成为师幼积极互动、交流、共同建构的过程。教师在创设活动环境后，观察幼儿活动状态，根据幼儿游戏需要，及时调整游戏内容。整个活动以幼儿为主体，教师作为支持者，辅助幼儿游戏，通过游戏促进幼儿的自主性和创造力的发挥。

5. 引导安全员注意观察并发现游戏中容易发生危险的情况。

在轮胎体育活动中，或多或少地存在一定的安全隐患。因此，在活动中，幼儿分组讨论并确定了游戏中安全员的角色，安排了安全员的任务，即注意观察并发现游戏中容易发生危险的情况，提醒小组成员注意安全，并设置了相对安全的保护措施。孩子们在教师的引导下，形成了自我保护意识，学会了在体育运动中自我保护的安全常识。

（北京市丰台区第一幼儿园　李云龙　崔晨曦）

活动二　创意飞盘：巧玩飞盘

设计思路

自制飞盘有着丰富的色彩和多变的玩法，因而深受孩子们的喜爱。孩子们每次拿到飞盘时，都忍不住拿着飞盘跑一跑，再把它抛向天空，想出各种不同的玩法。本次活动设计了探究飞盘的多种玩法，通过抛、扔飞盘提升幼儿上臂肌肉力量，积累其走、跑、跳、爬等动作经验，促进幼儿体能的发展。同时，也丰富了幼儿户外体育游戏的内容，让幼儿体验飞盘一物多玩的乐趣。

活动目标

1. 大胆探索飞盘的多种玩法，掌握投掷、跳跃等动作要领。
2. 能自由结伴玩飞盘，乐意与同伴交流飞盘的多种玩法。
3. 体验创造性玩飞盘的乐趣。

活动重点

大胆探索飞盘的多种玩法，掌握投掷、跳跃等动作要领。

活动难点

能自由结伴玩飞盘，愿意主动与同伴交流飞盘的多种玩法。

活动准备

1. 经验准备：
(1) 幼儿有自己玩飞盘的经验。
(2) 幼儿有与同伴结伴游戏的经验。

2. 物质准备：
(1) 飞盘若干。
(2) 音响设备，音乐《找朋友》和《彩虹的约定》。

活动过程

（一）开始部分

1. 教师带领幼儿玩"找朋友"的游戏，进行热身活动。

师：今天，咱们一起来到大森林，找一找你的动物好朋友吧！

幼儿尝试用走、跑、跳、蹲走等方式玩"找朋友"的游戏，充分活动身体各部位。

2. 幼儿再次游戏。

幼儿再次通过"找朋友"的游戏，充分锻炼身体各部位，并找到自己的游戏伙伴。

（二）基本部分

1. 出示飞盘，激发幼儿参与活动的兴趣。

师：今天，老师带来了一个玩具好朋友——飞盘，它想和你们一起做游戏。

幼儿回顾玩飞盘的经历，对飞盘产生探究兴趣。

2. 引导幼儿说一说，一个人可以怎么玩飞盘。

师：你拿到飞盘之后，可以怎么玩呢？

3. 探索多名幼儿共同玩飞盘的方法。

引导幼儿说一说怎么和好朋友一起玩飞盘。

师：请你想一想，你和你的好朋友可以怎么玩飞盘呢？

鼓励幼儿大胆表达。

师：现在，就请你找到你的好朋友，可以是两个人、三个人或者更多的小朋友，几个人一起试一试，看看有什么新玩法。

幼儿自由分组，四散游戏。教师巡回指导并参与其中。

几名幼儿自主探索飞盘的多种玩法，能大胆地表达自己的想法。

4. 分享飞盘的新玩法，并尝试用他人介绍的玩法玩飞盘。

师：说一说，你和好朋友是怎么玩的？

师：谁还有和他们不一样的玩法？

师：让我们来试一试这个新玩法吧！

幼儿分享新的飞盘玩法（表4-1），提升自己的游戏经验。

5. 幼儿再次与好朋友一起玩飞盘。

师：现在，我们来尝试一下其他小朋友玩飞盘的方法。

师：你刚才尝试了哪些玩法？

6. 教师引出新游戏"多人传飞盘"。

师：小朋友们想出来的玩法都太有意思了！老师刚才也想了一个飞盘游戏，需要大家一起来配合，这个游戏有点难哦！你们想不想来挑战一下？

教师讲解多人传飞盘的游戏规则，提出问题：怎么传飞盘才能传得更快呢？

师：小朋友们现在就来试一试吧！想一想，可以怎么传呢？

师：现在，我们就用头上传飞盘的方式来比赛，看看哪组小朋友传得最快。

师：还有什么方法传飞盘呢？咱们试一试从腿下传飞盘的方法吧！

小结：传的过程中，要时刻盯紧前边小朋友手中的飞盘，不要走神，两人要互相配合。

师：今天，咱们和飞盘做了许多游戏。下次再一起探索飞盘的更多玩法吧！

表4-1　教学活动中的指导策略

重 点 观 察	指 导 策 略
幼儿表现预设1：幼儿自己尝试玩飞盘，玩法较为单一 指导要点：引导幼儿创新飞盘的不同玩法	策略：当幼儿创新出1~2个玩法后，教师及时给予肯定和表扬，鼓励幼儿创新出更多的飞盘玩法 教师：请你再来试一试，看看还能创意出什么更有趣的玩法

（续）

重 点 观 察	指 导 策 略
幼儿表现预设2：幼儿在与同伴共同创新飞盘玩法的过程中，出现意见不统一的情况 指导要点：引导小组幼儿共同商讨各自的游戏玩法并尝试	策略：当幼儿与同伴产生意见分歧时，首先给予幼儿自主解决问题的时间和机会；当需要教师介入时，教师要正向引导幼儿解决遇到的问题；教师引导幼儿与同伴合作游戏时，要学会协商 教师：我觉得你们的想法都特别好！咱们来分别试一下吧
幼儿表现预设3：在小组组员分享飞盘的不同玩法时，性格内向的幼儿默默地站在一旁，不说话 指导要点：引导不敢说话的幼儿分享自己探索的有关飞盘的游戏玩法	策略：首先，要引导该幼儿在自己所在的小组内表达自己的想法；然后，在小组间分享时，引导同组小朋友鼓励该幼儿分享本组创编的新玩法。同时，根据幼儿的情况，为幼儿创设在集体面前讲解飞盘新玩法的机会 教师：谁来和其他小朋友分享一下，说说你们组都创新出了哪些玩法？谁还想再来说一说

（三）结束部分

教师播放优美的音乐，引导幼儿进行放松活动。

师：玩了这么长时间的游戏，咱们一起来放松一下吧！请小朋友们想一想，双手拿着飞盘，可以做什么动作呢？（举一举、转个圈……）

师：现在，就让我们听着好听的音乐，跳个飞盘舞吧！

教师带领幼儿听音乐做放松活动。

活动延伸

鼓励幼儿探索更多有关飞盘的玩法，用记录表的形式记录下来，并与同伴分享。在探索飞盘玩法的基础上，引导幼儿探索更多游戏材料的玩法，如呼啦圈、沙包等，通过一系列的创新游戏，激发幼儿的想象力与创造力，使幼儿在运动的基础上感受动脑的快乐。

活动反思

飞盘是幼儿比较感兴趣的玩具之一。本次活动的目标围绕幼儿与同伴共同探索飞盘的多种玩法，让幼儿在创造性游戏的同时，初步感受合作游戏的乐趣。

活动开始部分，教师借助《找朋友》的音乐，带领幼儿做热身活动，充分活动身体各部位，有效地调动了幼儿参与活动的积极性，整体环节进行得比较顺畅。教师能在游戏的过程中抓住幼儿的想法，并深入地提问幼儿。整个活动中，幼儿的积极性非常高，情绪高涨，能够融入活动。在探索飞盘玩法的过程中，幼儿的创造力也很强，能够想出飞盘的多种玩法，发展了幼儿跳跃、投掷、平衡等能力。活动中，教师与幼儿的互动性也很强，并适时地进行引导，为幼儿提供自主探索飞盘玩法的时间，注重幼儿之间的分享与交流，让幼儿体会到了创造性游戏的乐趣。同时，教师注重培养幼儿倾听、表达与合作的意识，体现了五大领域间的融合。最后，教师的游戏分享既拓展了幼儿创造性游戏的经验，又自然而然地帮助幼儿建构了发现问题、分析问题、解决问题的思路。

（北京市丰台区第一幼儿园 赵香君）

活动三 跳跃：小兔邮递员

设计思路

本次活动的设计依据了《指南》健康领域中的动作发展目标：幼儿要"具有一定的平衡能力，动作协调、灵敏"。为了发展幼儿动作的协调性和灵敏性，鼓励幼儿开展跑、跳活动，教师设计了本次活动。活动重点放在引导幼儿探究多种跳法上，激发幼儿的想象力与创造力。

生活中，孩子们喜欢玩送信的小游戏。我们将孩子们感兴趣的送信游戏融入本次体育活动中，激发幼儿参与活动的积极性。同时，本次活动选择幼儿生活中常见的玩具筐进行游戏，使幼儿更愿意用材料拼拼摆摆。本次活动遵循幼儿的个体差异性，选用了大小、宽窄、高低不同的玩具筐。

幼儿已有双脚并齐连续向前跳、开合跳的经验。本次活动的重点放在了让幼儿尝试组合多种跳跃方法，创编新的跳跃方式。

活动目标

1. 尝试利用两种不同的玩具筐探索双脚跳、跨跳、开合跳等多种跳跃方法。

2. 通过"小兔邮递员"的游戏，掌握多种跳跃方法。

3. 体验与同伴共同游戏的乐趣。

活动重点

尝试利用两种不同的玩具筐进行双脚跳、跨跳、开合跳等多种跳跃方法。

活动难点

能够小组合作，共同设计跳跃路线，并尝试用组合的跳跃方式跳过障碍。

活动准备

1. 经验准备：

（1）幼儿已掌握多种跳跃方法。

（2）幼儿有探索低结构材料的经验。

（3）幼儿尝试过与同伴协商、合作游戏。

2. 物质准备：

（1）大小、宽窄、高低不同的玩具筐若干、信封若干。

（2）兔妈妈和小兔子的头饰。

活动过程

（一）开始部分

1. 幼儿戴好兔子头饰，进入活动场地。

师：今天，兔妈妈带着兔宝宝们来玩游戏啦！

教师边说边戴上兔妈妈的头饰，和孩子们打招呼。

2. 幼儿听教师口令做动作。

师：今天天气真正好，小兔子们起得早，伸伸臂、伸伸臂，弯弯腰、弯弯腰，踢踢腿、踢踢腿，扭扭屁股跳一跳，转转膝盖跳一跳，转转小脚跳一跳。

师：你们还知道哪些跳的方法？咱们利用儿歌里说到的方法再跳一跳。

（二）基本部分

1. 小兔练本领。

（1）教师创设游戏情境，全体幼儿自由尝试跳过玩具筐。

师：最近，大森林邮局里的邮递员叔叔特别忙！他每天都要去很多地方送信。邮递员叔叔听说小兔子们特别能干，就想请你们帮忙取信和送信。你们愿意帮助他吗？

师：但是，在出发之前，邮递员叔叔让我告诉你们，在取信和送信的路上，会遇到很多的障碍物。为了让小兔子们都能安全到达，在工作之前，需要先尝试一下越过障碍物。这里有大小、高低不同的障碍物，就是这些玩具筐。请大家试一试，看看怎么从它上面跳过去。

（2）幼儿分享与交流，总结跳的动作要领。

请个别幼儿说说自己是怎么越过障碍物的，引导不同跳法的幼儿进行示范。教师示范并讲解跨跳、开合跳、双脚跳、单脚跳的动作要领。教师总结不同的跳法及动作要点，如屈膝、蹬地、轻轻落地等。

（3）幼儿再次游戏，体验利用不同的跳跃方式跳过不同的玩具筐。

2. 小小邮递员。

师（模拟邮局老板的声音）：喂？我是邮局老板。小兔子们，你们好，听说你们掌握了跳过障碍物的方法，太厉害啦！接下来，你们需要想出每条路线不同的通过方式，就是要用不同的跳跃方式跳过障碍物，才能成功地取送信件哦！

（1）收取信件——4条路线。

师：咱们一起跳过前面的障碍物，去小动物们的家里，收取信件吧！4只小兔子为一组，你们需要去同一个地方收取信件。现在，请小兔子们选择你们想走的路线吧！选完后，小组成员可以一起商量通过障碍物的方法。

师：这组小兔子准备用××的跳跃方式来通过障碍物。（每组使用一种不同的跳跃方式）

教师小结。

（2）将信件送到中转站——2条路线。

师：你们已经把小动物们寄出的信件都取回来了。现在，需要把它们送到中转站。不过，前方的中转站变成了两个，需要小兔子们帮忙将4条道路变成2条。现在，一起行动吧！

师：你们还记得邮局老板提出来取送邮件的要求吗？对，每组小兔子要想出和另一组小兔子不同的跳跃方式哦！

教师根据幼儿游戏情况进行总结。

（3）送信啦——1条路线。

师：信件已经在中转站整理好了。现在，需要小兔邮递员们把这些信件送到一个特别远的地方。通往那里的道路非常窄，我们该怎么办呢？现在，需要你们帮忙把两条道路变成一条长长的道路。

师：邮局老板发现小兔们真是太聪明啦！他为你们设计了一个更难的挑战任务，你们有没有信心完成？这个挑战任务就是每只小兔子去送信的跳跃方式都不能一样。你们准备好接受挑战了吗？

教师总结幼儿创新的送信方式（表4-2）。

表4-2　教学活动中的指导策略

重点观察	指导策略
幼儿表现预设1：幼儿分为4组，每组幼儿讨论时都有可能出现方案不统一的情况 指导要点：引导幼儿与同伴协商，最终确定本组的跳跃方式	策略：引导幼儿注意倾听其他组幼儿选择的跳跃方式；在本组组员一起商量跳跃方式时，为幼儿提供充分讨论的时间 教师：说一说，你们组还有什么其他的跳跃方式

（续）

重 点 观 察	指 导 策 略
幼儿表现预设 2：在最后环节总结 16 种创新跳跃方式时，有的幼儿想不出新的跳跃方式	策略：教师先引导幼儿自主创新，当个别幼儿遇到困难时，可以适当引导同伴帮助其创新不同的跳跃方式 教师：其他小朋友有什么新的跳跃方式分享给他呢

（三）结束部分

1. 肯定与鼓励。

师：小兔子们，你们太棒啦！这么难的挑战任务，你们都成功完成了！谢谢你们的帮助，所有信件全部取送完毕！为你们点赞！

2. 放松活动。

师：今天，兔宝宝们太辛苦了！快点儿坐下，蹬蹬小脚，互相捶捶背吧！

活动延伸

教师鼓励幼儿发现生活中能用于运动的各种低结构材料并进行收集，可以在今后的体育活动中融入更多的低结构材料，让幼儿更好地进行体育创新活动。

活动反思

本次活动材料选择了幼儿生活中常见的玩具筐，利用高低、宽窄、大小不同的玩具筐作为取送信件路上的障碍物。游戏开始前，教师先请幼儿自主探究跳过玩具筐的方法。幼儿创新了很多有趣的方法，通过分享进一步激发了幼儿的探索欲。活动通过邮局老板提出要求，增加了幼儿创新跳跃方式通过障碍物的难度。幼儿通过分组讨论确定了小组的跳跃方式，增强了幼儿的合作与交往能力。每个游戏后，教师都会询问幼儿过程中遇到的困难及解决办法，及时帮助幼儿梳理、总结经验与方法，引导幼儿避免在下一次游戏时再遇到同样的问题。本次活动需要各组幼儿共同合作，重新摆放玩具筐。教师观察到幼儿在摆放时采取了按照不同的规律进行摆放的方法，体现了幼儿较强的合作、协商、讨论及沟通的能力。游戏环节层层递进。最后，孩子们合作将障碍物摆成了一条长长的路线，16 名幼儿探索出了 16 种不同的跳跃方式。孩子们在游戏过程中完全掌握了跳跃的动作要领，同时，也创新出了多种跳跃方式。在今后的游戏中，教师还可以多给幼儿一些创想的时间；在小组组员跳过障碍物后，再让他们尝试一下其他的跳跃方式，从而积累更多的跳跃经验。

（北京市丰台区第一幼儿园　赵香君）

活动四　创意椅子：好玩的椅子

设计思路

椅子是孩子们最熟悉的物品。在幼儿园里，每天，他们都会与小椅子亲密接触。平时，教师发现孩子们喜欢把椅子当作玩具，从椅子上跳下来、跨过椅子、把椅子当马骑……考虑到室内活动空间狭小，不安全，教师不允许幼儿玩椅子，但是，孩子们玩椅子的兴趣依然不减。

幼儿园课程应以幼儿发展为本，尽量满足每个幼儿对安全与健康、关爱与尊重的基本需要。为了让孩子们尽情地利用小椅子做各种游戏，培养幼儿勇敢、自信和创新的精神，满足幼儿自主游戏的需要，教师利用椅子设计并开展了本次活动。

活动目标

1. 乐意探索椅子的多种玩法，体验自我探索的乐趣。
2. 在游戏中，会躲避危险，保护自己，并能与同伴协商解决游戏中遇到的问题。
3. 尝试通过椅子游戏练习曲线走、跨、跳等基本动作。

活动重点

尝试通过椅子游戏练习曲线走、跨、跳等基本动作。

活动难点

在游戏中，会躲避危险，保护自己，并能与同伴协商解决游戏中遇到的问题。

活动准备

1. 经验准备：
幼儿玩过关于椅子的游戏。

2. 物质准备：
小椅子若干把（数量与幼儿人数相同），音乐，一块较宽敞、柔软的场地。

活动过程

（一）开始部分

1. 幼儿每人拿一把小椅子。教师带领幼儿进入场地，四散站立。

2.教师带领幼儿听音乐做热身操。

师：孩子们，让我们一起做一做热身操吧！请你站在小椅子的前面。请你藏在小椅子的后面。请你站在小椅子的侧面，压压腿。请你站在小椅子的上面，一起摆摆手，再慢慢地跳下来。请你搬起小椅子，跟我一起做动作。

（二）基本部分

1.鼓励幼儿探索椅子的多种玩法。

师：今天，我们要和椅子做游戏。请小朋友们想一想，椅子可以怎么玩？

小结：我们可以用椅子做很多动作，玩很多游戏。

2.教师带领幼儿玩骑马游戏。

师：孩子们，你们都骑过马吗？今天，咱们一起去骑马吧！快来和我一起试一试！

（1）骑马游戏。

幼儿将椅背朝前，倒坐在椅子上，手持椅背，将其向前上方拉起，模仿骑马的动作，在场地内来回"骑马"2～3次。

师：孩子们，让我们把小椅子变成小马，小手拉住"马缰绳"，一起出发吧！

（2）马术游戏。

师：孩子们，我们光学会骑马还不行。为了提高我们的骑马技术，一起尝试一些马术游戏吧！

幼儿模仿马术动作，如站在椅子上，从椅子上跳下来；站在椅子上，跨过椅背，再跳下；单脚站在椅子上等。

在游戏过程中，教师及时观察并鼓励幼儿合作游戏。

（3）骑马上山游戏。

师：刚才，我们在椅子上做了一些骑马的动作。现在，小椅子变成了一座小山。请小朋友们上山。

幼儿将椅子当作小山，站在椅子上，体验与挑战各种平衡游戏。

师：请大家两臂侧平举，蹲下，变成小矮人；站起来，变成大高人。

师：请大家在椅子上转一圈。抬起你的左腿放下，再抬起你的右腿。

下山要求：两脚同时起跳，同时落地。落地时，前脚掌轻轻着地，膝盖弯曲。

调换椅子的位置，请幼儿尝试跨过高山。

引导幼儿两人一组，将椅子纵向并排放置成小山，进行爬山体验，即踏上一把椅子的椅面——跨过这把椅子的椅背——踏上另一把椅子的椅面——跳下，然后，将所有的椅子排成一列，引导幼儿依次跨过每座小山。

（4）搭建障碍游戏。

教师引导幼儿尝试用小椅子来搭建障碍。请幼儿思考：如何搭建可以让小朋友练习走、跨越、跳下、平衡等动作的障碍。

师：在活动中，我们应该注意哪些安全事项？

小结：站在小椅子上，要保持身体重心平衡，双脚踩在椅子的中间位置。从椅背上跨过去的时候注意脚下，要把脚抬高。从椅子上跳下来的时候，注意双腿弯曲，保护膝盖。

（5）走蹄印游戏。

师：孩子们，让我们沿着马蹄印走回家吧！

椅背着地，把椅背与椅子面之间的空间当作马蹄印，幼儿沿着马蹄印行进1～2次。

（三）结束部分

师：我们来到了草地上，让我们一起坐在小椅子上休息一下吧！敲一敲，捏一捏自己的小手和小脚！下面，我们把马牵回马厩吧！

教师播放舒缓的音乐，引导幼儿捶腿、抖手，进行放松活动。幼儿每人拿起一把小椅子，搬回教室。

活动延伸

1. 在体验动作的初始阶段，教师要注意观察幼儿动作的准确性，保护幼儿，注意游戏安全，提示幼儿将椅子作为道具进行游戏时需要注意的事项。

2. 为了增加游戏的趣味性和难度，教师还可以为幼儿提供一些辅助的游戏材料，如小背包、沙包、头饰等，设计不同的游戏情境，如骑马送东西等，帮助幼儿更好地掌握骑马游戏的关键经验。

3. 幼儿熟悉游戏玩法后，教师可以提高游戏难度，如增加障碍物、设计两人合作骑马等不同的游戏，让幼儿进一步感受游戏的乐趣，增强游戏的挑战性。

活动反思

1. 从幼儿的兴趣入手，精心设计活动。

椅子"陪伴"着幼儿每日的在园生活，是他们离不开的"好伙伴"。在平时的活动中，幼儿就很喜欢有意无意地玩一些椅子游戏，如把椅子当作马、摇椅、滑梯等，但这些游戏往往因为教师担心幼儿出现危险而被限制。教师根据幼儿的这些特点，满足幼儿喜欢玩的心理，让他们自由设计椅子的创意玩法。教师通过椅子游戏，鼓励幼儿进行走、跨、跳的动作练习。本次活动既锻炼了幼儿四肢协调运动的能力，又激发了幼儿敢于尝试的勇气，体验了体育游戏的乐趣。

2. 抓住活动重点和难点，层层深入。

本次活动运用了多种教学方法，如游戏法的运用在整个活动中较为突出，从导入环节到游戏过程，再到最后的放松活动，始终贯穿小椅子的游戏。游戏是幼儿最喜欢的活动，游戏能增强幼儿参与活动的兴趣。从教学环节来看，活动设计得科学、合理，层层递进，由易到难，符合幼儿的接受能力。整个活动环节比较紧凑，环环相扣，过渡得比较自然。

3. 激发幼儿的创造能力。

在活动的开始部分教师引导幼儿探索椅子的多种玩法，大大地激发了幼儿的创造力，为本次活动做了一个很好的铺垫。活动的高潮部分，幼儿逐渐熟悉椅子的基本玩法后，教师引导幼儿开动脑筋，在掌握走、跨、跳动作要领的基础上，组合搭建椅子障碍，使游戏更具挑战性，让幼儿成为游戏的主人。

4. 活动过程始终突出幼儿的主体性。

活动中，教师把大部分时间让给幼儿活动，如为每个幼儿提供一把椅子，以减少消极等待的时间，使活动环节更紧凑，提高了幼儿的运动密度和强度，让幼儿在搭建椅子障碍、尝试运动过程中解决了活动的重、难点问题，巩固练习了走、跨、跳、平衡等基本动作，也体现了活动的趣味性和挑战性。

（作者：北京市丰台区第一幼儿园　周　硕）

活动五　创意榻榻米：榻榻米真好玩

设计思路

榻榻米（即地垫）是幼儿生活中常见的物品。班里投放的榻榻米可以供幼儿在区域游戏中当作坐垫使用，也可以供幼儿把它当作垫子，将游戏使用的材料和玩具放在上面使用。户外体育游戏中，也常常看见幼儿顶着榻榻米来行走或者自抛自接榻榻米，玩得不亦乐乎。基于幼儿的行为，教师结合中班幼儿年龄特点，利用"榻榻米—物多玩"的教学形式，让幼儿主动思考和探究榻榻米的多种玩法，激发幼儿的自信心、主动性和创造力，从而产生愉快的情绪体验。

活动目标

1. 能主动探索榻榻米的多种玩法，勇于创新。
2. 在游戏中尝试走、跑、跳、投掷等基本动作组合。
3. 愿意与同伴合作游戏，体验玩榻榻米的乐趣。

活动重点

探索榻榻米的多种玩法。

🐟 **活动难点**

与同伴合作游戏，创新榻榻米的多种玩法并与同伴分享。

✂ **活动准备**

1. 经验准备：

幼儿有利用榻榻米进行组合拼搭的经验。

2. 物质准备：

不同颜色的榻榻米，韵律操音乐，平衡木等游戏器材。

🍰 **活动过程**

（一）开始部分

1. 幼儿自由选择一种颜色的榻榻米，随着音乐节奏，手持榻榻米，做开车动作进场。

师幼一起转动榻榻米，模仿开汽车的动作，不停地变换行进的方向，向前开、向后开、转个弯等，最终开到做韵律操的地方。

2. 教师带领幼儿跟随音乐节奏用榻榻米做韵律操。

（二）基本部分

1. 引出主题，激发幼儿的探究兴趣。

（1）师：小朋友们，刚才，咱们把榻榻米当作方向盘，玩了开汽车的游戏。现在，请你说一说，榻榻米还可以怎么玩？

（2）请幼儿分享自己想出来的榻榻米的新玩法，如把榻榻米当作荷叶，玩青蛙跳的游戏；把榻榻米当作飞盘，玩抛接游戏；把榻榻米顶在头上，保持平衡，向前走等。

2. 引导幼儿探索榻榻米的多种玩法。

（1）幼儿自由探索，尝试榻榻米的不同玩法。

师：下面，给小朋友们布置一个任务。请你们想一想，有多少种用榻榻米锻炼身体的好方法？看看谁想出来的方法多。一会儿，咱们再分享。

师：玩榻榻米的过程中，要注意安全，不要跟其他小朋友发生碰撞，不要损坏榻榻米。

（2）请个别幼儿示范自己的创意玩法，并鼓励其他幼儿模仿。

师：你们是怎么玩榻榻米的？谁愿意给大家展示一下？咱们一起学一学吧！

个别幼儿介绍自己创编的玩法后，教师进行提问，帮助幼儿拓展游戏经验。

师：刚才，我看到小朋友们都想出了用榻榻米锻炼身体的好方法。用一块榻榻米可以尝试走平衡、跳、投掷等动作练习。现在，大家尝试一下刚才没玩过的方法吧！

3. 尝试合作游戏，探索榻榻米的新玩法。

（1）师：请你和你的好朋友一起玩榻榻米，看看有没有不一样的玩法。

（2）介绍游戏规则。

师：小朋友们5个人为一组，每组组员一起商量用榻榻米锻炼身体的好方法，要求大家想出来的玩法和之前的玩法不同，看看你们组能想出几种好方法，快去试试吧！如果你们手中的榻榻米数量不够，可以到前面来取。

游戏要求：不损坏榻榻米；榻榻米用一块，拿一块；不用的榻榻米随时收起来。

（3）幼儿合作游戏，教师巡回指导。

重点指导：幼儿合作游戏。教师在旁边观察，看看幼儿遇到问题时是如何解决的，用拍照或录制视频的方式记录幼儿的创新玩法。

（4）分享与交流，提升经验。

师：刚才，每组小朋友都探索出了榻榻米的不同玩法。谁想来介绍一下？说说你们组有多少种利用榻榻米做游戏的好方法。哪些方法是利用榻榻米原来的形状玩的？哪些方法是通过将几块榻榻米组合在一起玩的？

鼓励幼儿大胆表达，并向同伴演示榻榻米的多种玩法。

①利用榻榻米原来的形状玩游戏：用几块榻榻米铺成一条小路，幼儿沿着小路一左一右双脚跳跃前进；将几块榻榻米间隔50厘米摆成一条小路，双脚连续跳过每块榻榻米；将几块榻榻米当作荷叶，玩"小青蛙过河"的游戏；每人头顶一块榻榻米，平衡地走过平衡木，要求中途榻榻米不能掉落。

②将几块榻榻米组合在一起玩游戏：将2块榻榻米搭成三角形的"房子"，玩跨跳游戏；将6块榻榻米拼成一个正方体，放置在平衡木上，作为障碍物，幼儿从上面跨过去，走过平衡木。

（5）小结。

师：今天，咱们用榻榻米做了很多游戏，还锻炼了身体。你们真的很棒！在生活中，小朋友们还可以借助很多材料锻炼身体，平时要多留心观察，多动脑筋想一想，看看每种材料能有多少种玩法。

（三）结束部分

1. 师幼一起边说儿歌边做放松活动。

师：大面团、小面团，揉呀，揉呀，揉面团。揉呀揉，搓呀搓，捏呀捏，捶呀捶，甩甩手，甩甩脚，变成一个面娃娃，大家一起笑哈哈！

2. 教师带领幼儿将榻榻米放回原处，收拾并整理材料，养成良好的运动习惯。

活动延伸

1. 将榻榻米投放到班级的建构区，鼓励幼儿运用榻榻米和其他的低结构材料（如纸箱、纸杯等）进行创意搭建。

2. 引导幼儿尝试用榻榻米拼搭出更多的立体图形。

活动反思

本次活动将幼儿身边常见的物品——榻榻米作为游戏材料，让幼儿对材料有熟悉感，通过游戏促进幼儿走、跑、跳、投掷等基本动作发展。活动后，教师反思如下：

1. 活动形式符合幼儿好奇、好动的心理特征。

"兴趣是最好的老师。"当幼儿看到生活中的榻榻米变身成户外运动材料时，他们既兴奋，又好奇，在游戏过程中，始终保持探索的欲望。

2. 活动内容体现了综合性的特点。

本次活动是一次综合性的体育活动，以发展走、跑、跳、投掷等基本动作为主，活动内容层层递进，难度逐渐增加，促使幼儿通过游戏发展动作技能，并较好地完成了预设目标。

3. 活动中，教师及时表扬幼儿的创新和发现。

教师针对幼儿在本次活动中的表现，及时给予恰当的评价，表扬和鼓励活动中表现积极的幼儿。同时，教师也能关注到个别幼儿在活动中的表现和状态，察觉他们的需要，及时给予帮助。在分享环节，有些幼儿不能用完整的语言来描述自己创编的游戏玩法，教师鼓励幼儿用动作演示，帮助幼儿在分享游戏的过程中树立自信，挖掘幼儿的创造潜能。

4. 中班下学期，幼儿初步形成合作意识。

在游戏开始前，教师引导幼儿自己选择同伴，分组进行游戏。在游戏过程中，教师关注到幼儿在合作游戏中出现的问题，及时发现并给予适当的帮助和指导。在活动后，教师及时梳理、总结合作的好方法，帮助幼儿提升经验。

（北京市丰台区第一幼儿园　许瑶瑶）

第三节　大班集体活动案例

在集体活动中，教师应根据大班幼儿年龄特点及发展水平，创设不同的活动内容，发展幼儿各项体能，除了走、跑、跳、平衡等运动技能以外，还有投掷、攀爬、翻滚、悬垂等动作技能，培养幼儿的好奇心和探索欲，锻炼幼儿上、下肢力量，促进幼儿全面、健康地发展。

活动一 足球运动：我们"足"够精彩

设计思路

《指南》中健康领域有关"动作发展"的目标指出要"开展丰富多样、适合幼儿年龄特点的各种身体活动"，以激发幼儿兴趣、增强幼儿体质。随着幼儿对足球游戏的兴趣不断高涨，教师开始鼓励幼儿探究"足球还能怎么玩"。幼儿自发地将足球与其他运动材料相结合，设计了足球跳跳跳、带着足球走平衡、足球过障碍等游戏。教师决定将幼儿设计的足球花样玩法串联起来，结合大班幼儿年龄特点，顺应幼儿兴趣及发展的需要，组织一场有关足球的"趣味之旅"!

活动目标

1. 探究足球与其他运动材料的组合玩法，设计相关的游戏路线。

2. 在足球游戏中体验走、跑、跳、投等不同的运动方式，能灵活地控制身体完成游戏任务。

3. 积极参加足球运动，感受与同伴合作游戏带来的快乐。

活动重点

能合理设计游戏路线，摆放相应的运动材料，带球通过不同的游戏路线。

活动难点

小组合作创设足球游戏的多种玩法，并根据完成游戏的情况适当调整游戏难度。

活动准备

1. 经验准备：

（1）有过将足球与其他材料组合在一起进行游戏的经验。

（2）有过合作游戏的经验。

（3）熟悉幼儿园的运动材料与器械，自主创编过体育游戏。

（4）结合本次活动，幼儿已提前设计好游戏路线并画出了设计图。

2. 物质准备：

（1）数量充足的足球。

（2）丰富的运动材料与器械。

（3）音响，音乐《快乐宝贝》《夏天》《花儿与少年》。

（4）各组游戏路线设计图。

活动过程

（一）开始部分

1. 足球动动，身体动动。

师：今天，谁愿意带领大家用足球活动身体？

教师播放音乐《快乐宝贝》，请一名幼儿带领其他幼儿听音乐，用足球活动身体各部位。

重点指导：关注幼儿热身动作是否做到位，引导幼儿充分活动身体各部位，注意把握运动密度和节奏。

2. 分组讨论，探究游戏路线。

师：今天，我们要带着小足球去旅行。首先，要用材料拼摆出小足球的游戏路线。请你们根据本组设计的游戏路线思考一下，用什么材料进行布置？你们怎样分工、合作，才能快速地完成拼摆任务？

（1）小组讨论。

①幼儿根据本组的游戏路线设计图，共同商量拼摆"足球之旅"路线的分工及游戏规则。

②讨论：用什么材料拼摆"足球之旅"路线呢？小组成员可以怎样分工？

③明确设置时间：限时 6 分钟，快速设置本组"足球之旅"的游戏路线。

师：为了快速完成搭建任务，需要小组成员进行分工、合作，说说你们是怎么分工的。

幼：我们是按照不同种类的材料进行分工的。

幼：我们是按照场地分布进行分工的。

（2）合作探究。

①3 名教师分组指导各组幼儿，轮流倾听幼儿的小组讨论，观察各组实施的情况（表 4-3）。

②引导幼儿根据商讨的结果，选择适合的户外体育材料，布置游戏路线。

表 4-3 教学活动中的指导策略

重 点 观 察	指 导 策 略
幼儿表现预设1：户外材料选择较单一，游戏设置、玩法较为简单 指导要点：引导幼儿丰富游戏材料 幼儿表现预设2：分工不明确，完成速度较慢 指导要点：合理分工，合作创设游戏路线 幼儿表现预设3：想法独特，很快完成 指导要点：丰富游戏内容	（1）材料调整策略： 采取启发式提问"看看你们的设计图，想想还可以用什么材料，让你们的游戏路线看起来更有意思、更具挑战性" （2）观察与引导策略： 策略一：为幼儿提供充分商讨的时间和空间，鼓励幼儿自主解决分工问题 策略二：关注组内较少发言的幼儿，及时鼓励和肯定该幼儿 （3）语言鼓励策略： 运用适当的语言和隐性示范，引导幼儿积极动脑，合作探索，结合拼摆路线，大胆创设游戏玩法，"说一说，你们的路线除了用这种带球动作通过以外，还可以怎样通过？"引导小组成员归纳、小结并演示玩法，拓展幼儿游戏思维

（二）基本部分

1. 初步尝试"足球之旅"游戏。

（1）尝试游戏。

①各组幼儿结合游戏路线，带球行进，尝试游戏。

②本组幼儿及其他组幼儿提出游戏路线设计的优点、问题和调整建议。

③征求本组幼儿的意见，商量如何调整才能让游戏玩得更顺畅、更具挑战性。

（2）调整游戏设置或路线。

①引导幼儿根据游戏情况重新调整游戏材料或路线，增加游戏的趣味性与游戏难度。

②重点提问，引发思考。

师：小朋友们，你们尝试游戏后发现了什么问题？

幼：独木桥的位置离目标物有点儿远。

幼：可以调整游戏玩法，用不同的方式带球通过游戏路线。

师：哪里需要调整？怎样调整才能让游戏变得更好玩？

师：大家可以讨论一下，看看怎么才能让你们组的游戏变得更有意思。

幼：可以再增加一些我们喜欢的器械，或者改变游戏玩法。

③小组尝试，完善游戏设计。

师：你们组在游戏过程中遇到了什么困难？

幼：我在滚筒里向前滚动的时候，看不到前面的路线，不知道什么时候才能到达目的地。

师：谁能想出帮她解决这个问题的好办法？

幼：可以在路线的终点摆放锥形筒，作为标记。当滚筒滚到锥形筒那里，就代表到达目的地了。

2. 再次挑战"足球之旅"游戏。

（1）再次挑战游戏。

幼儿尝试探索用合适的动作带球通过不同的游戏设置。

（2）交换游戏。

鼓励幼儿尝试其他组的游戏，引导幼儿互相交流与评价，共同分享游戏经验（表4-4）。

师：在游戏过程中，你们遇到了什么困难？你们是怎么解决的？大家觉得其他组的游戏怎么样？有什么更好的建议吗？

表4-4　教学活动中的指导策略

重 点 观 察	指 导 策 略
幼儿表现预设1：幼儿带球通过游戏路线，动作较为简单 指导要点：引导幼儿丰富带球通过游戏路线的动作 幼儿表现预设2：各组幼儿交换游戏，大胆尝试其他组的游戏路线并提出更好的想法	（1）激趣策略：当幼儿完成游戏后，可以提出更高的要求，鼓励幼儿勇于挑战自我 教师：还可以用什么动作通过游戏路线且更有意思呢？ （2）同伴分享经验策略：鼓励幼儿表达自己的游戏创意，同伴之间互相交流，尊重本组幼儿意愿，增加游戏的趣味性和挑战性 教师：大家觉得这个想法怎么样？你们组的小朋友同意吗？

（三）结束部分

1. 教师与幼儿跟随舒缓的音乐放松身体。

2. 幼儿之间自由交谈游戏中的趣事与游戏感受。

活动延伸

鼓励幼儿探索与设计更多好玩的足球游戏，将幼儿设计的游戏玩法和相关经验呈现在环境墙上，引发幼儿讨论与交流。

活动反思

1. 活动设计层面。

本次活动从幼儿的问题和需求出发，打破了常规体育活动形式，以幼儿自主探索足球游戏为基本活动内容，将发展运动能力渗透于游戏中，增强了游戏的趣味性和挑战性的同时，也激发了幼儿参与体育活动的兴趣，既体现了领域间的融合，又体现了最大化的教育价值。

2. 活动实施层面。

本次活动各环节在实施过程中，遵循了大班幼儿的生理及心理发展特点，充分考虑将游戏的权利还给幼儿，鼓励幼儿自主解决问题，激发他们自主探索的兴趣，通过游戏化、合作化、探究化的教育策略引导幼儿自主发现并创新足球与其他体育材料相结合的玩法。

3. 幼儿发展层面。

在活动中，幼儿通过计划、实施、尝试、调整、再实施等方式开展学习与探究，在体育游戏中体验走、跑、跳、投等不同的运动方式，既发展了幼儿的体能运动能力，又促进了幼儿合作、共同解决问题、自信、交流与表达等能力的发展。幼儿在不断地探究、尝试、调整与最后的挑战过程中，建立了自信，克服了困难，获得了愉悦的体验，培养了良好的学习品质。

（北京市丰台区嘉园第一幼儿园　谭　蕾）

活动二　篮球运动：篮球同步挑战赛

设计思路

从室内到室外，从桌面到操场，幼儿对球的探究始终热度不减。户外游戏时，各组幼儿利用滑梯的特征，选择低结构材料，经过不断地尝试和调整，搭建出不同的篮球轨道路径。篮球从轨道起点出发，顺着轨道向前滚动，最终到达终点。孩子们和篮球赛跑，看看谁先抵达终点。几轮比赛后，都是孩子们获胜，他们提出："真没意思！咱们赢得太轻松了，需要想一个更好玩的游戏！"于是，孩子们自发地生成了本次活动，通过幼儿自己设计并体验"和篮球同步到达终点"的比赛游戏，可以提升幼儿控制动作的能力和身体的灵活性，让幼儿感受与篮球赛跑的趣味性和挑战性！

活动目标

1. 尝试设计和篮球同步到达终点的运动项目，能灵活运用走、跑、跳、钻、爬、翻滚、旋转等动作控制自己的身体和行进的速度。
2. 能用推拉、拖拽、抬举、合作搬运等方法自主创设篮球赛道。
3. 感受自主创设游戏的成功与喜悦。

活动重点

用推拉、拖拽、抬举、合作搬运等方法建造篮球赛道，灵活运用走、跑、跳、爬、翻滚、旋转等动作控制自己的身体和行进的速度。

活动难点

通过亲身测试、观察与讨论确定小组设计的运动组合与篮球运动的速度一致。

活动准备

1. 经验准备：

（1）尝试过用运动器材创设篮球轨道，了解材料衔接的搭建方法。

（2）观察过篮球在不同轨道的运动轨迹，测试过篮球从起点出发到达终点的时间。

2. 物质准备：

（1）篮球 4 个、标识旗 4 面。

（2）板凳、竹竿、轮胎、积木、木头小屋、大型滑梯。

（3）呼啦圈、拱形门、纸箱、地垫等多种轻型器械与材料。

（4）音响设备，音乐《闪闪的红星》《爱上幼儿园》。

活动过程

（一）开始部分

1. 队列入场。

教师带领两队幼儿听音乐《闪闪的红星》，精神饱满地排队入场，左右分队走，2 路纵队变成 4 路纵队，按照体操队形站好。

2. 热身活动。

教师带领幼儿从头部开始活动身体，重点活动手腕、脚腕、膝关节和肩关节。

（二）基本部分

1. 同步游戏我设计。

师：今天，我们要玩一个特别好玩的游戏——篮球同步挑战赛！每组的终点都有一面小红旗。请你们想一想，从起点到终点的途中可以设计哪些比赛内容？

幼：我想一直跳到终点，就可以和篮球同时到达终点了。

幼：因为篮球向前冲的时候速度很快，我想我应该先向前跑，再双脚连续向前跳。

师：各组先设计并搭建篮球轨道，搭好后直接体验。小运动员们一起动手设计这场挑战赛吧！

2. 快速搭建篮球轨道。

4 组幼儿通过推拉、拖拽、抬举、合作搬运等方法使用材料，快速搭建一条 10 米长的篮球轨道。

教师重点观察并提示幼儿按照设计好的搭建方案进行搭建，注意探究材料的结构和搭建轨道的方法。

3. 建成篮球轨道后测试。

各组幼儿搭建完成后，协商制订运动项目，并亲自测试完成这些运动项目的时间和篮球从起点滚动到终点的时间是否一致。

师：哪些运动项目可以和篮球同步到达终点？这些运动项目和篮球在轨道上的运动特点一致吗？

幼：刚开始篮球向下冲，速度很快；我就跑。后来，篮球滚到地上之后，速度就变慢了；我没控制住，就跑过头了。

师：篮球滚动的速度变慢，你们可以设计哪些减速的运动项目呢？可以摆放哪些材料来提醒自己要变换动作呢？

幼：我想放拱形门，跑到拱形门前，就减速，然后从拱形门下面钻过去。还可以在地上摆放一排呼啦圈，我们顺着呼啦圈跑过去或者跳过去。

师：想一想，篮球螺旋式向下滚时，小朋友适合做什么动作？篮球直线冲刺时，小朋友适合做什么动作？

幼：篮球转的时候，我们也可以转圈。篮球转几圈，我们就转几圈。篮球直线冲刺的时候，我们也跑步冲刺。

4. 小组展示与篮球同步游戏并调整。

（1）各组幼儿介绍并演示适合与篮球同步游戏的运动项目。

师：你们组选择了哪些材料？你们是怎么使用这些材料的？

幼：我们选择了拱形门和呼啦圈。要先跑一段距离，再钻过拱形门，最后，踩着呼啦圈，跑到终点。

幼：我们用积木搭了平衡木，也放了几个呼啦圈。大家要先走过平衡木，再跑到呼啦圈前停下来，最后，双脚跳过呼啦圈，直到终点。

幼：我们在赛道上摆了很多纸箱子。小朋友要先原地转 3 圈，再快速地跨跳过这些纸箱子。

（2）引导幼儿观察运动方式与摆放材料是否匹配，分析材料的数量和摆放位置是否合理。

师：如果篮球先到终点，说明了什么？小朋友需要在哪里提速？运动材料应该怎么调整？

幼：如果篮球先到终点，说明我们的速度慢了。我们可以减少呼啦圈或者纸箱的数量，这样我们就能跑得快一些。

师：如果小朋友先到终点呢?

幼：那我们可以增加一些难度，比如，可以采用开合跳的方式跳过呼啦圈，或者把平衡木再加长一些。

（3）各组幼儿展示本组设计的游戏后，根据大家提出的建议，快速调整运动材料的数量或者动作的先后顺序并再次展示。

5. 介绍检测方法和规则。

教师介绍检测方法和规则。

（1）各组幼儿要检测4条不同的篮球赛道。然后，各组幼儿在起点处准备好，开始鱼贯式比赛。

（2）裁判发出"开始"的信号，同时触发篮球，让篮球动起来。每组第一名小朋友听到"开始"的信号后出发，和篮球比赛。如果幼儿与篮球同步或接近同步抵达终点，说明这组游戏设计成功。

6. 检测赛道。

（1）4组小运动员结合游戏规则和要求进行人员分工，开始检测赛道。

（2）重点观察幼儿在比赛中动作是否标准，通过检测发现各组赛道设计的优势或问题。

（三）结束部分

1. 说一说。

幼儿和教师一起快速收拾与整理游戏材料，将其放回原位。

教师简单评价游戏情况，并引导幼儿交流游戏感受。

师：今天，大家第一次尝试设计和篮球同步到达终点的挑战赛。在设计同步挑战赛道时，你们遇到了什么困难?参加挑战赛时是什么心情?说说你们的感受。

2. 放轻松。

幼儿坐在操场上，两名幼儿一组，相互捶一捶、捏一捏手臂和大腿，做拉伸和放松活动。

　　活动延伸

1. 鼓励幼儿在户外活动时不断调整并改进篮球同步挑战赛的运动项目设计，想一想利用篮球轨道还可以怎么玩，不断丰富和篮球一起运动的游戏内容。

2. 鼓励幼儿以多种方式复盘本次体育游戏的新玩法和成功的经验，并与同伴分享。

　　活动反思

这是一次充满挑战的体育活动，全体幼儿基本上能达成活动目标。本次活动达到了大班幼儿夏季体育活动的运动量，活动各环节具有一定的挑战性。教师提供的低结构材料能支持幼儿开展探究性体育活动。

孩子们搭建轨道时，能根据材料的外形特点和重量，灵活、自主地运用推拉、搬运、抬举、拖拽等动作修建轨道，时而独立，时而合作。活动宽松、自主、有序。在设计运动项目时，幼儿摆放拱形门、呼啦圈、纸箱、积木等常用材料，随后纷纷开始测试。本次活动的材料种类虽然相同，但每组幼儿摆放游戏材料的顺序、数量和间距却各不相同。当篮球在轨道上滚动的速度太快、幼儿的运动速度跟不上时，幼儿发现因为摆放的呼啦圈太多，影响了自己行进的速度，于是，主动撤掉了一部分材料，提高了自己的运动速度。当篮球在轨道上滚动的速度太慢时，幼儿又给自己增加了走平衡木的游戏环节，旨在与篮球同步抵达终点。在检测环节中，教师改变原有的传统体育活动竞赛模式，让孩子们通过"向篮球发起挑战"来检测赛道设计的合理性，加强和明确了幼儿的任务意识。幼儿通过亲自测试赛道体验了多项运动项目，发展了多种动作技能，同时，也学会了通过调整游戏材料和动作设计达到与篮球同步抵达终点的游戏目的。

本次体育游戏通过设计、试验、调整、再检验的自主游戏思路，促进幼儿在身体运动、动脑思考、同伴沟通与交往方面获得发展。

（北京市丰台区西罗园幼儿园　关玖月）

活动三　综合活动：我的游戏我做主

设计思路

大班幼儿活泼好动，喜欢运动，思维活跃，有一定的合作能力，积累了小班、中班的运动经验，对于运动游戏已经有了丰富的经验，且他们有很强的探究欲望。当幼儿提出想要自己设计大班运动会比赛项目时，教师基于幼儿的立场和视角，倾听了幼儿的声音，抓住了这个教育契机，引发幼儿的各种游戏创意，通过试玩体验，让幼儿自己发现问题并及时改进玩法与规则，在探究的过程中，逐步发现游戏材料的适宜性和可变性。

教师支持幼儿创造性地进行身体活动，根据活动场地和运动器材的特点，选择适合的运动方式，灵活地使用材料，主动探索多种玩法，根据游戏计划——实践——讨论——改进的模式，思考、探索、调整游戏材料和规则，提高发现问题、解决问题的能力，能够体验不同的运动方式，快乐运动，增强运动技能。

活动目标

1. 尝试根据游戏计划布置游戏场地，通过游戏测试不断调整游戏材料和规则。

2. 在不同的运动中能灵活地控制身体，保持身体平衡。

3. 喜欢与同伴合作游戏，体验挑战运动的紧张与快乐。

活动重点

能根据材料的特点设计并摆放材料，选择适宜的动作进行游戏，能较灵活地变换动作完成游戏。

活动难点

在试玩游戏的过程中，能结合动作与材料发现问题并及时改进、解决问题。

活动准备

1. 经验准备：

游戏前，幼儿已分组并确定了游戏内容；幼儿探索过一些玩具和材料的多种玩法；幼儿有体育游戏的经验。

2. 物质准备：

（1）园内的运动器材，宽阔的场地，具有挑战性的公共大型玩具设施，音乐。

（2）幼儿收集的个性化材料，如平衡车、快递站道具、小背包、小桶等。

（3）教师投放支持幼儿游戏的个性化材料，如红旗、积木、板子、计时器等。

（4）3个小组提前画好的本组游戏设计图。

活动过程

（一）开始部分

在欢快音乐的伴奏下，教师请个别幼儿带领大家共同活动身体，重点活动头部、手腕、脚腕、上肢、腰部、下肢，引导幼儿创编热身动作。

师：上次，小朋友们分组设计了好玩的游戏。今天，咱们就要寻找材料来试一试、玩一玩。在开始之前，咱们先来热热身！

（二）基本部分

1. 创设游戏场地。

（1）通过提问，明确游戏计划。

师：在创设游戏场地的过程中，咱们要做哪些事情呢？

幼：需要找到游戏需要的材料。

幼：要看着游戏设计图，把器械摆出来。

师：除了这些，还有一件最重要的事情，每组小朋友要商量好每个人要做什么，大家一起分工、合作，共同完成游戏场地布置的任务。

（2）3组幼儿明确分工、布置游戏场地、尝试游戏。教师引导幼儿通过尝试游戏测试游戏设计得是否合理，并不断调整、改进游戏内容。

师：现在，每个小朋友都明确了自己要做什么，可以开始尝试你们的游戏了。这些器械和材料，你们想怎么用都可以，摆完了，玩一玩、试一试。如果发现有问题，可以及时调整。给你们20分钟的时间，一会儿，时间到了，每组选出一个小朋友，向大家介绍你们组的游戏玩法。

（3）教师看到幼儿分工不明确时，选择合适的时机介入活动，引导幼儿明确分工与合作，尝试听取别人的建议。

师：你们组是怎么分工的？每个人分别负责什么工作？你们完成了哪些任务？

（4）当幼儿调整材料遇到问题时，教师可以通过有效提问的方式，鼓励幼儿协商解决问题。

师：你们觉得木板这样放合适吗？哪里需要调整？怎么调整？

师：可以用什么动作通过呢？你们知道有哪些跑的方式？

幼：有跨跳跑、定点触摸跑、"S"形跑、折返跑。

师：之前大家设计并制作了很多道具。今天，可以把它们用到跑酷游戏的创设中，摆好之后，一起来玩一玩吧！

2. 挑战游戏玩法。

（1）教师针对幼儿游戏情况，鼓励幼儿增加游戏挑战难度，探索设计不同的游戏关卡，提高游戏的趣味性。

师：我给你们准备了一些材料。你们可以摆一摆，看看还需要添加什么材料，能让游戏变得更好玩、更有挑战性！

幼：咱们可以加入计时器，这样就更刺激了！

幼：现在，小车通过得太顺利了！我们可以在赛道上增加一些障碍物。

教师运用发散性提问，激发幼儿与同伴共同围绕一个问题深入思考并解决问题，更好地支持幼儿游戏。

师：你们打算在赛道里设置什么障碍？想用什么材料来搭建？

（2）幼儿挑战游戏。教师观察幼儿在运动中的动作是否协调、灵活。

（3）各组代表分别介绍本组游戏玩法，鼓励各组代表大胆、清楚地表达，引导其他幼儿根据自己的想法提问互动。

师：你们用了哪些材料？是怎么玩的？每组请一个小朋友来介绍一下吧！

师：你们觉得他们组的游戏怎么样？你们有什么建议吗？

幼：小车组可以分为两队，变成接力赛，这样更好玩！

幼：小车组看不出来哪里是起点、哪里是终点啊！可以在起点和终点的位置各插一面小旗子。

（4）各组组员自由选择并尝试其他组的游戏。

（5）集体分享：幼儿围绕游戏中遇到哪些问题、如何解决问题、如何巧妙地利用材料、怎么分工与合作等几个方面的内容进行分享。

师：你们遇到了什么困难？是怎么解决的？有没有好的经验想跟大家分享的？

幼：今天，我们想搭建一个坡道，试了很多材料都不行。后来，我们想到了玩过的跷跷板游戏，就把两个小平衡木并排摆放在中间，把两块大板子搭在上面，变成了坡道，特别有意思！

幼：我们组转弯处的赛道太窄了！第二次搭建时，我们控制好了赛道的宽度。我还发现一个问题，就是在拐弯时，如果控制不好速度，很容易摔跤。

（三）结束部分

1. 师幼一起做放松活动，幼儿两人一组，共同舒展、放松身体，互相捶打肩膀、背部、腿部等。

2. 师幼共同收拾与整理器材、道具等，将其放回原位。

活动延伸

引导幼儿将调整的游戏内容、规则用绘画的方式呈现在主题墙饰中，供幼儿思考、讨论时使用。

活动反思

幼儿根据自己的游戏设计图进行了最初的尝试，从器材室搬来了游戏需要的各种材料，一步一步地将自己的游戏设计变成了现实。游戏中，每组幼儿能根据需要进行分工、摆放器材、设计游戏路线，还将自制的道具等材料运用到体育游戏中，创造性地使用，和别的玩具相结合，创新了游戏玩法。教师鼓励并引导幼儿发现问题随时调整，通过直接感知材料、动手操作设置、亲身体验验证，进一步思考、调整游戏内容，提升各项运动技能。本次活动中，教师为幼儿投放了个性化的材料，支持幼儿深入探究游戏，增加了游戏的趣味性和挑战性。活动中，教师能够放手，相信幼儿是有能力的学习者，倾听幼儿的想法，满足他们自身的兴趣与需要，并给予支持，引导幼儿享受自主游戏和与同伴合作游戏的快乐，让幼儿在协商、学习、质疑、反思、调试中提升解决问题的能力，最终确定了属于他们自己的游戏项目。

（北京市丰台区嘉园第一幼儿园　周　艺）

活动四　投掷：勇敢的狙击手

设计思路

在日常户外活动中，大班幼儿相对于小、中班幼儿而言，更喜欢玩对抗类游戏。他们在练习投掷动作时，常常出现投不远、投不准的情况。因此，教师结合幼儿的投掷兴趣，创设了投掷沙包的游戏。幼儿在游戏时兴趣十足，每次都会积极参与。一部分幼儿因为能投中目标产生了强烈的满足感和自信心，也有一部分幼儿因为投不准而不喜欢扮演小投手的角色。为了帮助幼儿更好地参与投掷游戏，教师结合孩子们感兴趣的军事主题创设了游戏情境，设计了本次体育活动，旨在引导幼儿掌握投远、投准的正确方法。

活动目标

1. 勇于接受挑战任务，喜欢与同伴合作完成游戏，增强集体荣誉感。
2. 在游戏中，能根据目标的方向和距离，调整投掷的方向和力度。
3. 通过投掷游戏，发展上肢肌肉力量，增强身体的协调性和灵活性。

活动重点

能根据目标的方向和距离，调整投掷的方向和力度。

活动难点

通过投掷游戏，发展上肢肌肉力量，增强身体的协调性和灵活性。

活动准备

1. 经验准备：
(1) 有一定的投掷经验。
(2) 结合美工活动，制作纸团，将其作为活动材料，用于投掷游戏中。
(3) 会唱数投掷物的数量。
2. 物质准备：
(1) 服装准备：舒适的运动服、运动鞋。
(2) 场地布置：提前准备好自制的碉堡道具，可以在碉堡道具后面铺设垫子，以免投掷物散落、滚出。
(3) 材料准备：音乐、纸团、小球、沙包、网球、自制手榴弹、垫子、自制标靶、自制碉堡道具、轮胎、纸箱子、滚筒、跨跳器械。

🎂 活动过程

（一）开始部分

1. 师：小朋友们，今天，咱们都化身为勇敢的狙击手，准备接受新的挑战任务！快和我一起进行热身运动吧！

教师播放音乐，引导幼儿跟随音乐进行热身活动，重点进行头部运动、肩部绕环运动、扩胸运动、手腕和脚腕绕环运动等。教师可以请个别幼儿带领大家一起喊口号。

2. 教师以创设游戏情境的方式，重点引导幼儿做上肢运动及投掷动作。

师：勇敢的狙击手们，准备瞄准。左边有敌人，发射手榴弹！右边敌人也很多，发射炮弹！

（二）基本部分

1. 操练投掷。

（1）玩法说明。

师：狙击手们，敌人占领了咱们的阵地。只有成功地完成投掷挑战任务，才能赶走敌人。你们有没有信心？

师：小狙击手们，咱们马上就要攻打敌人了。现在，先进行操练，做好准备。狙击手要站在线内，把小球投到前面的标靶上。每个人至少投掷 20 个小球，即为挑战成功，看看谁能投得又快又准！

（2）分享经验。

师：现在，咱们一起数一数，一共有多少个小球击中标靶了？（20 个）恭喜你们，挑战成功！哇，我看到有很多小球投中了标靶中心红色的圆圈。谁来分享一下你的好方法？

教师请投掷动作规范的幼儿进行示范。

师：看来，想要投准，还要瞄准目标才行。拿到小球后，要从肩上用力将小球投出。我们一起向优秀的狙击手学习一下。现在，所有的狙击手都准备好了，进入战场。

2. 坦克激战。

（1）玩法说明。

师：敌人很狡猾，还给我们准备了不同高度的标靶，还有移动的"轮胎"坦克。我们需要站在线内，把不同的炸药包（多种材料代替）和自制手榴弹投进轮胎里。每个人投掷的弹药数量超过 30 个，即为获胜。

教师鼓励幼儿用多种材料进行尝试，材料包括小球、纸团、网球、沙包。

（2）分享经验。

师：一起数一数吧！恭喜你们，闯关成功！这片阵地上的敌人都被赶走了！

师：面对不同距离的目标和物体，你们有什么好方法投中呢？分享一下吧！

（3）教师小结。

师：对于移动的物体，关键是要瞄准它。

师：对于较远的目标物，需要用更大的力气，要大臂带动小臂用力将投掷物投出去。

师：对于较高的目标物，要把握好投掷的方向，向前上方投出投掷物，也可以向上跳跃进行投掷。

3. 隐蔽攻击。

（1）玩法说明。

师：接下来，挑战第三关！不好，刚才的战斗惊动了敌人，他们开始四处巡逻，咱们需要隐蔽起来。游戏难度升级，我们需要跨过"泥潭"（跨跳器械代替），绕过"地雷"（轮胎代替），在山脚下（滚筒代替）趴下，隐蔽起来，然后将投掷物投向敌人的秘密巡逻车（纸箱子代替）中。击中 50 个，即为获胜。

（2）教师指导。

师：敌人的巡逻车行进的速度有快有慢。你们一定要找准时机，对准目标，用力投掷。

（3）分享经验。

师：数一数，你们齐心协力一共投中了多少？（50 个）挑战成功！

师：在刚才的对战中，你们有没有什么新的发现呢？

4. 勇炸碉堡。

（1）玩法说明。

师：看，远处，我们发现了敌人的碉堡。只要把它炸掉，就能获得最终的胜利！相信你们一定能赢，加油！

（2）分享感受。

师：恭喜你们，你们获胜了！狙击手们有什么感受？说一说吧！

（3）教师小结。

师：看来只要大家团结合作，齐心协力，就能取得胜利！

（三）结束部分

1. 自由放松。

师：狙击手们保卫了咱们的阵地，你们真棒！辛苦啦！现在，请你们用材料轻轻地敲一敲小胳膊。

2. 同伴互助，放松肌肉。

师：找到你的好朋友，帮他按一按、捏一捏肩膀、手臂，敲一敲后背。

活动延伸

1. 家长在家和幼儿创编各种投掷游戏。

2. 户外活动时，幼儿可以和好朋友一起创新沙包投掷游戏，如将沙包投进移动的纸箱或筐里。

活动反思

投掷游戏的主要特点是能够发展幼儿的上肢手臂力量和爆发力。为了锻炼幼儿的投掷能力，教师结合大班幼儿年龄特点及多种资源，尊重幼儿的个体差异，提高幼儿自主探究能力，激发幼儿对投掷游戏的兴趣。

1. 环境资源。

本次活动中，我们充分利用幼儿园的游戏场地，大班、小班操场和多种材料，借此调动幼儿积极、主动地参与体育游戏。

（1）废物利用。

教师和幼儿一起用废旧纸箱自制游戏道具"巡逻车"；将废纸团成纸团，作为投掷游戏的材料。

（2）转换资源。

①物质资源转换成游戏资源。

教师巧妙地借助大滑梯玩具设施，悬挂大小不同的标靶，引导幼儿进行投掷。

②幼儿资源转换成教师资源。

请部分幼儿合作设计阻止轮胎滚动的障碍；部分幼儿骑小车拉着纸箱（代替巡逻车）；部分幼儿负责点数并统计投中了多少个纸团等，让幼儿参与到辅助游戏顺利进行的任务中。

（3）提供材料。

在准备投掷材料时，教师提供了多种材料，包括小球、纸团、网球、沙包、自制手榴弹等，引导幼儿充分感受材料之间的差异，探究、发现哪种材料更适宜开展投掷游戏，激发幼儿自主探究的兴趣，提高其探究能力。如在"勇炸碉堡"的游戏中，幼儿用纸团进行投掷，发现只能将其投掷到很近的距离，很难"摧毁"远处的碉堡，而使用相对较重的自制手榴弹就能投得远一些，从而"摧毁"碉堡。

2. 教学设计。

本次活动的难度层层递进，能循序渐进地帮助幼儿发展投掷的准确度、力度和投掷较远的距离。在投掷活动中，6岁男孩达到优秀的标准是投掷距离大于12米，女孩是大于8.5米。在游戏活动中，教师根据幼儿投掷的情况，创设适宜的长度来发展幼儿的投掷能力。

（1）游戏法。

教师根据大班幼儿的年龄特点，如愿意参加合作竞赛类游戏等，创设了"狙击手"的游戏角色和具有挑战性的闯关游戏，激发了幼儿的游戏兴趣，通过合作游戏引导幼儿感受体育运动带来的快乐，增强了集体荣誉感。

（2）榜样示范法。

教师请投掷动作较为规范的幼儿进行动作示范，通过榜样示范法让幼儿向同伴学习，从而达到促进幼儿发展的目的。

（3）提问法。

在每个游戏环节，教师都采用了提问的方式，请幼儿分享游戏经验，引导幼儿互相学习，从而很好地解决了活动的重、难点问题。

（北京市丰台区第一幼儿园　齐梦童）

活动五　定向运动：极限挑战

设计思路

大班幼儿乐于接受挑战，具备一定的运动技巧与合作能力。定向运动与其他运动形式最大的不同是对幼儿提出了明确的任务要求，幼儿需要通过各项运动逐一完成各种挑战任务。因此，教师设计了本次活动——"极限挑战"，想要通过定向运动的方式，引导幼儿在完成运动挑战的同时，学会通过协商解决问题和接受他人意见。

活动目标

1. 仔细观察闯关地图，从中发现任务信息，积极表达自己的想法。
2. 能遵守闯关游戏的规则，遇到问题后积极想办法解决。
3. 体验与同伴合作完成闯关任务的快乐。

活动重点

仔细观察闯关地图，从中发现任务信息，积极表达自己的想法。

活动难点

能遵守闯关游戏规则，遇到问题后积极想办法解决。

活动准备

1. 经验准备：

幼儿会玩各种大型玩具，有合作游戏的经验。

2. 物质准备：

即时贴、音响、话筒、闯关地图、通关卡、牛仔包、口哨、音乐、手机。

活动过程

（一）开始部分

1. 热身活动。

师：小朋友们上午好！有一项非常有意思的活动——极限挑战，你们想不想参加？在游戏开始之前，咱们先一起做个热身运动，把身体活动开。音乐响起来。

教师播放音乐《游啊游》，带领幼儿跟随音乐节奏和内容做热身运动。

师：让我们把小胳膊伸平，转个圈，变成小鱼，向上游一游，向下游一游，再转个圈，游一游。

2. 提出闯关邀请。

师：现在，请每组组长到前面抽取一张属于你们小组的幸运颜色！

师：这次的极限挑战任务就是要获取跟你们组颜色一样的 20 张通关卡，通关卡就藏在这张闯关地图里。

（二）基本部分

1. 出示闯关地图。

师：现在，请每组组长到前面来领取闯关地图。领取完闯关地图后，大家需要仔细观察地图，商量好闯关路线，并用水彩笔标记出你的闯关顺序。

2. 分享闯关地图。

（1）观察闯关地图。

师：闯关地图上一共有几个游戏区域？

师：你们知道怎么完成每个游戏区域的挑战任务吗？

师：大家对这些游戏区域还有什么不清楚的地方吗？

重点指导：引导各组幼儿仔细观察闯关地图，鼓励幼儿将自己对地图的疑问提出来，大家共同分析、解决问题。

（2）明确闯关规则。

师：在游戏过程中，需要注意什么？

师：如果你们完成了第一项挑战任务，准备进行第二项挑战任务时，那个游戏区域有其他组的小朋友正在游戏，应该怎么办？

师：在闯关游戏中，我们首先要注意安全。其次，要注意小组合作，共同完成闯关游戏。最后，要在规定的时间内获取 20 张通关卡。大家都清楚游戏规则了吗？

师：这些闯关游戏需要在规定的时间内，通过小组合作共同完成挑战任务。当听到口哨声后，大家要迅速且安全地回到咱们现在的这个位置。大家听明白游戏规则了吗？

重点指导：通过提问幼儿，了解幼儿对游戏规则是否明确，引导幼儿对不明确的游戏规则进行讨论并明确挑战任务。

3. 幼儿游戏，教师巡回指导。

（1）教师根据挑战区域游戏的难易程度，安排配课教师有重点地指导个别幼儿，关注个别幼儿游戏中的表现，保证幼儿游戏安全。

（2）教师和配课教师及时指导各组幼儿合作游戏，如果挑战游戏过程中发生了问题，应及时沟通并解决。

（3）教师用手机拍摄、记录幼儿游戏的精彩瞬间。

（三）结束部分

1. 游戏分享。

师：说一说，你们闯过了几关？获得了多少张通关卡？说说你们小组是如何闯关的，用了什么好方法。

2. 教师小结。

师：你们用速度争取了时间，用自身的优势完成了闯关任务，快速地获得了通关卡，你们真棒！

3. 放松活动，发出下次游戏邀请。

师：大家一定累坏了，快让我们一起做个放松运动吧！

教师播放音乐《游啊游》，带领幼儿拍拍腿、捏捏胳膊，做各种放松身体的动作。

师：你们期待下一次的极限挑战吗？好，那我们下次再见！

活动延伸

教师根据幼儿掌握定向运动规则的情况，鼓励幼儿根据自身需要创设不同的关卡，制订游戏规则和要求。

活动反思

打破定向运动规则，会让各种不确定的因素构成幼儿运动的挑战元素。本次游戏中，幼儿根据地图上的标记，在较短的时间内找到了相应的物品或记录了符号，不仅提高了幼儿的运动速度和耐力等，还促进了幼儿的观察力、判断力等认知能力的发展。本次活动来源于幼儿生活。教师利用园所的大型玩具开展了极限挑战活动。

游戏开始前，教师利用一首动感十足的音乐，让幼儿跟随音乐节奏，与教师一起进行热身活动。在此过程中，教师还借助语言提示并引导幼儿变身小鱼，锻炼上肢和下肢。幼儿在观看闯关地图时，最大限度地迁移已有经验，激发了学习的主动性和积极性。因为闯关地图的每个游戏区域都画得特别清楚且有特殊的标志性物品，所以幼儿一眼就能分辨出每个游戏区域的位置在哪里，这也增加了幼儿迎接挑战的自信心。在小组探讨游戏玩法与商讨路线时，幼儿能大胆地表达自己的想法，并愿意接受他人的建议。很快，各组都制订出了闯关路线和闯关顺序。在闯关游戏开始前，教师利用提问的方式让幼儿说出游戏时的注意事项，让每个幼儿都能明确挑战游戏的规则和路线。在分组挑战的过程中，幼儿通过合作游戏的方式，完成了每个游戏区域的游戏项目，充分发挥了幼儿的主体作用。游戏过程中，气氛轻松、活跃，幼儿玩得十分尽兴，真正实现了"教师快乐教、幼儿快乐学"的教育理念。最后的分享环节，幼儿能够说出自己的优势及下次游戏时应注意的事项。教师帮助幼儿梳理经验，让幼儿下次游戏时能够吸取本次游戏的经验与教训，更好地完成闯关任务。

（北京市丰台区第一幼儿园 李 享）

第五章 幼儿园户外体育活动——分散游戏

分散游戏是幼儿园户外体育活动的一种重要形式。幼儿能够根据自己的发展水平、兴趣爱好等选择适合的户外场地及材料进行体育游戏，充分体现了自主游戏的特点。教师作为分散游戏的组织者、参与者和指导者，需要根据幼儿的发展特点、现有的运动能力与水平等，投放适宜的材料，以促进幼儿体能的发展。

第一节　小班分散游戏案例

小班的分散游戏能够让幼儿在游戏中自由发展。教师在游戏内容的选择和安排上要注重科学性，使幼儿在运动中获得走、跑、跳、爬等多方面能力的发展。同时，教师从小班幼儿的年龄特点出发，采用富有童趣的活动形式来吸引幼儿积极、主动地参与活动。

游戏一　推行：小红军运粮食

游戏目标

1. 利用上肢力量推动小车，并尝试保持身体平衡地绕过障碍，捡到粮食。
2. 能掌握推车绕障碍的动作要领，在游戏中能让小车平稳地行进。
3. 能积极地参加体育运动，感受与同伴共同游戏的快乐。

游戏准备

小车、锥形筒、幼儿自带实物玉米、布。

游戏过程

1. 在场地内提前铺好布，并在上面放好实物玉米若干，作为玉米地。

2. 在场地内摆出两条锥形筒赛道，每条赛道上摆好间隔一米的几个锥形筒。

3. 每次两名幼儿参加游戏。两名幼儿扮作小红军，分别推着小车，同时从起始线出发，"S"形绕过锥形筒障碍，将小车推到玉米地。随后，幼儿捡起两根玉米，放进小车里，绕过玉米地，再次走到锥形筒前，按照"S"形路线绕过锥形筒，回到起始线。

4. 两名幼儿比一比，看谁用的时间短，先回来的小红军获胜。

🐟 游戏照片

图5-1是幼儿推着小推车，绕过锥形筒，前往玉米地。

图5-2是幼儿在玉米地里捡玉米。

图5-1　　　　　　　　　　图5-2

（北京市丰台区第一幼儿园　秦　旭）

游戏二　投掷：战斗吧，小勇士

☀ 游戏目标

1. 能够自然地向前上方或远处挥臂投出物体。

2. 掌握正面投掷的动作要领，能在游戏中进行躲闪，避免被投掷物击中。

3. 喜欢与同伴一起参加集体游戏，感受投掷游戏的快乐。

🎾 游戏准备

1. 搭建材料：彩色迷宫架子若干。

2. 投掷材料：布飞盘、沙包等若干。

3. 投掷游戏辅助材料：装沙包的收纳筐、小勇士印章。

游戏过程

1. 幼儿按性别分成人数相等的两组，女孩组和男孩组，分别起名为"美丽天使队"和"帅气战狼队"。

2. 黎明前的战斗准备。教师和幼儿用彩虹迷宫架子搭好双方战队的堡垒。

两组幼儿分别在自己的区域内进行投掷。教师指导幼儿投掷动作要领：手用力抓握物体，举过肩膀，双腿用力蹬地，眼睛目视前方，瞄准目标物，做向上、向前投的动作。

3. 战斗打响了。两队间隔 5 米，面对面地站好，中间是用两层高的彩虹迷宫架子搭建好的堡垒。教师当裁判，发出"开始战斗"的口令，即表示游戏开始。两组幼儿分别躲在堡垒后面，从收纳筐中取出投掷物，如布飞盘、沙包等，以击中对方的身体为目标进行投掷。提示幼儿不要打到对方的头部，注意安全。

4. 被击中者暂停游戏一次，退场休息。双方队员每击中目标一次，奖励小勇士印章一枚。

5. 游戏结束后，看谁的印章最多，谁就是小勇士。裁判根据实际情况决定休战和开战的时间，游戏可以反复进行。

游戏照片

图 5-3 是美丽天使队队员正在向对方投掷。

图 5-4 是帅气战狼队队员正在向对方投掷。

图 5-3

图 5-4

（北京市丰台区第一幼儿园　田永莉）

游戏三 投远：手雷攻击战

游戏目标

1. 掌握肩上投掷物体的基本动作，能用泡沫球、报纸球进行投远游戏。
2. 在投掷物体时，尝试进行目测，能准确地将物体投入指定区域。
3. 能积极、主动地参与投掷游戏，通过角色游戏学习解放军勇敢的品质。

游戏准备

1. 投掷材料：报纸球、泡沫球。
2. 辅助材料：呼啦圈、迷彩爬行垫、跨栏。
3. 投掷目标材料：迷彩海绵垫。

游戏过程

1. 创设游戏情境。

教师：小小解放军们（幼儿扮演）要越过重重障碍，到达敌人的防护墙下，将手雷投入敌人的阵营里。投进去的手雷越多，我们就能越快打败敌人，占领他们的营地。

2. 游戏玩法。

小小解放军们站在起点处，每人手拿一颗手雷（报纸球、泡沫球代替），跳过雷区（呼啦圈代替），跨过警戒线（跨栏代替），用手膝着地爬的方式爬过沼泽地（迷彩爬行垫代替），来到指定的安全投掷位置（站到呼啦圈内），该位置距离敌人的防护墙（竖着放置的迷彩爬行垫代替）2 米，用肩上投掷的方式将手雷投到敌人的防护墙内，投掷成功后，从两边跑回起点。游戏继续，直到将所有手雷都成功地投进敌人的防护墙内，游戏结束。

3. 总结游戏经验。

教师和幼儿共同总结成功投掷手雷的经验。教师请肩上投掷动作标准的幼儿进行动作示范。

4. 游戏拓展。

再次游戏时，教师可以根据幼儿游戏的情况，随时调整呼啦圈的位置，增加游戏难度，例如，增加安全投掷位置与敌人防护墙之间的距离，调整雷区中每个呼啦圈之间的距离等。教师在游戏中也可以扮演敌人，在防护墙内向小小解放军投掷手雷，增加游戏的趣味性和挑战性。

🐟 游戏照片

图 5-5 是小小解放军拿着手雷，用手膝着地爬的方式迅速爬过沼泽地。

图 5-6 是小小解放军到达安全投掷位置后，站在呼啦圈里，用肩上挥臂投掷的方式将手雷投掷到敌人设置的防护墙的另一侧。

图 5-5

图 5-6

（北京市丰台区第一幼儿园　任　婧）

游戏四　综合运动：带着宝宝去探险

☀ 游戏目标

1. 能够带着小玩偶按照规定的路线行进，完成双脚跳、正面钻的动作。

2. 尝试按照一定的方向和顺序一个跟着一个走。

3. 感受与同伴共同完成探险游戏的快乐。

🎣 游戏准备

1. 运动材料：标志盘 5 张、拱形门 1 个、呼啦圈 4 个。

2. 辅助材料：能背在身上的小玩偶每人 1 个。

3. 运动目标材料：大筐 2 个。

🧁 游戏过程

1. 幼儿排成一列小火车，站在探险游戏的起点处。教师引导幼儿拿好自选的小玩偶，并将它们背在身上，做好游戏准备。

2. 教师发出"游戏开始"的指令。幼儿按照从贝壳路（用标志盘铺成的小路）、小荷叶（呼啦圈代替）到山洞（拱形门代替）的顺序，一个跟着一个走，前后两名幼儿之间保持半臂间隔距离。

3. 幼儿背着小玩偶，按照行进的方向依次通过贝壳路，双脚并拢地跳过小荷叶，正面钻过山洞后，将小玩偶送到终点处的大筐里，即为探险成功。

4. 教师作为安全员，提示幼儿在游戏过程中保持安全距离，避免磕碰，引导幼儿用正确的游戏动作沿着正确的方向进行游戏。

5. 教师引导没有将小玩偶成功地送回筐里的幼儿返回起点，重新游戏。教师根据幼儿游戏的情况，可以引导幼儿多次进行游戏。

6. 游戏结束后，教师鼓励幼儿将玩具、材料收拾与整理好，放回原来的位置。

游戏照片

图 5 - 7 是幼儿背着小玩偶，体验在贝壳路上行走并保持身体平衡的探险过程。

图 5 - 8 是幼儿背着小玩偶，玩钻山洞的探险游戏。教师作为安全员，站在旁边观察幼儿游戏情况。

图 5 - 7

图 5 - 8

（北京市丰台区第一幼儿园　李天唱）

游戏五　投掷：打败大灰狼

游戏目标

1. 学会用沙包、报纸球、塑料球等投掷物进行投准和投远。

2. 能在走、跳的游戏中，保持身体平衡，走过平衡木等障碍物。

3. 喜欢参与体育游戏，感受成功打败大灰狼的乐趣。

游戏准备

1. 投掷材料：沙包、大灰狼图卡。
2. 辅助材料：呼啦圈、拱形桥、平衡木。

游戏过程

1. 教师情境导入，引导幼儿扮演小兔子，激发幼儿想要打败大灰狼的欲望。
2. 第一次游戏：幼儿自由分为两组，从起点出发，模仿兔子跳的动作，用双脚连续跳的动作跳过呼啦圈，到达终点后，用沙包瞄准大灰狼图卡，进行投掷。比一比，哪组打倒的大灰狼多。
3. 第二次游戏：教师增加游戏辅助材料，提高游戏难度。在通往打败大灰狼的途中，增加拱形桥、平衡木，引导幼儿走过拱形桥和平衡木。在游戏过程中，教师指导幼儿保持平衡的方法。
4. 幼儿进行经验分享，说一说自己是用什么方法打败大灰狼的。
5. 幼儿继续游戏。教师引导幼儿掌握用沙包打败大灰狼的方法。

游戏照片

图 5-9 是幼儿模仿小兔跳的动作跳过连续摆放的一排呼啦圈。

图 5-10 是幼儿到达终点，用沙包打倒大灰狼。

图 5-9

图 5-10

（北京市丰台区第一幼儿园　王培烨）

游戏六　侧滚翻：超级压路机

游戏目标

1. 掌握侧滚翻的基本动作要领，能控制身体在垫子上进行侧滚翻游戏。

2. 与同伴手拉手的同时，进行侧滚翻游戏，并保持身体平衡。

3. 愿意参与体育翻滚类游戏，感受与同伴共同游戏的快乐。

游戏准备

翻滚材料：厚垫子 6 块。

游戏过程

1. 创设"小小工程师"的游戏情境，通过搭建高楼的游戏引导两名幼儿配成一对。

幼：搭、搭、搭高楼，高楼搭几层？

师：高楼搭两层。

幼儿听到口令后，两人抱在一起。教师可以变换不同的数字，说到数字"几"时，即几名幼儿抱在一起，最终让幼儿两人抱在一起。

2. 创设情境，激发幼儿兴趣。

师：小小工程师们，今天的工作非常艰巨，需要两名工程师共同完成。你们有信心迎接挑战吗？

3. 教师讲解游戏玩法：两名幼儿背对背，坐在垫子的两侧，躺下后，双手举过头顶。两名幼儿手拉手进行翻滚游戏。

4. 教师在幼儿游戏时进行指导，引导两名幼儿拉好手后开始侧滚翻，注意提醒两名幼儿游戏过程中不能松手。垫子的高矮、宽窄可以根据幼儿侧滚翻的能力与水平进行调整。

游戏照片

图 5-11 是两名幼儿手拉手，在高度相同的垫子上进行侧滚翻游戏。

图 5-12 是游戏加强版，设置了高矮、宽窄不同的垫子。

图 5-11

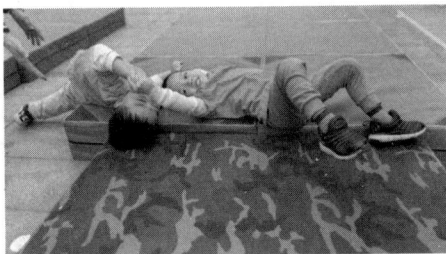

图 5-12

（北京市丰台区第一幼儿园 王 蕊）

游戏七　跳跃：袋鼠跳跳

游戏目标

1. 在游戏过程中，能够利用下肢力量平稳地行进、跳跃。
2. 体验手指抓握袋子的感觉，游戏过程中，注意手、眼、身体的协调与配合。
3. 体验户外体育游戏带来的乐趣。

游戏准备

呼啦圈、塑料瓶、袋鼠跳袋。

游戏过程

1. 幼儿自由分为人数相等的两组。

2. 幼儿把准备好的袋鼠跳袋撑开后，站在袋子里，把布袋往上提，然后两手分别拉住布袋边缘的塑料环。

3. 第一轮游戏：幼儿像袋鼠一样双脚向前行进跳。两组的第一个幼儿同时出发，到达另一端后折返回来，脱掉袋子，将袋子传给第二个幼儿。第二个幼儿出发，进行游戏。以此类推，幼儿依次游戏。直到本组最后一名幼儿完成游戏，游戏结束。

4. 第二轮游戏：在行进的途中增加呼啦圈，需要幼儿跳进、跳出呼啦圈，完成接力。教师根据幼儿掌握双脚连续向前跳动作的情况，还可以把呼啦圈换成装水的塑料瓶，引导幼儿尝试"S"形绕过塑料瓶完成接力。

游戏照片

图 5-13 是两队幼儿穿好跳袋，同时从起点出发，双脚连续向前跳。

图 5-14 是幼儿在游戏难度增加后试跳。

图 5-13

图 5-14

（北京市丰台区第一幼儿园　王丽华）

游戏八　手膝爬：煮饺子

游戏目标

1. 能够手脚配合、动作协调地进行手膝爬游戏。
2. 尝试根据游戏规则，变换行进速度和调整爬行方向。
3. 感受集体游戏的乐趣。

游戏准备

1. 爬行材料：摆成一圈的爬行垫。
2. 辅助材料：自制大漏勺一把。
图 5 - 15 是自制大漏勺。
图 5 - 16 是爬行垫摆放示意图。

图 5 - 15

图 5 - 16

游戏过程

1. 幼儿扮演饺子，教师扮演厨师。

2. 饺子听从厨师的指挥，围绕爬行垫摆成的圆圈手膝着地爬行。注意不能与其他幼儿相碰，否则，被视为饺子粘连或破裂，将停止一轮游戏。

3. 厨师一边说《煮饺子》的歌谣，一边用大漏勺做捞饺子的动作。饺子跟随厨师搅动勺子的速度和方向，变换并调整行进速度和爬行的方向。

4. 当幼儿听到"啊呜一口吃掉它"时，就要起身站好，离开爬行垫，避免被大漏勺捞到。如果被大漏勺捞到，将停止一轮游戏。

附儿歌：

煮 饺 子

过年啦，包饺子，
小饺子，两头尖，
下到锅里快散开。
勺子、勺子转圈圈，
别让饺子粘一块。
饺子、饺子快听话，
谁也不要粘上啦！
咕嘟、咕嘟煮熟了，
啊呜一口吃掉它！

游戏照片

图 5-17 是教师为幼儿示范手膝着地爬的动作。

图 5-18 是教师扮演厨师，边说歌谣边用漏勺做捞饺子的动作。幼儿扮演饺子，注意躲避漏勺，避免被漏勺捞到。

图 5-17   图 5-18

（北京市西城区西四北幼儿园   张依琨）

游戏九   爬行：小老鼠搬粮食

游戏目标

1. 学习手脚着地爬、手膝着地爬的动作，提高手脚动作的协调性。

2. 懂得一个跟着一个有序进行游戏的规则，知道钻爬的动作要领。

3. 感受不同爬行方式的乐趣。

游戏准备

搭建材料：拱形门、U形门、软垫、废旧桌子、迷彩网、沙包、玩具筐。

游戏过程

1. 教师用材料摆出两条路线。一条路线摆放拱形门和U形门，形成一条山洞的通道，并在山洞的洞口处放置"粮食"（沙包代替）。另一条路线将软垫、废旧桌子与迷彩网组合摆放，同样在洞口处放置"粮食"。幼儿扮演小老鼠。教师扮演大花猫，在洞外做睡觉动作。

2. 游戏开始，小老鼠选择不同的山洞钻爬，爬出来后，立即搬运一袋粮食（游戏前提示：一次只能搬一袋粮食），并悄悄地从一旁的小路走回来，放在另一侧洞口后面的粮食筐里（玩具筐代替）。提示幼儿，搬粮食时不要惊动大花猫。大花猫醒来后，会大叫"喵喵喵"，站起来抓小老鼠。这时，在山洞外的小老鼠要及时蹲下，大花猫就不能再抓蹲下的小老鼠了。如果被大花猫抓住，小老鼠就失败了，要在指定的位置等待下一轮游戏。

3. 小老鼠将粮食全部运完，即表示本轮游戏结束。

游戏照片

图5-19是幼儿手脚着地，膝盖悬空，依靠蹬伸腿发力和异侧臂后推力，带动身体前进的手脚爬动作。

图5-20是幼儿手膝着地，头稍抬，依靠跪撑腿蹬伸发力和异侧或同侧臂后推力，带动身体前进的手膝爬动作。

图5-19

图5-20

（公安部幼儿园　吕海莲）

147

游戏十　民间游戏：抽陀螺

游戏目标

1. 探索陀螺的玩法并能成功地抽转陀螺。
2. 在游戏过程中，增强手部肌肉力量及手眼的协调能力。
3. 喜欢进行户外体育游戏。

游戏准备

木质陀螺、鞭子。

游戏过程

1. 幼儿在比较平滑的地面上，自由地进行抽陀螺游戏，尽量使陀螺旋转起来。
2. 幼儿熟悉陀螺的玩法后，教师引导幼儿进行抽陀螺比赛。
（1）教师在地面上画一个圆圈，看谁的陀螺能一直在圈内旋转。
（2）看谁的陀螺旋转的时间最长。
（3）抽陀螺赛跑。事先确定起点和终点的位置，看谁能最先将陀螺从起点抽到终点。
3. 教师及时提醒幼儿玩陀螺时，注意鞭子不能甩到其他幼儿身上。

游戏建议

本游戏可以多次玩耍。教师通过游戏引导幼儿逐渐掌握抽陀螺的技巧。

游戏十一　民间游戏：斗鸡

游戏目标

1. 通过斗鸡游戏，练习单脚蹦跳，且用另一条腿弯曲的膝盖碰撞对方，并保持自身平衡。
2. 喜欢与同伴共同游戏，体验民间传统游戏的乐趣。

游戏准备

铺设有软垫的场地。

游戏过程

1. 幼儿自由分组。

教师鼓励幼儿自主寻找同伴进行游戏。幼儿两人一组，自由分组。

2. 幼儿两人一组，进行斗鸡游戏。

幼儿单脚站立，盘起一条腿，双手抓住盘腿的脚腕，使盘起来的腿不落地。游戏时，双方单脚蹦跳行进，用弯曲的膝盖去碰撞对方。如果其中一方盘起的腿落地，则另一方获胜。

教师观察幼儿游戏。当幼儿游戏发生冲突时，鼓励幼儿自己尝试解决，或者接受教师、同伴的建议。

3. 分享经验。

师：你从游戏中获得了什么好的经验，想和大家分享呢？

游戏建议

1. 幼儿熟悉游戏玩法后，教师可以引导幼儿创编多种玩法，比如，斗鸡赛跑、斗鸡原地转圈等。

2. 在安全游戏的情况下，可以尝试多人参与的对抗类斗鸡游戏。

游戏十二　民间游戏：跳房子

游戏目标

1. 尝试双脚并齐变换方向跳。

2. 喜欢参与跳房子游戏，体验规则游戏的乐趣。

游戏准备

欢快的音乐。

游戏过程

1. 教师提前在场地内画好各种方格状或飞机状组成的房子，房顶为半圆形，其余部分为方格。

教师创设情境并调动幼儿参与游戏的兴趣。

师：你们看，地上是什么？今天，咱们要和小房子一起做游戏。

2. 介绍玩法，引导幼儿自由进行跳房子的游戏。

师：地上有一座小房子，让我们一起尝试着跳一跳吧！我们可以双脚并齐一格一格地向前跳。到达房顶的位置后，再转身，跳回来。遇到双格时，你可以往左边跳完，再往右边跳。但是，一定要跳进格子里，不要踩到格子的线上。

3. 教师与幼儿共同玩"跳房子"的游戏，鼓励幼儿大胆游戏，在跳的过程中注意双脚并齐。

游戏建议

1. 游戏中，引导幼儿注意跳的方向，避免与他人碰撞在一起。

2. 教师在幼儿游戏的过程中，关注幼儿双脚跳的动作是否规范，提示幼儿双脚并齐跳起，落地时轻一些，注意屈膝、缓冲。

第二节　中班分散游戏案例

中班分散游戏相比小班更加丰富。中班是幼儿规则意识发展的关键时期。规则是保证体育游戏顺利进行的关键。教师在指导幼儿进行分散游戏时，需要制订相应的游戏规则，也可以发挥幼儿游戏的主体地位，共同制订游戏规则，这样有助于幼儿全面掌握游戏规则，避免在游戏中发生混乱和冲突的现象，提高幼儿分散游戏的有效性。

游戏一　双脚连续跳：运粮食

游戏目标

1. 巩固双脚连续跳的动作要领，增强下肢肌肉力量。
2. 能双脚并齐向前跳，前脚掌起跳、前脚掌先落地。
3. 感受参与竞赛游戏的快乐。

游戏准备

1. 运粮食所用的沙包。
2. 4 种颜色的呼啦圈，每种颜色各 6～10 个。

游戏过程

1. 幼儿自由选择自己喜欢的颜色的呼啦圈，分成人数相等的 4 队，分别命名为与呼啦圈颜色相同的队名，例如，"红队"或者"黄队"。

2. 游戏采取接力赛的形式进行。当听到教师发出"开始"的指令后，每队的第一名队员从起点出发，双脚并齐跳过用呼啦圈摆出的路线，到达粮仓处，拿起一袋粮食（沙包代替），再快速地双脚跳回来，下一名队友出发。

3. 当粮仓中的粮食全部被运完后，游戏结束。每队清点运回来的粮食数量，粮食数量多的小队获胜。

4. 幼儿熟悉游戏玩法后，可以适当增加游戏难度，如增加呼啦圈的数量或拉开呼啦圈之间的距离。

游戏照片

图5-21是幼儿进行运粮比赛。

图5-22是幼儿清点运回来的粮食数量。

图5-21

图5-22

（北京市丰台区第一幼儿园 许瑶瑶）

游戏二 投掷：扔手雷

游戏目标

1. 能将沙包等投掷物投向移动的目标，发展投准和投远的能力。

2. 提高控制投掷动作的力度和准确性。

3. 感受参与小组投掷游戏的多样性所带来的快乐。

游戏准备

1. 投掷材料：不同大小、样式的沙包若干。

2. 投掷目标物：呼啦圈。

游戏过程

1. 游戏分两组进行，第一组幼儿站在投掷线后，拿起手雷（沙包代替），按照正确的投掷姿势做好准备。游戏过程中不得越过投掷线。

2. 两位教师手举呼啦圈，在一定的距离外站好，引导幼儿将手雷投进呼啦圈里。计时 3 分钟。另一组幼儿派两人统计第一组幼儿在规定的时间内投进呼啦圈里手雷的数量。

3. 游戏过程中，教师可以根据幼儿投掷的情况调整投掷距离（站到距离投掷线相对较远的位置）或者横向移动来增加投掷游戏的难度，提高幼儿参与游戏的兴趣及专注力。游戏在规定的时间结束后，第一组和第二组幼儿互换位置。第二组幼儿游戏，第一组幼儿派两人统计投进呼啦圈手雷的数量。

4. 待两组幼儿游戏结束后，统计并比较两组幼儿投进手雷的数量，以数量多的一方为胜。

游戏照片

图 5-23 是投掷动作的预备姿势：幼儿站在投掷线后，两脚前后分开站立，前腿绷直，后腿弯曲，成弓步站立，右手持沙包，将沙包举在右肩上方，左臂向斜上方伸出，瞄准投掷目标。

图 5-24 是第一组幼儿进行扔手雷投掷游戏。教师站在指定位置，双手将呼啦圈举过头顶，引导幼儿将沙包投进呼啦圈内。

图 5-23

图 5-24

（北京市丰台区第一幼儿园　刘　爽）

游戏三　夹物跳：沙包接力赛

游戏目标

1. 喜欢利用身边的物品创新游戏玩法，愿意与同伴合作游戏。
2. 掌握双脚夹住沙包向前跳、用双脚抛出沙包的动作。
3. 尝试目测距离，能精准地将沙包抛进自己队伍的纸箱内。

游戏准备

1. 搭建材料：锥形筒每队 3 个、小跨栏每队 1 个、小熊头像贴纸。
2. 接力材料：沙包每人 1 个。
3. 辅助材料：纸箱每队 1 个、口哨 1 个。

游戏过程

1. 幼儿自由分为人数相等的 4 队，小队成员分别为本队命名，如 "红队" "黄队" 等，并将锥形筒、小跨栏摆放在自己的赛道内。每队第一名队员双脚夹住一个沙包，双脚连续向前跳，从起点出发，"S" 形绕过锥形筒，跳过小跨栏，跳到纸箱前，用双脚夹住沙包，将沙包抛入纸箱中。如果一次没有抛入纸箱内，可以多次尝试，直到沙包抛入纸箱后，方可跑回起点。下一个队员继续出发，依次游戏。直到所有队员完成游戏任务，游戏结束。哪队最先完成游戏任务哪队获胜。游戏时长 5～10 分钟。第一轮游戏结束后，4 个小队可以重新设计赛道，开展第二轮游戏。

2. 幼儿分为人数相等的两队。两队按照要求搭建好赛道后，裁判（教师扮演）吹口哨，表示游戏开始。两队幼儿排成两路纵队，每队幼儿分别踩在地面的小熊头像贴纸上（每张小熊头像贴纸间隔 1 米粘贴在地面上）。将若干沙包分别集中摆放在两队的队首。从第一名幼儿开始，用双脚夹住沙包，将沙包抛给第二名幼儿，以此类推。每队幼儿通过这种方式将沙包从队首传到队尾。裁判根据实际情况决定游戏结束的时间，清点两队传递沙包的数量，以沙包传递数量多的队获胜。

游戏照片

图 5-25 是一名幼儿尝试双脚夹住沙包、向前抛出沙包的动作。其他幼儿观看别人的动作，思考如何才能将沙包抛入纸箱。

图 5-26 是 4 队幼儿进行沙包接力游戏。1 号裁判由一名教师担任，她站在前面，负责吹口哨，确定游戏开始和结束的时间，同时，注意观察幼儿用双脚夹住沙包、向前抛出沙包的动作是否准确，随时进行个别指导。2 号裁判由另一名教师担任，她负责引导幼儿注意观察谁的方法用时较短。

图 5-25

图 5-26

（北京市丰台区第一幼儿园　侯凯晨）

游戏四　投掷：我是特种兵

游戏目标

1. 愿意尝试按照一定的方向和距离定向投掷。
2. 在不断尝试的过程中，体验投掷角度和力度的不同带来的不同效果。
3. 喜欢体育运动，感受投掷游戏的乐趣。

游戏准备

1. 投掷材料：网球若干。
2. 辅助材料：粉笔。
3. 投掷目标物：打印的圆形标靶 10 个、橡皮筋一条。

游戏过程

1. 教师在墙面上贴好打印的圆形标靶，用粉笔在地上画出 3 条投掷线，投掷线距离圆形标靶分别为 2 米、3 米、4 米。

2. 演练：特种兵（幼儿扮演）练习打靶。幼儿自选距离圆形标靶远近不同的投掷线，在投掷线后站好，手持手榴弹（网球代替），使劲儿投向墙上的圆形标靶。投中者计一分。教师注意引导幼儿瞄准投掷目标物，控制好投掷的角度和力度。

3. 演习：高空手榴弹。两位教师分别站在场地的两端，每人拉着一根皮筋的一端，将皮筋高高举起。请特种兵站在地面的投掷线后，使劲儿将手榴弹投出去，要求手榴弹必须从皮筋上方飞过去，重点体验投掷的高度与角度。

4. 幼儿在游戏中自由探索，不断尝试投掷的角度和力度。

游戏照片

图 5 - 27 是幼儿进行打靶定向投掷游戏。此时，幼儿正在瞄准目标物。

图 5 - 27

（北京市丰台区第一幼儿园　吴思缘）

游戏五　跑步：给小动物找影子

游戏目标

1. 能较好地控制跑步的方向和速度，巩固"之"字跑的动作要领。

2. 能认真倾听游戏指令，有自我保护意识，不做伤害他人的动作。

3. 喜欢参与户外体育活动，感受参与集体游戏的乐趣。

游戏准备

印有动物影子的展台、动物图片若干、贴有水果图案的锥形筒若干、口哨。

游戏过程

1. 游戏分组：幼儿自由分成人数相等的两组，一组命名为"红队"，另一组命名为"黄队"。

2. 两队幼儿分别站在距离动物图案 10 米处的起始线后，一起玩"送小动物回家"的游戏。听到哨声后，两队第一名幼儿同时出发，幼儿先要"S"形绕过锥形筒障碍，跑到指定位置，快速拿起一张动物图片，再折返跑回小动物的家中，根据动物的外形轮廓，将动物图片贴在相应的家里。送动物回家后，幼儿从该处出发，以"之"字跑的方式，去森林（贴有水果图片的锥形筒代替）中吃水果，补充能量，到锥形筒处急停，触摸锥形筒上方的水果图片，表示吃到水果。随后，幼儿直线跑回起始线。换下一名幼儿出发，继续游戏。直到本队全体幼儿完成游戏任务，游戏结束。

3. 全部完成游戏任务且用时最短的队伍获胜。游戏可以反复进行。

游戏照片

图 5 - 28 是幼儿绕障碍跑后，将手中的动物图片根据其外形轮廓特征，贴在相应的小动物家中。

图 5 - 29 是幼儿送小动物回家后，以"之"字跑的方式，跑到贴有水果图片的锥形筒处急停。

图 5 - 28

图 5 - 29

（北京市西城区槐柏幼儿园　刘玥祎）

游戏六　攀爬：爬上爬下真有趣

游戏目标

1. 尝试手脚交替地进行攀爬活动。
2. 能够遵循先下后上的规则进行攀爬游戏。

3. 体验攀爬游戏带来的乐趣。

游戏准备

木制攀爬架；架子上方放置若干个矿泉水瓶，每个矿泉水瓶间隔 50 厘米；架子下方正对矿泉水瓶的位置放置不同颜色的旗子。

游戏过程

1. 幼儿从攀爬架下面取一面旗子，然后攀爬到架子高处，把旗子插进矿泉水瓶里，再原路返回即可。

2. 引导幼儿观察并确定将手中的旗子插入哪个矿泉水瓶里，遵循先下后上的规则进行攀爬游戏，注意观察对应瓶子的路线上有没有其他幼儿，避免发生碰撞。

游戏照片

图 5 - 30 是幼儿正在攀爬架子。

图 5 - 31 是幼儿正在往矿泉水瓶里插小旗子。

图 5 - 30　　　　　　　　　　图 5 - 31

（北京市丰台区第一幼儿园　杨　君）

游戏七　跑和踢：有趣的足球

游戏目标

1. 喜欢踢足球，体验踢足球的快乐。

2. 掌握踢足球的基本方法，学会控制球。

游戏准备

足球、宽阔的场地。

游戏过程

1. 请幼儿自由选择游戏形式及同伴，并遵守约定的规则开展游戏。如，一个人玩带球游戏；两个人玩用脚传球的游戏；若干个小朋友分成两队，进行足球比赛等。

2. 介绍活动内容，与幼儿讨论相关的足球游戏规则及注意事项。

幼儿用脚控制球，让球向指定方向移动；找一块空旷的场地，避免冲撞到其他小朋友；不要将足球踢到其他小朋友的身上；比赛过程中，争抢足球时，不能用手拉扯对方的衣服或身体；不太喜欢踢球的小朋友可以在场地周围当啦啦队队员，为队友加油、助威。

3. 教师可以当作裁判或参与到幼儿的游戏中。活动中，教师应注意观察幼儿的情绪及动作发展、活动进展等情况，在保证安全游戏的前提下，不要过多地干预幼儿活动，鼓励幼儿自主游戏。

游戏照片

图5-32是队员们在球门附近共同防守球门。

图5-33是队员在运球。

图5-32   图5-33

游戏八　民间游戏：推铁环

游戏目标

1. 掌握推滚铁环的基本方法，能使铁环保持平衡并向前滚动。

2. 能够手眼协调地推动铁环。

3. 愿意尝试玩民间体育游戏，大胆接受挑战，体验体育游戏的快乐。

游戏准备

铁环、隔离墩等。

游戏过程

1. 教师介绍推铁环的游戏玩法和基本的游戏规则。

教师亲自示范推滚铁环的方法。玩推铁环的游戏时，幼儿边走边推滚铁环，也可以边跑边推滚铁环。比赛时，幼儿分为两组，每组排头幼儿先推滚铁环，从起点出发，到达终点后返回，再把铁环交给下一个幼儿。最后，看看哪组幼儿推得快，最先完成推滚铁环的游戏任务。

2. 幼儿自由分组游戏。

幼儿自由分为两组，并积极地参与到推滚铁环的游戏中。

3. 游戏结束。

教师和幼儿一起收拾铁环，将铁环放回原来的地方。教师带领幼儿走出游戏场地游戏自然结束。

游戏建议

1. 铁环在操作过程中存在一定的难度和挑战性。教师应遵循循序渐进的原则，先鼓励幼儿大胆地推滚铁环走起来，再逐渐加大难度。

2. 当幼儿掌握推滚铁环的方法后，可以投放一些辅助材料，如隔离墩、锥形筒等，鼓励幼儿自己创设推铁环的路线，然后推铁环绕障碍走。

游戏九　民间游戏：赶小猪

游戏目标

1. 尝试用筷子将球赶到指定位置，注意保持身体平衡。

2. 体验与同伴合作游戏的快乐。

游戏准备

1. 各种大小，软硬不同的球，如皮球、纸球、塑料球、垒球等。

2. 长木筷子每人一根。

游戏过程

1. 幼儿自由选择一只小猪（球代替），从起点出发，用长木筷子赶着小猪向前走，将小猪赶到小猪的家里（终点），再抱着小猪返回起点后，重新开始游戏。

2. 减少球的数量，让几名幼儿用赶小猪的游戏方式合作赶小猪（传球），将小猪赶到小猪的家里，再抱着小猪返回起点，重新开始游戏。

3. 指导幼儿掌握手握筷子正确赶球的方法。

游戏建议

1. 教师应随时提醒幼儿注意控制赶球的力度，力气不要过大，否则球会滚走。如果球滚走，要马上追回来，继续往指定方向赶球。

2. 教师应及时发现动作准确、主动合作的幼儿，请他示范动作，并鼓励其他幼儿向他学习。

游戏十　民间游戏：跳格子

游戏目标

1. 喜欢民间体育游戏，体验与同伴合作游戏的快乐。
2. 学习并掌握单脚跳、双脚跳向前行进的动作要领。

游戏准备

大小不同的呼啦圈若干、沙包。

游戏过程

1. 复习跳格子的动作。
教师带领幼儿复习跳格子的动作，尝试单脚跳单格、双脚跳双格。

2. 介绍游戏规则。
（1）幼儿站在起跳处，将沙包丢进数字"1"的格子中。丢进去后，就可以开始跳格子了。

（2）幼儿单脚（另一腿弯曲）跳进数字"2"的格子，然后按照单格单脚跳、双格双脚跳的游戏规则完成跳格子的任务。如果犯规，就不能再跳了，只能等候下一轮游戏。

（3）幼儿到达房顶的位置后，转身往回跳，跳到数字"2"的格子时，弯腰捡起格子"1"中的沙包，再跳回起点。

（4）接着，再将沙包投向数字"2"的格子里。投进格子后，就可以重复第一次的游戏动作进行游戏。若没投准或犯规，就换下一个人游戏。

（5）如果沙包不小心越界或压在线上，或者脚踩在线上，就算犯规，必须停止游戏，返回时，将沙包捡回，交给下一个幼儿游戏，自己则到队尾排队，等候下一轮游戏。等再次轮到自己时，再从犯规时的数字格子处开始，继续游戏。

3. 幼儿分组游戏。

幼儿分组游戏。教师进行个别指导。

游戏建议

1. 游戏时，教师可以鼓励幼儿与同伴协商创造性地设计"跳房子"的路线，友好地合作游戏。

2. 教师根据幼儿游戏水平和对游戏玩法的熟悉程度可以适当提高游戏难度。

游戏十一 民间游戏：两人三足

游戏目标

1. 能够与同伴合作尝试进行两人三足的游戏。

2. 在游戏中，能够保持身体平衡。

3. 体验合作游戏带来的快乐。

游戏准备

两人一根长布条、轮胎若干、宽敞的场地。

游戏过程

1. 幼儿两人一组，自由分组。

2. 教师帮助幼儿用长条布将两名幼儿相邻的小腿绑在一起，引导两名幼儿试着走一走。

3. 两名幼儿从起点出发，走"S"形路线，绕过轮胎阵，来到终点。

4. 可以变换轮胎阵的摆放位置，增强游戏的趣味性。

🎯 **游戏建议**

在幼儿第一次尝试游戏后，引导幼儿思考并讨论："为什么有的小伙伴走得又快又好，还不会摔跤？"教师可以为幼儿提供充分表达、表现的机会，并选择成功与不成功的两名幼儿进行动作示范，与幼儿一起分析游戏成功与失败的原因。

游戏十二　民间游戏：石头、剪刀、布

😊 **游戏目标**

1. 能根据脚部动作按照游戏规则判断输赢。

2. 运用已有经验开拓思维，尝试创编其他有趣的动作进行游戏。

🎯 **游戏准备**

知道用不同的双脚动作分别代表"石头""剪刀""布"。

🧁 **游戏过程**

1. 幼儿两两相对，保持20~30厘米的距离。

2. 两个幼儿同时念出"石头、剪刀、布"，念完之后，双脚同时做出动作，根据基本规则判断输赢。"石头"用双脚并拢表示，"剪刀"用双脚一前一后表示，"布"用双脚分开表示。判断输赢的规则为石头砸剪刀、剪刀剪布、布包石头。两人动作相同时为平局。

3. 赢的幼儿轻轻地刮一下对方的鼻子。

🎯 **游戏建议**

1. 教师讲明游戏规则及示范相应的脚部动作，引导幼儿了解游戏规则后，再进行游戏。

2. 幼儿两人一组，分组游戏，可以多次交换游戏对象进行游戏。

3. 幼儿可以创新游戏玩法，增加游戏道具。

第三节　大班分散游戏案例

教师要想让大班幼儿开展的分散游戏取得良好的效果，就要考虑游戏场地

和环境，同时提供科学、合理的游戏材料。首先，在分散游戏场地方面，教师应为幼儿提供宽敞、安全的游戏空间，根据体育运动项目选择软硬适宜的地面进行游戏；其次，教师应根据幼儿的年龄特点、身心发展水平、兴趣爱好等投放尽可能多的游戏材料，如各种小车、跨栏、单杠、钻筒、攀爬架、投掷器材等；最后，教师应带领幼儿讨论和挖掘各种游戏材料的创新玩法，如球可以滚接球、拍球、踢球等，使大班分散游戏更加丰富多彩。

游戏一　投远：打败小怪兽

游戏目标

1. 掌握定向投掷的基本动作，能在游戏中提高自己的目测和投掷能力。
2. 喜欢参加户外体育活动，感受投掷游戏的乐趣。

游戏准备

1. 投掷材料：报纸球若干。
2. 投掷目标物：报纸制作的小怪兽和用纸箱子制作的大嘴怪兽。

游戏过程

1. 幼儿可以自由选择悬挂的报纸小怪兽或摆放在地上的用纸箱制作的大嘴怪兽进行投掷游戏。

2. 教师发出"出发"的口令后，游戏开始。每队第一个幼儿从起点出发，跑到指定位置，拿起一个报纸球，站在投掷线后，向怪兽投掷报纸球，然后再从路线的两侧跑回起点，拍击第二个幼儿的手，然后站到队尾排队，等候下一轮游戏。第二个小朋友出发，开始击打小怪兽的游戏。以此类推，游戏以接力的方式依次进行，直到本队队员全部完成击打小怪兽的任务，游戏结束。

3. 以打中怪兽数量最多且返回速度最快的小队为胜。

游戏照片

图5-34是游戏中，幼儿投掷报纸球需要用到的大嘴怪兽。教师提前将纸箱制作成怪兽张开大嘴巴的样子，方便幼儿将报纸球投进怪兽的嘴巴里。

图5-35是幼儿进行投掷动作练习。幼儿分组进行活动，分别站在投掷线后，向远处的目标物投掷报纸球。

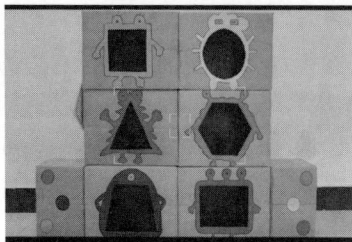
图 5 - 34

图 5 - 35

（北京市丰台区第一幼儿园　郭　悦）

游戏二　投准：愤怒的小鸟

游戏目标

1. 能用沙包、报纸球、塑料球等投掷物进行投准和投远。
2. 尝试通过目测目标物的方位和距离，精准地将投掷物投中目标物。
3. 感受小组对抗投掷游戏的快乐。

游戏准备

1. 搭建材料：纸箱子若干。
2. 投掷材料：沙包、报纸球、塑料球等若干。
3. 辅助材料：口哨、安全头盔每人一个。
4. 投掷目标物：两种颜色的足球各 5 个。

游戏过程

1. 幼儿自由分成人数相等的两组，分别命名为与足球颜色相同的队名，如"红队"或者"黄队"，每人佩戴好安全头盔。

2. 两组幼儿在 10 分钟内用纸箱子搭建好自己阵营的防护墙，两队防护墙大约相距 4 米，把象征"愤怒的小鸟"的 5 个足球镶嵌在防护墙上。

3. 当裁判（由一名教师或幼儿扮演）吹响口哨，表示游戏开始。两组幼儿分别躲在自己队搭建的防护墙后，用各队的投掷物，如沙包、报纸球、塑料球等，向对方的防护墙上投掷，以击落对方的足球为目标，可独自投掷或合作投掷。

4. 裁判根据实际情况确定休战时间。清点两队被击落足球的数量，足球落地数量较少的组获胜。

5. 游戏时长以 5～10 分钟为宜。两组幼儿重新用纸箱搭建防护墙，开始第二轮游戏。

游戏照片

图5－36是一队幼儿用纸箱子搭建好防护墙，并把足球镶嵌在纸箱子的空隙中。

图5－37是两队幼儿开展投掷游戏。裁判站在中间，观察两队投掷情况。

图5－36

图5－37

（北京市丰台区第一幼儿园 王文敬）

游戏三 悬垂：单杠乐翻天

游戏目标

1. 能在单杠上进行悬垂、摆动、横向与纵向过杠、倒挂等动作。
2. 尝试利用不同的材料辅助进行杠上悬垂游戏，有一定的自我保护意识。
3. 通过单杠游戏培养敢于挑战、不怕困难的意志品质。

游戏准备

1. 游戏场地：宽阔、平坦的场地。
2. 游戏材料：高低不同的单杠。
3. 辅助材料：垫子2块。

游戏过程

1. 热身运动：在玩单杠游戏之前，幼儿一定要认真活动手腕、肘关节等部位，做好热身运动。

2. 双手握杠方式：

正手握杠：手的距离比肩稍宽一些，双手掌心向外，四指弯曲，抓握单杠。

反手握杠：手的距离与肩同宽，双手掌心向内，四指弯曲，抓握单杠。

3. 注意事项：游戏中，千万不能随意松手，也不要闭上眼睛。

4. 趣味挑战游戏：

（1）游戏"不倒翁虫"：手臂弯曲，引体向上，下巴停留在靠近单杠的位置，努力保持该动作5～10秒钟。幼儿之间可以互相竞争，在游戏中提升手臂肌肉力量。

（2）游戏"过大桥"：双手握杠的方式不限，从单杠的一侧翻过单杠，到单杠的另一侧。翻过单杠的过程中，双脚不可以着地。熟练后，也可以来回翻越单杠。

（3）游戏"单杠猜拳"：幼儿两手支撑在单杠上。教师可以站在幼儿前面，以手部动作与幼儿玩"猜拳"游戏，幼儿用脚部动作玩"猜拳"游戏。双方商量并决定猜拳顺序及几场分胜负。

（4）游戏"晒棉被"：让幼儿依靠腰部力量，用双腿膝盖的回弯处夹住单杠，倒挂在单杠上，形成类似"晒棉被"的样子。幼儿两人一组，分别在两个单杠上完成晒棉被的动作，并以此姿势玩"猜拳"游戏。

（5）游戏"忍者向前"：幼儿双手支撑在单杠上，手臂伸直，向前翻过单杠，小心不要撞到头部，倒立到达顶点后，再慢慢地把脚放下，回到原始姿势。做这个动作时，双手绝对不能松开单杠。让幼儿挑战一下，看看是否可以像忍者一样静悄悄地从单杠上下来。

5. 游戏可以通过计时、猜拳等方式进行，取得胜利的幼儿可以跟大家分享游戏经验。

🐟 游戏照片

图5-38是幼儿向前从单杠上翻下来的过程。

图5-39是幼儿准备横向过杠的动作。

图5-38

图5-39

（北京市丰台区第一幼儿园　魏子晴）

游戏四　拉绳：运子弹

游戏目标

1. 通过双手一起拉绳或交替拉绳等动作，发展上肢力量。

2. 理解并遵守游戏规则，双腿盘坐在小车上，只能借助双手拉绳索向前移动身体。

3. 愿意参与体育游戏，感受与同伴共同游戏的快乐。

游戏准备

1. 前进材料：小轱辘车4辆，长绳4根。

2. 运送材料：沙包若干。

3. 场地材料：可以系长绳的杆子，大型玩具。

4. 其他材料：背景音乐（热身环节、游戏环节、放松环节的音乐各一首）。

游戏过程

1. 幼儿跟随热身音乐活动身体，重点活动手腕、小臂、大臂、肩膀、腰部、背部等部位。

2. 幼儿双腿盘坐在小轱辘车上，尝试运用自己想出来的方法拉着绳索前进，随后讲述并示范自己的方法，如，两只手同时向前拉动绳子，脚蹬着地向前行进；两只手倒着拉绳子行进等。

3. 师幼共同了解"运子弹"的游戏规则：双腿盘坐在小轱辘车上，只能借助双手拉动绳索，使小车向前移动。

4. 幼儿分为人数相等的4队。每队第一名幼儿听到"开始"的指令后，坐在小轱辘车上，从起始线出发，为对面的"战士"（大型玩具代替）运送子弹（沙包代替），随后拉着小车返回。游戏接力进行。在规定的时间内，看看哪队运送的子弹最多即获胜（游戏过程中，教师可以通过播放音乐，渲染活动氛围）。

5. 幼儿根据自身状况和游戏兴趣，可以自行决定游戏的次数。

6. 教师播放轻音乐，引导做放松运动，重点活动手腕、小臂、大臂、肩膀、腰部、背部等部位。

游戏照片

图5-40是幼儿盘坐在小轱辘车上，尝试运用自己想出来的方法拉绳索

前进。

图 5-41 是幼儿进行拉绳索运子弹的比赛。

图 5-40

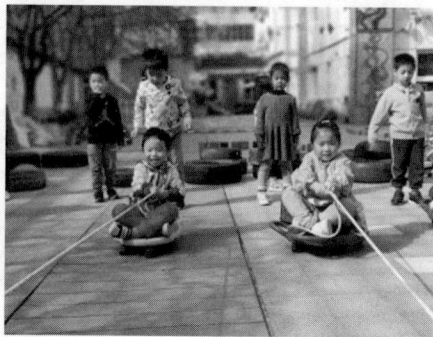

图 5-41

（北京市丰台区第一幼儿园　冯东霞）

游戏五　综合游戏：椅子乐翻天

游戏目标

1. 探索椅子组合的不同玩法，如利用椅子进行平衡、跳、跨、钻、爬等游戏。
2. 通过游戏挑战，提高身体动作的协调性和灵敏度。
3. 喜欢与同伴合作游戏，体验运动带来的快乐。

游戏准备

1. 椅子若干。
2. 小动物玩具、收纳筐。

游戏过程

1. 过小河：幼儿将两把椅子相对摆放，当作"小河"，摆出几组椅子"小河"。幼儿分为两组，开始比赛，看看哪组幼儿跨过小河用时最短，即哪组获胜。

2. 翻小山：幼儿将几把椅子挨着纵向摆放，椅背当作一座座"小山"。幼儿在椅子上面行走，跨过"小山"障碍。

3. 钻山洞：幼儿将两把椅子倒扣着搭成一个"山洞"，摆出几组椅子"山洞"。幼儿用匍匐爬的方式逐一爬过"山洞"。

4. 跳木头：幼儿将几把椅子侧倒，从椅背上跨跳过去。

5. 营救小动物：每组第一个幼儿从起点出发，钻过山洞，跳过木头，来到关押小动物的地方（收纳筐代替），营救一只小动物，然后翻过小山，跨过小河，回到起点，与第二个幼儿击掌。接着，第二名幼儿开始营救小动物。以此类推，直到所有小动物被营救回来，游戏结束。

游戏照片

图 5-42 是幼儿将两把椅子相对摆放，当作"小河"，逐一跨过"小河"。

图 5-43 是幼儿用匍匐爬的方式爬过两把椅子倒扣着搭成的一个个"山洞"。

图 5-42

图 5-43

（北京市丰台区第一幼儿园　刘燕博）

游戏六　躲闪：躲避炸弹

游戏目标

1. 愿意积极地参与户外体育游戏，知道锻炼身体的重要性。

2. 掌握单、双脚连续向前跳及躲闪跑的基本动作要领。

3. 遵守游戏规则，注意游戏安全，能够做到自我保护且不碰撞他人。

游戏准备

呼啦圈若干、篮球若干、口哨。

游戏过程

1. 幼儿根据活动场地及游戏材料，自行分为两组，组名分别为"挑战组"和"炸弹组"。幼儿将呼啦圈按照一单一双的规律组合、拼摆出"安全区"。

2. "炸弹组"幼儿两两一组，结成合作伙伴，分别坐在"雷区"两侧，一来、一往互推"炸弹"（篮球代替），自行控制并把握炸弹行进的方向和速度，以便增加或减少挑战者游戏的难度。该组幼儿所在区域为"危险区"。

3. "挑战组"组员可以先进行单人挑战，即逐一采用单、双脚交替向前跳的方式通过"安全区"，随即进入"危险区"。挑战者在行进过程中，若不慎被来往的"炸弹"碰到，则立即停止挑战，与推出"炸弹"的幼儿交换角色。挑战失误的幼儿随即成为"炸弹组"组员，和对面伙伴继续完成互推"炸弹"的游戏。

4. 幼儿在游戏过程中，可以商量是否将单人挑战赛升级为双人或多人挑战赛，并制订相应的游戏规则。

5. 两组组员均需按照规则进行游戏。教师扮作裁判。当裁判吹响口哨，表示游戏开始；游戏过程中，当哨声再次响起时，表示游戏暂停。

游戏照片

图 5-44 是"挑战组"幼儿利用单、双脚交替向前跳的方式通过"安全区"。

图 5-45 是"炸弹组"幼儿两两一组，在"危险区"来回推送"炸弹"。教师作为裁判，观察两组幼儿活动情况。

图 5-44　　　　　　　　　　　　　　图 5-45

（中共中央直属机关事务管理局实验幼儿园　王林萱）

游戏七 综合游戏：神奇的大口袋

游戏目标

1. 知道大口袋的特点，能在游戏情境中利用大口袋保护自己。
2. 尝试用大口袋玩跳和滚的游戏，增强身体动作的协调性和灵活性。
3. 体验大口袋游戏带来的乐趣，感受集体游戏的快乐。

游戏准备

1. 摆放材料：自制水瓶树道具。
2. 游戏材料：大口袋每人 1 个。
3. 角色材料：怪兽图卡 2 张、大灰狼头饰 1 个。
4. 投掷材料：沙包每人 4 个。

游戏过程

1. 幼儿扮作小袋鼠，站在大口袋里，拽着大口袋的边缘，用双脚跳的方式跳到树林里（自制水瓶树道具代替）玩。

2. 如果在树林里遇到大灰狼（教师戴上大灰狼头饰，扮作大灰狼），幼儿应钻进大口袋里藏起来，不发出声音，不让身体各部位露在大口袋的外面，即表示安全地躲过大灰狼。

3. 教师可以根据幼儿游戏情况，引导幼儿反复游戏两次。

4. 小袋鼠穿过了树林，躲避了大灰狼，大口袋变成护身服。在不远处，有两只大怪兽。幼儿要将自己的身体隐藏在大口袋中，不让任何人看见。每人取两个沙包，当作炸弹，装在护身服里。小袋鼠到达阵地后，脱下护身服，站在封锁线（即投掷线）后，将炸弹投向怪兽图卡。

5. 如果一轮游戏打不倒怪兽图卡，可以再重复游戏一次。直至将怪兽图卡打倒在地，取得胜利，游戏结束。

6. 教师引导幼儿感谢大口袋护身服保护自己的身体，鼓励幼儿为自己的胜利鼓掌、庆贺。

7. 作为奖励，幼儿将大口袋连接在一起，举过头顶，玩"舞龙"的游戏，活动自然结束。

游戏照片

图 5-46 是幼儿站在大口袋里，跳到树林里游戏的情境。

图 5‑47 是幼儿将大口袋连接在一起，举过头顶，玩"舞龙"的游戏。

图 5‑46

图 5‑47

（北京市西城区三教寺幼儿园　王　晨）

游戏八　民间游戏：跳绳

游戏目标

1. 掌握跳绳的基本方法，发展动作的协调性。
2. 体验跳绳活动的乐趣。

游戏准备

跳绳、长绳。

游戏过程

1. 单人双脚跳绳。幼儿两人一组，一个人跳绳，另一个人数数，然后交换角色，看一看谁跳得多。

2. 双人双脚跳绳。两人一根跳绳。两名幼儿面对面站好，一人负责摇绳，带着另一人一起双脚跳绳。

3. 幼儿自由结伴，2人、3人或者多人合作探索跳绳的玩法。长绳一根，两名幼儿分别握住长绳的两端，负责摇绳，其他幼儿2～3人一起跳或排队轮流单个跳。

4. 鼓励幼儿积极探索跳绳的多种玩法。

5. 引导幼儿交流合作玩跳绳游戏的方法。

游戏建议

班里定期举行跳绳比赛，可以制作统计表，统计幼儿1分钟跳绳的数量，激发幼儿跳绳的欲望。

游戏九　民间游戏：跳皮筋

游戏目标

1. 通过跳皮筋的游戏，增强腿部肌肉力量。
2. 大胆尝试多种跳皮筋的玩法。
3. 感受民间体育游戏的乐趣，体验合作游戏的快乐。

游戏准备

皮筋，儿歌《马莲花》。

游戏过程

1. 自由探索跳皮筋的玩法。

教师鼓励幼儿尝试单人和多人跳皮筋。

2. 分享玩法。

（1）3 人玩法。

3 名幼儿为一组，其中，两名幼儿撑住皮筋，一名幼儿跳皮筋。跳皮筋的幼儿双脚站在皮筋左侧，右腿迈入皮筋里，左脚跟上，右脚在左脚之后向皮筋外侧点一下。接着，右脚收回。左脚跳出，右脚跟着跳出皮筋。皮筋的高度逐渐升高，以增加游戏难度。幼儿可以边念儿歌边跳皮筋，跟随儿歌节奏跳皮筋。

（2）4 人玩法。

4 名幼儿为一组，其中，3 人把皮筋套在自己的小腿处，站成等边三角形，负责撑皮筋。一人在中间跳皮筋。跳的方法自选，可以先用右脚腕勾住三角形的一条边，然后左脚跟进去，接着，右脚跳出来，左脚跟着也跳出来，如此反复跳 3 次。一条边跳完后，小跑步到第二条边和第三条边跳，方法同前。幼儿按照顺时针方向沿着三角形的三条边跳皮筋，边跳边念儿歌《马莲花》。当念到"一百零一"时，结束跳皮筋的游戏，与 3 名撑皮筋的幼儿其中一人交换角色，换另一名幼儿，用同样的方法跳皮筋。

3. 幼儿游戏，教师指导。

（1）教师作为参与者，带领幼儿一起跳皮筋。在跳皮筋的过程中，提醒幼儿注意跟随儿歌的节奏跳皮筋。

（2）跳皮筋时，要按照一定的方向，顺着三角形的边跳。

游戏建议

教师根据幼儿跳皮筋的情况，鼓励幼儿创编皮筋的新玩法，逐步加大游戏难度。

附儿歌：

马 莲 花

马莲花，马莲花，马莲花开二十一，

二五六，二五七，二八二九三十一，

三五六，三五七，三八三九四十一，

四五六，四五七，四八四九五十一，

五五六，五五七，五八五九六十一，

六五六，六五七，六八六九七十一，

七五六，七五七，七八七九八十一，

八五六，八五七，八八八九九十一，

九五六，九五七，九八九九一百零一。

游戏十　民间游戏：舞龙

游戏目标

1. 学习舞龙的技巧与方法，能够听信号交替走或跑。

2. 体验民间舞龙游戏的乐趣，感受与同伴合作舞龙的快乐。

游戏准备

1. 事先在美工区与幼儿利用废旧物制作舞龙道具。

2. 制作好的舞龙道具5人一条、铃鼓。

3. 舞龙视频、摄像机、音乐《金蛇狂舞》。

游戏过程

1. 导入部分：引导幼儿观看舞龙视频，引起幼儿游戏兴趣。

引导幼儿关注舞动长龙道具时，人员是如何分工的、怎样做动作。

2. 基本部分：看指令做动作。

教师手拿铃鼓，扮演指挥角色。幼儿 5 人一组，为舞龙者。

（1）舞龙者应根据铃鼓节奏的快慢进行走、跑游戏，即鼓声快，幼儿跑；鼓声慢，幼儿走。

（2）舞龙者应根据铃鼓的方位做出相应的舞龙动作：铃鼓在左边摇晃，舞龙的幼儿向左倾斜；铃鼓在右边摇晃，舞龙的幼儿向右倾斜；铃鼓在头的上方摇晃，第一名幼儿将龙头高高举起；铃鼓在下方摇晃，幼儿就蹲着舞龙。

（3）幼儿自由分组，每 5 人为一组，尝试听指挥进行舞龙游戏。

（4）教师播放《金蛇狂舞》音乐，幼儿随音乐节奏看指挥，开展舞龙活动。配班教师在一旁用摄像机为每组幼儿录像。

3. 教师指导。

（1）引导幼儿集中注意力，根据铃鼓摇晃的方向舞龙。

（2）教师可以与幼儿交换角色，由幼儿做小指挥，教师做舞龙者，开展舞龙活动。

（3）引导全班幼儿连成一条长龙，随音乐开展舞龙活动。

4. 结束部分。

回班后，观看幼儿舞龙视频，找出配合最好的小组，以贴红花的方式进行奖励，引导其他幼儿向他们学习。

游戏建议

1. 幼儿熟悉舞龙和指挥的动作后，可以让幼儿互换舞龙与指挥角色进行游戏。

2. 教师在幼儿舞龙时，关注幼儿，确保幼儿游戏安全。

游戏十一　民间游戏：抖空竹

游戏目标

1. 掌握抖空竹的基本方法。

2. 知道抖空竹是我国传统的民间体育游戏，对民间体育游戏感兴趣。

游戏准备

空竹。

游戏过程

1. 幼儿分享已有游戏经验。

教师鼓励幼儿分享已有的游戏经验，并讲解抖空竹的动作要领。

2. 学习动作要领。

（1）幼儿能分清楚空竹轴旁护片的颜色，知道哪个颜色对着自己。

（2）右手用力向上抖空竹，左手辅助，将两根杆子的前端对齐，重复以上动作。

（3）人跟着空竹走，膝盖始终对着空竹。

（4）空竹哪边高，右手向哪边调节，让空竹保持平衡。

3. 幼儿向同伴学习抖空竹。

鼓励几名幼儿一起玩抖空竹的游戏，会玩的幼儿教一教不会的幼儿，体验游戏成功和分享经验的喜悦。

4. 幼儿展示抖空竹。

（1）教师引导幼儿分组游戏，并集中展示抖空竹。

（2）教师巡回指导，对操作有困难的幼儿进行耐心、细致的动作指导。

游戏建议

1. 组织抖空竹的展示或比赛活动，增强幼儿对抖空竹的兴趣。

2. 教师可以一对一地指导幼儿，也可以让不会的幼儿在"小师傅"（其他已经掌握抖空竹动作要领的幼儿）的带领下学习，体验向同伴学习的乐趣。

第六章 幼儿园户外体育活动——其他类型

户外体育活动的类型丰富多彩，除了日常教育、教学中涉及的集体活动和分散游戏，还有园所或者年级组发起的大型活动，如运动会、远足活动等。组织此类活动，需要教师提前思考和设计，包含方案、预案、安全措施、路线等，每一项都要认真研究和推敲，只有精益求精，才能做到万无一失，达成活动目标的同时，促进幼儿的发展。

第一节　主题运动会方案

主题运动会主要是指围绕一定的主题内容开展的运动会，运动会的服装、道具、项目等都围绕着主题内容，体现主题精神。常见的主题运动会有的和参加者相关联，如爸爸运动会、妈妈运动会或祖辈运动会；有的和幼儿喜欢的形象有关，如动物运动会、超人运动会；有的和社会热点或季节紧密结合的运动会，类似红色战士运动会、清凉一夏运动会、冰天雪地运动会；还有的和运动会举行的地点有关，如公园运动会、农场运动会等。

方案一：主题运动会"我和爸爸一起去打卡"

活动目标

1. 乐意和爸爸一起参加打卡活动，促进自己与爸爸之间的情感联系。
2. 在打卡过程中，能和爸爸默契配合，勇敢地挑战不同的游戏项目。
3. 能积极地与同伴分享亲子打卡的感受。

活动准备

1. 教师准备。

（1）经验准备：提前组织关于打卡游戏的谈话活动，记录幼儿想要与爸爸一起打卡的游戏内容，并组织投票，最终确定出 5 个打卡游戏内容；年级组安排好每个游戏内容的负责人，负责各个游戏区域材料的准备、玩法的介绍、游戏的组织等。

（2）材料准备：5 个游戏的玩法介绍海报及对应的器械准备；音响、话筒；印章；气球门（上面贴着"我和爸爸一起去打卡"的字样）。

2. 幼儿准备。

（1）经验准备：已参与关于打卡游戏的谈话活动，并通过投票选出 5 个打卡游戏内容，继而设计和布置游戏场地、绘制打卡路线图卡。

（2）物质准备：穿合适的衣服和舒适、轻便的鞋子；自备水壶；打卡路线图卡。

3. 其他准备。

家长穿适合运动的衣服和轻便的运动鞋；自备水壶。

活动过程

（一）交代打卡任务

1. 明确打卡活动路线。

2. 交代活动中的注意事项。

指导语：

（1）师：每个小朋友都提前绘制了打卡路线，快和你的爸爸分享一下，告诉他要先去哪里、再去哪里吧！

（2）师：打卡活动一共有 5 个盖章点，它们分别在什么地方？

（3）师：打卡活动中，我们要注意什么呢？

建议：鼓励幼儿积极发言，充分调动幼儿的已有经验。

设计意图：加深幼儿对打卡路线的印象，让幼儿明确活动中的注意事项，为活动安全及顺利开展进行铺垫。

（二）持路线图卡打卡游戏

1. 幼儿手持打卡路线图卡，根据路线参加相应的游戏。

参考游戏：

（1）我给爸爸穿鞋子。

玩法：幼儿根据爸爸鞋子的特征进行识记，随后将鞋子放入指定的圆圈内，教师将所有鞋子打乱。游戏开始，幼儿到圆圈内寻找爸爸的鞋子，并帮爸爸穿好鞋子，最先穿好的幼儿获得胜利。

（2）小脚踩大脚。

玩法：幼儿与爸爸面对面、手拉手，双脚踩在爸爸的脚面上。游戏开始，爸爸带着幼儿快速地从起点跑到终点，先到达者获胜。

（3）揪尾巴。

玩法：每个幼儿在屁股后面戴好一根"尾巴"。爸爸抱起幼儿。游戏开始后，幼儿在保护好自己尾巴的前提下去抓别人的尾巴。最终，在规定的时间内，抓到别人尾巴最多的幼儿获胜。

（4）两人三足。

玩法：爸爸与幼儿并排面向同一方向站立，将两人相邻的一条腿绑在一起。听到"游戏开始"的口令后，爸爸和幼儿一起快速地从起点走到终点，先到达者获胜。

（5）贴鼻子。

玩法：爸爸将眼睛蒙上，原地转 3 圈。随后，幼儿用语言指挥爸爸将动物的鼻子贴到准确的位置，即获得成功。

2. 每完成一个游戏项目，可以盖一个印章，最终完成 5 个盖章任务。

建议：请爸爸充分尊重幼儿的路线选择，完成打卡任务。爸爸在活动的过程中，应给予幼儿言语或者肢体动作的鼓励。

设计意图：帮助幼儿在多个游戏中与爸爸默契配合，勇敢地参与挑战，从而促进幼儿和爸爸之间的情感联系。

（三）分享打卡游戏感受

1. 幼儿交流打卡游戏中发生的趣事。

2. 幼儿分享玩亲子打卡游戏的感受。

指导语：

（1）师：你的图卡上盖了几个章？和同伴互相交换，看一看。

（2）师：你和爸爸一起玩打卡游戏，有什么感受？作为孩子的父亲，你和孩子一起玩打卡游戏，感觉怎么样？

建议：让幼儿和爸爸们集合后，互相分享感受，给予充分的时间进行情感交流。

设计意图：让幼儿与同伴分享、与教师分享、与家长分享，引导幼儿回忆与爸爸一起玩打卡游戏的感受，永远记住这份美好的回忆。

活动延伸

将本次打卡游戏的过程通过绘画、拍照、录像的方式记录下来，共同布置班级主题环境。将幼儿的美好回忆以照片、美术作品、视频的方式保存下来，并借助主题墙饰呈现出来，供幼儿随时观看与交流。

方案二：主题运动会"小动物运动会"

活动目标

1. 即使在冬季，也能不怕严寒，萌生积极锻炼身体的愿望。

2. 愿意参加集体组织的竞赛活动。

3. 提高走、跑、跳、投掷、平衡等各项运动能力。

活动准备

1. 经验准备：幼儿要提前了解游戏项目。

2. 物质准备：提前准备活动器材、辅助材料等，幼儿的动物服装、教师的动物服装每人一身。

3. 其他准备：安排负责照相的教师、播放音乐的教师，每个项目确定一名负责摆放器械的教师。

活动过程

（一）入场

幼儿和教师身穿动物服装，整齐地进入游戏场地。

（二）升旗仪式

升国旗，奏国歌。幼儿和教师行注目礼。

（三）幼儿体操表演

幼儿进行体操表演，包括徒手操、器械操。

（四）游戏项目

1. 小兔运萝卜（5人）。

材料：跨栏3个，呼啦圈5个，收纳筐2个（图6-1）。

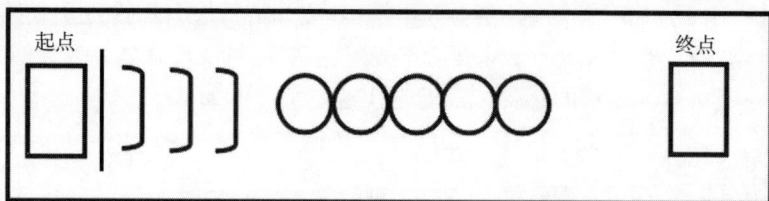

图6-1

玩法：幼儿在起点处站好，手拿一根自制萝卜道具，做好游戏准备。教师发出"开始"的口令后，幼儿跨过"小河"（跨栏代替），双脚跳连续跳过5个呼啦圈，把手里的萝卜放进收纳筐里，游戏结束。

2. 毛毛虫爬爬爬（6人）。

材料：动物拱形门2个，彩色宽拱形门2个，彩色垫子4块（图6-2）。

玩法：幼儿扮作毛毛虫，从起点出发，钻过拱形门，手膝着地爬过垫子，钻过山洞，到达终点，游戏结束。

图 6 - 2

3. 小熊去旅游（4 人）。

材料：小书包 4 个，小汽车 4 辆，贝壳 3 个，标志物 4 个（图 6 - 3）。

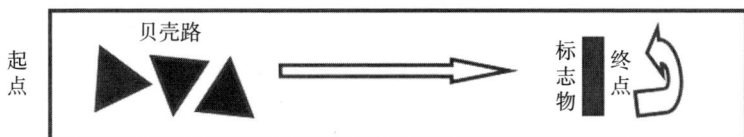

图 6 - 3

玩法：幼儿站在起点处，背好小书包。教师发出"开始"的口令后，幼儿走过一段高低不同的贝壳路，开着小汽车到达终点，绕过标志物后返回起点，游戏结束。

4. 小狗盖房（4 人）。

材料：手推车 4 个，彩色积木若干（包括桥形积木 4 块、圆柱体积木 8 块、三角形积木 4 块）（图 6 - 4）。

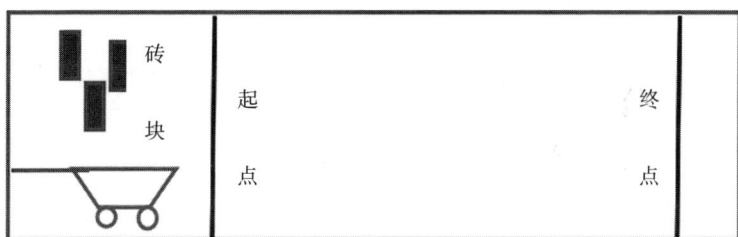

图 6 - 4

玩法：幼儿站在起点处，手握装着砖块（彩色积木代替）的手推车准备好。教师发出"开始"的口令后，幼儿将手推车从起点推到终点，将砖块放下，搭好高楼，再将推车推回起点，游戏结束。

5. 病毒大作战（5 人）。

材料：沙包 20 个、病毒形象的牌子 8 个、沙包筐 4 个（图 6 - 5）。

玩法：幼儿站在投掷线以外，听到教师发出"开始"的口令后，拿起沙包，向病毒形象的牌子进行投掷。直至所有的沙包投完后，游戏结束。

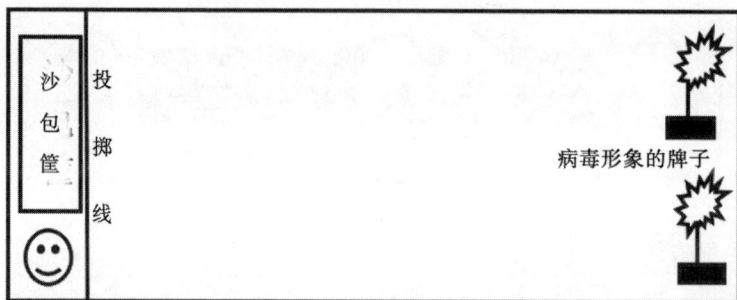

图 6-5

活动延伸

教师将幼儿开展运动会的过程图片或视频发在班级微信群里，让家长及时关注主题运动会的进展情况，对幼儿的表现及时给予肯定。

第二节　亲子运动会方案

亲子运动会是幼儿园常见的运动会形式之一，主要邀请父母或者祖辈来幼儿园参加运动会。亲子运动会的主要内容包括以下几个方面：

第一个是亲子热身运动。在亲子运动会正式开始之前，可以进行一个简单的开场或互动活动，帮助幼儿与家长明确运动会规则及项目，同时进行热身准备。热身互动的形式多样，可以是亲子热身操，如幼儿已经学过的体操、舞蹈或律动、简单的动作技能（拍球、跳绳）等；也可以是类似"小猴过桥"的集体游戏活动，两个家长一组，面对面地站立，双臂交叉，与旁边一组家长共同组成一条长长的"桥"，所有幼儿扮演"小猴"，依次从桥面上通过。最终，在大家的共同努力、合作中完成游戏任务。通过这样一系列的亲子热身活动让幼儿及家长的身体得到锻炼、身心得到放松，同时增进亲子感情，共同感受团体合作的力量及团体游戏带来的乐趣。

第二个是趣味游戏。根据各年龄段幼儿的年龄特点，可以将运动会中的活动内容设计成一个个趣味游戏，使幼儿和家长一起在玩中学、玩中做，在严格遵守游戏规则的前提下公平竞争，在欢乐的游戏中达到运动的目的。如根据3～4岁、4～5岁、5～6岁幼儿分别能单手将沙包向前投掷2米、4米、5米左右的能力与水平，可以设计不同难度的"投篮高手"游戏。家长背起幼儿，站在已经画好的圆圈边缘。游戏开始后，家长背着幼儿，分别走到圆心位置，拿起一个沙包，回到圆圈边缘，幼儿将手中的沙包投掷到相应距离（根据幼儿年龄阶段的不同，设置不同的投掷距离，2米、4米、5米）的篮球筐中，再次往返、拿包投掷。最终，在规定的游戏时间内，沙包投入篮球筐里个数最多的家庭获胜。在这个游戏中，重在锻炼幼儿的投掷能力，同时需要家长拥有足够的力量和耐力，加快脚步，背着幼儿，往返于圆圈中心与边缘，让幼儿与家长在游戏中共同锻炼，体验亲子运动的快乐。

第三个是亲子集体舞。亲子集体舞是家长和幼儿一起通过跳舞锻炼身体的活动。幼儿和家长一起伴随着音乐，通过四肢的协调与配合，有节奏地做出跳跃、高举、踢腿、伸臂等动作。亲子集体舞能够很好地锻炼幼儿身体的大肌肉群，增强幼儿体质。同时，也可以促进亲子之间的感情，让亲子关系更亲密。在亲子运动会中，所有幼儿可以按班级划分，每班幼儿一起跳一支简单的亲子集体舞，如《兔子舞》《幸福拍手歌》《找朋友》等。

总之，亲子运动会形式不一，重在幼儿和家长共同参与，一起爱上运动，感受运动的快乐。

方案一　小班亲子运动会"'跃'运动　'悦'健康"

活动目标

1. 通过游戏提高身体的协调性、灵活性及运动技能。
2. 感受游戏的乐趣，在游戏中增进亲子关系。
3. 能积极地参加比赛项目，并遵守游戏规则。

活动准备

1. 经验准备：在运动过程中，幼儿知道保护自己的方法。
2. 物质准备：国旗、椅子、幼儿身上贴上相应的标志、口哨、班牌、水壶。

活动流程

（一）主持人致辞

主持人致辞，宣布运动会开始。

（二）运动员入场

小小运动员穿着整齐的服装、喊着响亮的口号入场。

1. 各班口号由各班提前确定。
2. 家长和幼儿服装的颜色一致。

（三）升旗仪式

升国旗，奏国歌，家长、幼儿和教师行注目礼。

(四) 代表讲话

家长代表和幼儿代表讲话。

(五) 幼儿体操表演

幼儿跟随音乐做操, 动作有力, 表情到位。

(六) 运动项目。

1. 个人比赛项目 (表6-1)。

表6-1 个人比赛项目

序号	项目	规则	材料	场地设置	人员安排
1	袋鼠跳一跳	幼儿穿上跳袋, 在起点呼啦圈内等待。裁判宣布"开始"后, 幼儿提着袋子, 像袋鼠一样, 从起点出发, 跳向终点, 游戏结束 参赛人数: 8人/班	呼啦圈26个(起点和终点分别放置13个呼啦圈), 跳袋2个		由一名教师组织幼儿游戏; 另一名教师带领家长摆放材料
2	送小动物回家	幼儿先坐在小车内, 取出一个小动物玩具, 开着小车, 将小动物玩具运送到终点, 再将小车开回起点位置, 游戏结束 参赛人数: 8人/班	卡通小车2辆, 小动物玩具若干, 2个大筐		由一名教师组织幼儿游戏; 另一名教师带领家长摆放材料
3	小兔子运萝卜	幼儿扮作小兔, 站在起点处, 手拿一根萝卜, 做好准备。教师发出"开始"的口令后, 幼儿走过小桥(平衡木代替), 跑到呼啦圈前面, 再以双脚跳的方式跳过5个呼啦圈, 把手里的萝卜放进筐里, 游戏结束 参赛人数: 6人/班	平衡木2个, 呼啦圈10个, 2个大筐		由一名教师组织幼儿游戏; 另一名教师带领家长摆放材料

（续）

序号	项目	规则	材料	场地设置	人员安排
4	摘果子	裁判宣布"开始"后，幼儿跑着出发，来到大树（悬挂蔬菜、水果玩具的位置）前，准备摘果子（蔬菜、水果玩具代替），一次只能摘一个果子，把摘到的果子放进大筐里，换另一名幼儿游戏。以此类推，果子全部摘完，游戏结束 参赛人数：8人/班	宽胶条，仿真蔬菜、水果玩具若干，大筐		由一名教师组织幼儿游戏；另一名教师带领家长摆放材料
5	小熊运粮食	幼儿两人一组，准备比赛。裁判宣布"开始"后，幼儿手拿粮食（沙包代替），从起点出发，钻过拱形门，爬过彩虹垫，跨过小跨栏，"S"形绕过果冻墩，到达终点后，游戏结束 参赛人数：6人/班	拱形门4个，彩虹垫2块，跨栏4个，果冻墩6个，沙包6个		由一名教师组织幼儿游戏；另一名教师带领家长摆放材料

2. 亲子比赛项目（表6-2）。

表6-2　亲子比赛项目

序号	项目	规则	材料	场地设置	人员安排
1	疯狂赛车	幼儿坐在三轮车上，骑三轮车。家长踩在三轮车后面的横档上，与幼儿共同骑三轮车。家长与幼儿从起点出发，到达终点后，游戏结束 参赛人数：6人/班	三轮车6辆		由一名教师组织幼儿游戏；另一名教师带领家长摆放材料

（续）

序号	项目	规则	材料	场地设置	人员安排
2	摸石头过河	幼儿将鞋子脱下，放在呼啦圈里。家长把幼儿抱到对面的起始线处，等待游戏开始。听到裁判发出"开始"的口令后，家长抱着幼儿跑到椅子这里，让幼儿坐在椅子上，自己穿鞋子。幼儿穿好鞋子后，双脚跳过呼啦圈。家长将幼儿身后的呼啦圈摆到他的前面，依次用呼啦圈为幼儿铺路，直至回到起始线，换下一组家长和幼儿游戏 参赛人数：6人/班	椅子6把，呼啦圈12个	起始线	由一名教师组织幼儿游戏；另一名教师带领家长摆放材料
3	铺路人	全体家长面对面站成两队，右手握住左手的手腕，再握住对面人的手腕，铺成一条小路。幼儿从起点出发，在家长用手腕搭好的小路上爬行，到达终点，游戏结束 参赛人数：6人/班			由一名教师组织幼儿游戏；另一名教师组织家长搭建手腕小路

3. 家长游戏项目（表6-3）。

表6-3　家长游戏项目

序号	项目	规则	材料	场地设置	人员安排
1	拔河	每班选出10位家长，5男5女。各班之间进行拔河比赛。以红旗越过自己队伍的边线为胜利	拔河用的粗绳、红旗		由一名教师组织家长游戏；另一名教师带领本班其余家长及全体幼儿加油、助威

（续）

序号	项目	规则	材料	场地设置	人员安排
2	抢尾巴	家长在腰间挂上一条布尾巴，在保护自己的尾巴不被别人拽掉的情况下，在规定的时间内尽可能多地将对方队员的尾巴拽下。尾巴被抢走的家长下场休息 参赛人数：20人/班	布做的尾巴20条		由一名教师组织家长游戏；另一名教师带领其余家长及全体幼儿加油、助威

（七）颁奖仪式

为运动员颁奖，班级合影。

方案二　中班亲子运动会"春暖花开，运动快乐"

活动目标

1. 体验亲子运动的快乐，增进亲子之间的感情。
2. 在活动中培养自信、敢于大胆尝试、勇于竞争的品质。
3. 愿意参与体育运动项目，发展走、跑、跳、钻、爬等多种动作技能。

活动准备

1. 提前对幼儿和家长进行问卷调查，收集班级口号、班牌、手持物、亲子赛道设置等信息。
2. 幼儿根据体质测试内容，设置本班赛道。
3. 各班幼儿自主进行班牌、手持物等物品的装饰与制作。
4. 全体幼儿根据活动时间，进行天气预报查询。
5. 家长根据班级运动会的要求准备衣服、饰品、物品等。
6. 教师根据班级运动会的需求准备相关的运动器材。

活动流程

（一）入场

1. 小运动员入场：教师带领幼儿运动员入场。
2. 家长方阵入场：教师带领家长运动员分4队入场。
3. 全体运动员入场后，主持人发言，简短开场。

(二) 升国旗

升国旗、奏国歌。全体人员面向国旗，行注目礼。

(三) 代表讲话

家长代表讲话，小运动员代表讲话。

(四) 幼儿体操表演

1. 徒手操《谁比谁好》。幼儿拍手、踏步、找到做操的位置站好。幼儿向后转，面向家长进行体操表演。

2. 亲子操《天使》。家长拍手、踏步、找到做操的位置站好。家长站在幼儿左侧，幼儿向左转，幼儿与家长面对面地站好，进行亲子操表演。

(五) 运动项目

1. 个人项目"我是小勇士"。

材料：跳袋 1 个、锥形筒 4 个、铁圈 6 个、彩虹垫 3 块、拱形门 4 个 (图 6-6)。

图 6-6

游戏规则：幼儿从起点出发，套上跳袋，"S"形跳过锥形筒，脱下跳袋 (志愿者需将跳袋放回原点)，双脚跳过铁圈，以手膝着地爬的方式爬过彩虹垫，钻过拱形门，到达终点。

2. 个人项目"勇往直前"。

材料：平衡木 2 根、轮胎 9 个、钻筒 1 个、长条彩虹垫 3 块、跳跳虎玩具 1 个 (图 6-7)。

图 6-7

游戏规则：幼儿两臂侧平举，走过平衡木，手掌在垫子上支撑身体，双脚踩在轮胎上，横向爬过所有轮胎，钻过钻筒后，拿着跳跳虎玩具，以双脚跳的方式跳至终点。

3. 个人项目"极速赛车手"。

材料：平衡车 1 辆、锥形筒 4 个、呼啦圈 1 个、篮球 1 个、跨栏 3 个（图 6-8）。

图 6-8

游戏规则：幼儿骑平衡车"S"形绕过锥形筒，到达中间点，用呼啦圈套着篮球将其拉到跨栏前（志愿者需要将平衡车、呼啦圈和篮球放回中间点），助跑跨跳过跨栏至终点。

4. 亲子项目"疯狂轮胎"。

材料：轮胎 9 个（一个轮胎带有绳子）、担架 1 个、篮球 1 个、锥形筒 4 个（图 6-9）。

图 6-9

游戏规则：家长站在第二站轮胎"小车"前等待幼儿。幼儿从起点出发，将轮胎滚至家长面前，然后坐在轮胎"小车"上。家长将幼儿拉至轮胎桥前，背起幼儿，迈过轮胎桥，至担架前。两人一前一后，抬着担架，行走至终点。双向赛道，反向重复游戏即可。

5. 亲子项目"勇敢者挑战"。

材料：趾压板2块、装有20个沙包的篮球筐1个、垫子1块、空的篮球筐1个、绑带1条、锥形筒1个（图6-10）。

图6-10

游戏规则：家长脱下鞋子，踩在一块趾压板上。幼儿将另一块趾压板放在家长能跨越到的位置，如此轮流反复至锥形筒的位置。家长穿上鞋子，躺在垫子上。幼儿为家长拿起篮球筐里的一个沙包。家长需仰卧起坐，将沙包投入空筐里。沙包全部投放好后，家长拿起绑带，家长和幼儿以两人三足的方式走至终点。双向赛道，反向重复游戏动作即可。

6. 亲子项目"旋风快递员"。

材料：独轮车1辆、轮胎1个、玩具桶1个、锥形筒1个、沙包10个（图6-11）。

图6-11

游戏规则：幼儿坐在独轮车上，家长推着独轮车，从起点出发，到达轮胎前。家长跑到锥形筒的位置，拿起玩具桶，等待接沙包。幼儿将轮胎里的沙包一个一个地扔进家长手中的玩具桶内，然后，跑向家长。家长与幼儿跑回独轮车的位置。幼儿坐在独轮车上，家长将其推回起点。

（六）颁奖仪式

为运动员颁发奖状，班级合影。

方案三 大班亲子运动会"同心童趣，悦动春天"

活动目标

1. 在游戏中提高身体的协调性、灵活性及运动技能。
2. 感受游戏的乐趣，在游戏中，增进亲子关系，更好地进行家园共育。
3. 具有大胆、自信、勇于竞争的品质，提高抗挫折的能力。
4. 活动中，形成规则意识、竞争意识和团队合作意识。

活动准备

1. 对幼儿和家长进行问卷调查，收集可以利用的信息。
2. 幼儿调查幼儿园中可以利用的运动器械并统计。
3. 全体幼儿设计赛道，以班级为单位投票选出 2 个赛道。通过年级活动，最终选出 6 个赛道。
4. 幼儿收集需要的运动器材，摆出赛道，并制作赛道规则海报。

活动流程

（一）入场

1. 小运动员入场：前一个班级开始喊口号时，下一个班级开始入场。幼儿走完队列后，在操场的后半部分以密集队形站好。
2. 全体小朋友入场后，主持人简短开场。家长方阵开始入场。
3. 家长方阵入场：班长教师带领家长方阵入场，在固定的位置喊口号。走完队列后，在本班幼儿方阵后面站好。

（二）升国旗

全体人员面向国旗，升国旗，奏、唱国歌，行注目礼。

（三）致辞

园领导讲话、家长代表讲话、运动员代表讲话。

（四）幼儿体操表演

1. 武术操：幼儿面向家长，每人站在固定的圆点位置上，由班里的两位教师领操，幼儿进行武术操表演。
2. 亲子互动操：幼儿向后转，面向主席台。家长站在幼儿左侧。两人一组，做亲子互动操。

（五）运动员宣誓

所有教师站在本班幼儿队伍前领誓："我遵守比赛规则，为自己和同伴加油，友谊第一，比赛第二，做一个讲文明、懂礼貌的小运动员。"

（六）项目比赛

1. 个人项目"极速赛车手"。

材料：平衡车1辆、锥形筒4个、呼啦圈1个、篮球1个、跨栏4个。

游戏规则：幼儿骑平衡车从起点出发，"S"形绕过锥形筒，到达中间点，用呼啦圈赶着篮球至标记点，助跑跨跳过障碍至终点。反向重复以上动作。最先完成任务的队伍获胜。

2. 个人项目"钻钻乐"。

材料：拱形门4个、轮胎3个、钻筒1个。

游戏规则：本组第一个幼儿从起点出发，侧身钻过拱形门，竖起再推翻轮胎至钻筒前，钻过钻筒，跑至终点。换对面一组的第一个幼儿游戏，反向重复之前的动作。最终，最先完成游戏任务的队伍获胜。

3. 个人项目"勇敢小袋鼠"。

材料：呼啦圈2个、垫子1块、梯子1个、木板1块、高架条1个，乐高积木12块。

游戏规则：幼儿用两个呼啦圈摆在地上，双脚跳至最前面的呼啦圈，再将身后的呼啦圈移至身前，如此交替前进，至垫子前，爬过垫子、梯子，走过木板，跳下高架条，助跑跨跳过乐高积木障碍至终点。换对面一组的第一个幼儿游戏，反向重复之前的动作。最终，最先完成游戏任务的队伍获胜。

4. 亲子项目"大手牵小手"。

材料：平衡木1个、担架1个、篮球1个、梅花桩4根、小车1辆。

游戏规则：幼儿和家长骑小车到达中心点，抬担架运送篮球，走过平衡木、梅花桩，将担架和篮球交给对面的一组幼儿和家长。两人游戏，反向重复之前的动作。最终，最先完成游戏任务的队伍获胜。

5. 亲子项目"两人三足"。

材料：绑带4根、跨栏3个、趾压板4块、呼啦圈1个。

游戏规则：将家长和幼儿相邻的一条腿用绑带绑住，以两人三足的方式跨过跨栏，到达呼啦圈的位置。家长松开绑带，脱掉鞋子，幼儿帮助家长拿着鞋子。家长抱起幼儿，跑过趾压板，冲向终点。换对面一组家长和幼儿游戏，反向重复之前的动作。最终，最先完成游戏任务的队伍获胜。

6. 亲子项目"齐心协力"。

材料：独轮车1辆、彩虹车1辆。

游戏规则：幼儿坐在独轮车上，家长推着独轮车到达中间点。两个班的家长和幼儿共坐一辆彩虹车，共同行进至终点。换另一组家长和幼儿游戏，反向重复之前的动作，最先完成游戏任务的队伍获胜。

7. 家长项目"足球对对碰"。

材料：巨型充气足球1个，界限横幅1条（图6-12）。

图6-12

游戏规则：两个班的家长在各自区域内活动，互相传递巨型充气足球。游戏时长5分钟。双方以足球落地次数少者为胜。

8. 家长项目"拔河"。

材料：拔河用的粗绳、红线。

游戏规则：两队家长分别拉住粗绳的两头进行拔河比赛。将红线拉过自己队伍边线的队伍获胜。

（七）颁奖仪式

为运动员颁发奖状，班级合影。

第三节　户外远足活动方案

《指南》中指出："儿童的发展是一个整体，要注重领域之间、目标之间的相互渗透和整合。"远足活动是一项特别有意义的体育活动，应该和园内其他的教育活动相结合，使两者互为补充，如将远足活动与园内的社会认识教育、科学启蒙教育、爱国主义教育、环境教育、语言教育或者正在开展的主题活动等结合起来，使其成为综合的教育资源，充分发挥其教育价值，使幼儿在两种不同的学习环境中获得丰富的学习经验，不断提高自己的学习能力，实现全面发展。另外，还要保证远足活动的科学性，一方面，体现在其路程长短的确定上，教师应依据幼儿的年龄特点和体质做出科学的判断，不能盲目追求远足的距离，而忽视幼儿身体的承受能力；另一方面，对于个别体弱的幼儿，应该给予相应的特殊照顾，确保每个幼儿都能感受到远足活动的乐趣。

方案一　远足活动"农场真有趣"

活动目标

1. 通过亲子远足活动，开拓视野，亲近自然，感受生活，热爱生活。
2. 初步培养幼儿吃苦耐劳的精神，强化其集体意识和环保意识。
3. 丰富幼儿园有关动物的主题课程。

活动准备

带好书包，书包内装有适量的水、食物、垃圾袋；穿着轻便、舒适的服装；提前准备好远足任务卡片。

活动过程

(一) 远足地点说明

师：孩子们，你们去过农场吗？你们在农场里见过哪些动物呢？

师：今天，小朋友们要和爸爸、妈妈一起远足，前往有趣的农场。在那里，会见到很多小动物和农作物。你们可以和爸爸、妈妈一起用手机把它们拍照哦！

(二) 安全教育

1. 走路靠右走，一个跟着一个走。
2. 走路时，不要大声说话，不追逐，不打闹。
3. 遵守交通规则："红灯停，绿灯行。"

(三) 我的动物好朋友

1. 引导幼儿观察动物的外形特征。

重点提问：你在农场里找到了什么？猜猜任务卡上的花纹是哪个动物的。请你去农场找找它吧！

2. 幼儿根据任务卡上动物的局部特征找出相关的动物。

重点引导幼儿观察并比较动物的异同，如不同动物的耳朵、尾巴、叫声等。

（1）这是什么动物？它的耳朵长什么样子？

（2）它的叫声是怎样的？

（3）你喜欢它吗？说一说你的理由吧！

3. 学习儿歌：

在 农 场 里

猪儿在农场噜噜，猪儿在农场噜噜叫；

牛儿在农场哞哞，牛儿在农场哞哞叫；

鸭儿在农场嘎嘎，鸭儿在农场嘎嘎叫。

活动延伸

1. 请幼儿分享自己在农场拍摄的动物照片。

2. 幼儿与同伴、教师交流自己参观农场的感受。

方案二　远足活动"森林公园"

活动目标

1. 增强体质，初步养成坚韧不拔的意志品质。

2. 开拓视野，亲近大自然，感受大自然的美丽和神奇。

3. 在活动中，懂得合作、谦让和分享，增进亲子感情。

活动路线

从幼儿园大门口出发，前往森林公园。

活动准备

1. 统计各班参加活动的人数，提前上交签好的《安全协议书》。

2. 每个家庭自备一个垃圾袋。

3. 每个幼儿一张森林公园的平面图，教师提前标记好需要前往的地点。

4. 幼儿礼物每人一份。

5. 幼儿园一名保健医跟随，一起参与远足活动。

活动过程

1. 家长和幼儿在约定的时间到幼儿园大门口集合，并按照班级顺序排好队。

2. 教师清点人数，确保报名的幼儿和家长都在队伍中。

3. 分班级出发，前往森林公园。过程中，教师强调交通安全等注意事项。

4. 到达森林公园后，几名教师分别在标记的地点站好。

5. 家长带着幼儿按照森林公园平面图上的标记寻找相应的地点，并回答所在地点教师的问题，回答完毕后，可以得到勋章一枚。

6. 家长和幼儿去过所有的地点后，可以领取奖品，然后自由活动。

活动延伸

家长把和幼儿一起森林公园的场景照片发到班级微信群里，与大家分享。

第七章 幼儿园户外体育活动答疑解惑

在幼儿户外体育活动中，教师会遇到各种各样的问题，在不同的游戏中，面向不同的幼儿，指导策略也不尽相同。但是万变不离其宗，指导策略的关键在于教师要明确不同年龄段幼儿的不同动作发展标准是什么，根据幼儿的典型表现给予适时、适当的指导。只有指导到位，才能确保幼儿动作发展的有效性。当然，指导的前提一定是幼儿对活动感兴趣。

本章节列举了户外体育活动中经常出现的问题，通过"现象解读"和"指导策略"两部分的分析与阐述，让教师能够因材施教、因人施教，助力教师在户外体育活动方面专业能力的发展。

第一节　户外活动区域布置和材料投放

一、如何巧用材料引导幼儿一物多玩？

【现象解读】

一物多玩能够促进幼儿体育能力的发展，提升"玩"的价值，也有助于发展幼儿的有意注意力，激发其创造力和探索的积极性，还能促进幼儿身体正常发育和能力的发展，增强幼儿体质。目前，幼儿园对一物多玩的探索存在诸多问题。

第一，教师偏重一物多玩的结果，忽视过程中对幼儿的指导。教师考虑到一物多玩中幼儿的自主性，让幼儿自创游戏玩法，将主动权全部还给幼儿，却没有考虑到幼儿的个体差异，忽略了活动中教师指导的重要性，且能力弱的幼儿更需要教师的指导。

第二，教师活动设计缺乏趣味性。在一物多玩的活动中，教师没有设计任何趣味性导入环节，使幼儿缺乏参与活动、深入探究的兴趣。

第三，教师缺乏教学经验，不了解一物多玩的重要性，不太清楚在活动过程中如何进行指导。

【指导策略】

陈鹤琴指出："儿童的世界是儿童自己去探讨、去发现的，他自己所求来的知识才是真知识，他自己所发现的世界，才是他的真世界。"玩是幼儿的天性，他们对周围的事物表现出强烈的好奇心，喜欢利用多种感官尝试、体验身边不同的事物来满足自己的兴趣，并从中获得多种经验。那么，在体育活动中，教师在注重幼儿自身经验习得的同时，还应给予幼儿充分探索的机会，做幼儿活动的支持者、启发者和引导者。开展一物多玩的活动不仅可以提高幼儿玩的"境界"、调动幼儿参与活动的积极性、发展幼儿的想象力，也有利于培养幼儿利用资源创新的能力，更好地达到运动中开发幼儿智力的作用，让幼儿在释放天性的过程中，体验到玩的多种乐趣。那么，如何巧用材料引导幼儿进行一物多玩呢？

第一，借助材料特点开发新玩法。教师为幼儿提供的材料不需要多，而需要精。首先，教师要根据游戏材料的特征启发幼儿，可以有针对性地通过动作暗示、拼摆材料等行为激发幼儿的游戏兴趣，引导幼儿进一步开发材料的新玩法。例如，呼啦圈的玩法，可以利用其空心圆的特点进行动作上的提示和玩法上的创新，可以进行套圈游戏，套人、套物及远近距离的调整、游戏规则的创新等；可以进行拼摆组合，引导幼儿尝试单脚跳、双脚跳等不同难度的跳跃体验；也可以进行花样高空抛圈游戏，从抛接圈到抛圈躲避、到前后抛，不断变换抛的手法和方向等，锻炼幼儿技能的同时，提高幼儿的观察能力和躲闪能力。过程中，让幼儿创造多种玩法，提高幼儿游戏的兴趣，使幼儿变成自我激励者、自我学习者，发展幼儿多方面的能力。

第二，适度引导幼儿发挥想象力。在一物多玩的游戏中不难发现，幼儿有着非常丰富的想象力。教师在引导幼儿进行一物多玩的活动时，要注意观察幼儿的创新意识和动向，观察时要尽可能做到细致、敏锐，及时抓住幼儿教育契机，进行适当的引导和支持，通过以点带面的方式促进幼儿创新一物多玩的方法。例如，玩沙包游戏时，教师可以将某一幼儿发现的创新玩法通过自己的尝试与模仿引发其他幼儿的关注，这对创新玩法的幼儿来说也是一种激励和肯定；或者引导幼儿进行小组、集体比拼，看谁能想出更多沙包的玩法。教师应充分利用幼儿具有较强的好奇心与参与热情，鼓励幼儿积极、踊跃地思考。这样，不一会儿，幼儿就能想出更多的新玩法。例如，沙包可以高空抛接，也可以将沙包放在头顶上行走，发展身体的平衡能力，或者是投准游戏，与布偶玩具组合，创设游戏"愤怒的小鸟"，也可以双脚夹包向前跳，或者变换夹包的位置，增加游戏难度等。通过教师的引导，幼儿能够感受到游戏的趣味、多元，在活动中，也能发挥想象力，更加自主地进行游戏。

第三，巧用材料组合增加游戏的趣味性。日常游戏中，教师发现有些运动材料的功能和特点比较显性，容易限制幼儿的思维。针对这种情况，教师可以尝试引导幼儿将多种运动材料组合使用，拓展运动材料的多种功能。如常见的平衡木。日常游戏中，大多数幼儿在运动时只想到了在平衡木上行走，因此，这一材料的应用非常单一。其实，教师可以引导幼儿利用平衡木和其他材料及现有的场地组合，借此增加游戏的趣味性。如可以利用"S"形的塑料平衡器械，通过倒着摆放、组合摆放、正立摆放等方式为幼儿搭建形状、宽度、高度不同的"小桥"，有直直的"小桥"，有高矮不一的"小桥"，还有"S"形的"小桥"等。还可以在"小桥"上设置障碍物，如摆放一些有一定宽度、高度的毛绒玩具，让幼儿跨过去；还可以在"小桥"的中间架起高矮不一的拱形器械，让幼儿通过跨、钻等动作越过障碍，借此提高游戏难度。这些具有层次性的材料，为幼儿自主选择与积极探索创造了条件，让每个幼儿都能获得探索的乐趣和成功的体验。

总之，在实践活动中，开展一物多玩的活动时要引起幼儿对器材的兴趣，让幼儿愿意玩。教师不仅要多动脑筋，挖掘材料的多种玩法，而且要善于观察、引导幼儿积极地进行探索，体验一物多玩带来的乐趣，提升运动水平。

二、园所户外场地较小，如何有效地利用空间进行户外体育活动呢？

【现象解读】

幼儿园是幼儿在成长过程中重要的活动场所之一，幼儿园的场地也关系着幼儿多方面能力的发展。然而，目前，幼儿园的场地存在着许多问题，需要解决。

第一，部分幼儿园由于地理位置、配套设施有限，导致户外活动场地较小。

第二，部分幼儿园的场地布置过于单一，缺乏适宜的游戏和学习材料，这些都不利于幼儿的多元化发展。

第三，幼儿园大型户外设施陈旧，由于资金问题，园所无法及时更换大型户外设施。

【指导策略】

幼儿园户外活动场地的大小与规划是否合理等问题不仅影响幼儿户外体育活动的有效性，而且影响幼儿参与活动的积极性、主动性、专注性和持久性。科学规划场地是开展幼儿户外体育活动的前提条件，无论户外场地的空间有多大、无论场地被分成几个区，都要遵循科学、合理的原则进行具体规划。面对园所户外场地较小的现状，可以通过以下几种方法来改善：

第一，统一规划、合理布局幼儿园户外游戏区域，充分挖掘现有空间与材料，如设置集合功能区，将平衡区、钻爬区、攀爬区进行整合，形成一体化的综合区域；充分利用草地、树木，如可以在大树上系上麻绳、软梯等供幼儿攀爬的材料；将占地面积较大的大型玩具进行改造，变成供幼儿全面发展的多功能区。

第二，活动场地小，仅仅依靠现有的场地是不够的，可以充分挖掘户外场地的空间来组织幼儿锻炼。如利用墙壁、柱子等立体空间，开展攀爬和投掷等活动；借助几根柱子的间距开展跳皮筋、脚踢悬挂物等活动；用拉力器锻炼幼儿上肢；在屋檐下悬挂串铃，让幼儿用纸团成球投掷；利用低矮的花坛边沿，让幼儿玩平衡游戏……这样既可以分流幼儿，又可以空出较完整的场地，供幼儿开展其他活动。

第三，错开班级户外活动时间。合理安排小班、中班、大班幼儿户外活动的时间，让幼儿分批使用场地，让他们的活动空间变大，避免因场地受限影响锻炼，从而保证户外体育活动较好的开展。

三、如何在材料投放上体现层次性？

【现象解读】

部分幼儿园缺乏正确的活动材料投放原则与标准，产生了诸多问题。

第一，教师产生"活动材料都是玩具，不论是小班还是大班的幼儿，随便玩哪一样都是玩"的错误认知。

第二，教师完全漠视幼儿身心发展的变化，比如，小班和中班投放同样的玩具，幼儿在小班时已经玩过，升到中班后，接触到的还是原先的玩具。对于幼儿来说，缺乏新鲜感和探究欲。

第三，教师没有关注到幼儿的个体差异。在游戏中，往往只投放一种玩具，且对幼儿的游戏过程没有指导。

【指导策略】

在户外活动中，材料是幼儿活动的主要对象。因此，教师需要针对幼儿的年龄特点及实际需要、能力来投放适宜的材料，确保幼儿在相应的活动中能够对其产生兴趣，并且主动探究和运用材料，不断积累与活动相关的经验。幼儿在富有层次性的户外材料中进行活动，能够不断开动脑筋，积极思考，调动各种感官发现问题、研究问题等，提升自己的动手实践能力。因此，教师需要对户外活动材料的投放予以足够的重视，体现材料的丰富性和层次性，以满足不同幼儿的兴趣需求。下面，以幼儿园投掷活动为例详细说明：

第一，材料投放应满足幼儿动作发展的需要。在投掷区，教师为幼儿提供多种材料，如在纸箱上挖几个洞，箱子的洞有大有小、有高有低。幼儿通过摆放不同高度的箱子来挑战不同的投掷游戏难度，能积极、主动地根据自己的能力开展投掷活动，持续的时间较长。

第二，材料投放应满足幼儿一物多玩的需要。有些材料无法适合不同水平的幼儿进行活动，教师可以适当增加这些材料的数量。如投掷活动中的纸箱不仅可以投掷使用，还可以作为遮挡物等。

第三，材料投放应满足幼儿自主发展的需要。投放的纸箱、纸球等各种材料，其数量必须满足幼儿的游戏需要；材料投放的层次性和目标性、场地的设置、游戏规则的调整及每次游戏的推进，必须激发幼儿的运动兴趣，使幼儿获得多种运动经验。

第二节　幼儿动作发展

一、幼儿投掷时没有力量，投不准、投不远怎么办?

【现象解读】

幼儿在投掷运动中，经常会出现上肢没有力量，投掷时投不准、投不远的现象，主要原因如下：

第一，幼儿园投掷活动开展得较少，活动形式较为单一，幼儿的投掷能力未得到较好的锻炼，导致幼儿手部力量、上肢力量不足。

第二，幼儿没有掌握投掷动作要领。在投掷过程中，幼儿不会发力或发力的方式和方向不正确，导致投不准、投不远。

第三，教师在活动中指导得不到位，导致幼儿在投掷活动中逐渐失去信心，投掷时往往出现"敷衍了事"的现象。

【指导策略】

幼儿的身体按照正常的生长发育规律在发展，同时，也会受到外界因素的影响。在幼儿的成长过程中，家长往往只关注跑、跳等基本动作的培养，对上、下肢的运动能力关注得不够。在幼儿园里，教师不能忽视幼儿上肢力量的发展，应针对幼儿在投掷活动中出现的问题及原因给予相应的指导，同时，也要注重投掷活动的安全性、趣味性。

第一，组织形式多样的投掷活动，让幼儿在丰富多彩的活动中锻炼投准、投远的能力，增强上肢力量。可以通过比赛（如同伴、小组、集体）的形式激发幼儿的投掷兴趣；也可以在其他活动中渗透幼儿手部力量、上肢力量的活动，如搬运空纸箱、抛接大球、同伴合作运东西等。

第二，在幼儿进行投掷活动时，教师可以利用游戏化的语言对投掷的动作要领进行解读，让幼儿了解发力的方法及方向。如指导幼儿学习"肩上挥臂快速投掷"的基本动作时，可以引入幼儿感兴趣的"解放军战士"这一角色："你们见过解放军战士扔手榴弹吗？要举起手榴弹，向后放在肩膀的位置，使劲儿、快速地扔出去，看看哪个'解放军'投弹投得又远又准。"

第三，在指导过程中要注重幼儿个体差异，活动内容符合幼儿的能力发展水平。投掷游戏的设计要符合幼儿的具体年龄和能力发展水平，通过设计不同难度的游戏来满足不同年龄段幼儿的发展需求；针对同一年龄段幼儿所进行的投掷游戏也可以设计不同的难度，或者在游戏中设置不同的角色，幼儿通过承担不同难度的游戏任务来满足自己的发展需要。

第四，注重投掷活动的安全性。在投掷材料的选择上应注意安全性。教师为幼儿提供有一定重量的投掷物，如纸球、沙包、塑料瓶、软飞盘、流星球等，不要选择铁球、石头等危险的投掷物，投掷物的重量要根据投掷距离进行选择；投掷场地设置包括投掷线、投掷靶、危险标志牌等，当幼儿投掷物品时，教师要在场地内悬挂危险标志牌，引导幼儿理解危险标志牌的作用，知道投掷时不可跑进投掷场地。

第五，注重投掷活动的趣味性。活动内容注重贴近幼儿生活和兴趣，在设计投掷游戏的过程中要注意把握幼儿的年龄特点和兴趣，了解目前幼儿喜爱的素材，可以运用到投掷活动设计中去。如当班里幼儿对"奥特曼"特别感兴趣时，教师可以借助这一卡通人物设计"奥特曼打怪兽"的投掷活动。

二、如何让大班幼儿喜欢跳绳，增加连续跳绳的数量呢？

【现象解读】

跳绳是一项综合性体育运动。幼儿在大班阶段已经初步具备一些能力，此时开展跳绳运动能提高幼儿身体的控制能力，促进幼儿手、脚等部位协调运动的发展，有效地锻炼幼儿操控器械的能力，提高幼儿的心肺功能及耐力。同时，跳绳的形式和花样很多，能发展幼儿运动创意能力。但经过实践，教师发现大班幼儿跳绳，会出现与其应该具备的能力不符的现象，部分幼儿对跳绳不感兴趣或者不会连续跳绳。在跳绳过程中，幼儿常常出现以下几种情况：

第一，跳绳选择不当。跳绳材质过软、过轻、长度不合适等，都会造成跳绳不易操作、控制，增加幼儿跳绳的难度。

第二，摇绳动作不规范。如幼儿摇绳时，大臂上举过高，靠挥动大臂带动绳子，或者手臂打开的角度过大，绳子无法着地等。

第三，跳跃动作不佳。幼儿跳绳时，出现跳跃动作不连贯、过度屈膝、起跳过高、落地不稳等现象。

第四，手脚动作不协调，双脚跳过绳子的时机把握得不好。

第五，部分运动能力不佳的幼儿有畏难情绪，不愿意参与跳绳活动。

【指导策略】

《纲要》中指出："培养幼儿对体育的活动兴趣是幼儿园体育的一个重要目标，要组织生动活泼、趣味性强的各种体育活动，吸引幼儿主动参与。"因此，教师在指导幼儿学习跳绳的过程中，应该让他们在跳绳中尽情地享受、玩乐，提高他们对跳绳的兴趣。同时，教师应多次观察并了解当前本班幼儿已有的跳绳经验，正确评估幼儿跳绳的能力与水平；在实践中，关注幼儿个体运动能力发展的差异性。

第一，整体示范，调动兴趣。兴趣是人对事物的特殊认识和倾向，对幼儿有意识、积极地参与跳绳活动具有决定性的意义。例如，有些幼儿在开始学习跳绳的时候，缺乏耐心和方法，总觉得自己跳不好，往往没跳多长时间，就把绳子扔在地上了。其实，幼儿缺乏的是对跳绳的兴趣。为了激发幼儿对跳绳活动的兴趣，教师可以积极地鼓励幼儿自己尝试跳绳，然后，请班里已经会跳绳的幼儿进行动作示范，引导其他幼儿观察：他跳绳的时候，绳子是怎么摇的？脚是怎么跳的？自己需要注意哪些问题？让幼儿对跳绳有一个初步的了解。

第二，分解动作，分步讲解，循序渐进。跳绳是一项全面的身体运动，因此，教师应该先给幼儿做动作示范，分解手和脚的动作，讲解跳绳动作的要领。从徒手听节奏跳，到按节奏模仿跳绳动作，再到单手拿绳跳绳、双手拿绳跳绳，一步一步地进行。

1. 徒手听节奏跳。

教师先讲清楚跳绳时的动作要领：髋、膝、踝关节充分压紧，最大限度地降低关节的伸展程度，缩短缓冲的时间。然后，让幼儿一边拍着节奏"一、二"，一边随着节奏徒手跳绳。

2. 按节奏模仿跳绳动作。

幼儿两手空空，按照熟悉的节奏，手脚模仿跳绳的动作。教师进行上肢动作技术要领讲解：大臂夹紧，小臂微屈，摇绳时，用小臂和手腕的力量转动摇绳。过程中，幼儿容易出现的问题有：大臂伸出，增加了阻力臂；卷绕绳子时，需要很大的力度，且动作不稳定，容易使绳子掉落。针对这些问题，教师可以让幼儿在腋下夹上手帕。此时，幼儿需要随时注意夹紧大臂，能起到纠正错误动作的目的。

3. 单手拿绳，空摇、空跳绳。

幼儿先用双手握住绳子，两臂自然弯曲，上臂与前臂的角度为120°，左、右手交替握住绳子的两端，要求绳子在双脚跳跃时落下，按照正常的节奏模仿跳绳动作。

4. 双手拿绳，实际跳绳。

教师要求幼儿的头部动作必须规范化，头部动作在跳绳过程中起到稳定身体的作用。正确的头部动作是：头微低，目视正前下方，这样，才能有效地控制好身体平衡。只有身体平衡了，跳绳的动作才能稳定，不容易出错，才能跳得快。

第三，个别指导，规范动作。对于能力差、协调性差的幼儿，应尽量减少跳绳的难度，以免他们对自己失去信心；对于那些跳绳能力较强的幼儿，要简化跳绳步骤、增加游戏难度，激发他们挑战自己的欲望。

教师主要以鼓励和欣赏幼儿为主，对幼儿在跳绳活动中的技能和技巧进行适当的点评，启发幼儿选择最适合自己的跳绳方法。教师应找出每个幼儿存在的问题，然后，在一旁不断地提醒并鼓励幼儿多次尝试，及时解决幼儿跳绳中的问题。

三、怎么判断幼儿户外体育活动运动量达标了？

【现象解读】

幼儿运动应符合其身心发育特点，以愉快的游戏为主，在保证活动时间和活动强度的前提下，以发展基本动作机能为核心目标，兼顾快速发展身体素质。但在幼儿园户外体育活动中，很多幼儿的运动量并没有达标，原因如下：

第一，教师过于注重发展幼儿的基本动作技能，忽略了幼儿在活动中的运动量。

第二，教师在组织幼儿进行户外体育活动时内容不合理，导致幼儿运动强度过大或过小。

第三，教师在户外体育活动时未关注到个别幼儿的运动量，导致有的幼儿运动过量，有的幼儿未达到运动量。

第四，教师不了解各年龄段幼儿应达到的运动量，导致设计活动时没有考虑活动的难度、强度。

第五，个别幼儿在户外体育活动时提不起兴趣或有"偷懒"现象。

【指导策略】

运动量指人体在身体运动中所能完成的生理负荷，由强度、密度、时间、数量及运动项目的特点等因素构成。如果运动量过小，运动对身体刺激会相应减弱，从而失去增强体质的作用，达不到锻炼的目的；运动量过大，运动对身体刺激会很强，超越了幼儿身体所能承受的限度，就会损害幼儿的机体健康。因此，在体育活动的过程中，教师应该合理地控制幼儿的运动量。

第一，结合《指南》和《学龄前儿童（3～6岁）运动指南》，根据幼儿年龄差异确定合理的运动量。在幼儿园户外体育活动中，小班的活动时间一般控制在15～20分钟，中班为20～25分钟，大班为25～30分钟。

第二，在户外体育活动中，教师应关注幼儿的整体表现。如活动中幼儿表现为精神振奋、情绪愉快、皮肤出汗，一般认为运动量比较合适。

第三，每个教师都应掌握对幼儿运动量是否合适的判断方法。在幼儿户外体育活动中，活动的强度为每分钟平均心率130～160次。如果达不到或超过此心率范围值时，教师应灵活调节幼儿的运动量。

第四，在确定幼儿户外体育活动的运动量是否适宜时，还要考虑天气、季节等客观条件的影响。一般秋、冬季气温较低时，活动量可以适当增大；夏季气温较高，活动量大容易让幼儿身体疲劳，甚至发生中暑，应该适当减少幼儿的运动量。

第五，设计户外体育活动时，目标应合理，循序渐进。教师应避免过早地要求幼儿完成超出其能力的运动，否则幼儿的基本动作技能不仅不会发展得更快，反而有可能让幼儿产生挫折感。同时，应避免在学龄前阶段过早地进行专项化训练，这种早期训练可能对成长中的幼儿造成身心压力，使他们过早的"精疲力竭"，并且增加运动损伤的风险；游戏材料的丰富性也会影响幼儿参与活动的兴趣，教师为幼儿提供的可选择游戏器械的种类要具有多样性，同一品种的器械数量要充足，能够满足幼儿自由选择的需要。

第六，组织户外体育活动时，应有计划、有层次地进行，根据幼儿的个体差异设置不同强度、不同密度的运动环节。不同年龄段的幼儿、同一年龄段的不同幼儿在体质、运动能力等方面的发展均表现出一定的差异性。教师应注意体育活动的层次性，安排具有不同难易程度、不同运动负荷的体育活动内容，以适合不同体质、不同运动能力的幼儿。在提高游戏难度的环节，不强求所有幼儿做到。例如，教师应关注班里的肥胖儿和体弱儿，根据他们的实际水平增加或减少游戏难度、运动负荷，从而保证班里所有幼儿的运动量都能达标。

第三节　教师组织活动的方式与方法

一、小班幼儿做早操时东张西望，不跟随教师做操怎么办?

【现象解读】

早上小班的幼儿来到幼儿园，在操场上跟随教师做早操的时候，会出现三心二意、东张西望的情况，主要原因如下：

第一，幼儿对早操内容不熟悉，虽然有可能做过一段时间的早操，但是并不是每个幼儿每天都参与。因此，有些幼儿对体操不太熟悉。

第二，早操内容缺乏与幼儿的互动，游戏化不足。小班幼儿积极参与体育活动最主要的动力是有趣、好玩，能够吸引其注意力。如果仅仅是肢体运动，幼儿会觉得无趣。

第三，教师的感染力不强，与幼儿肢体的互动少。小班幼儿处于直觉行动思维，就是在动一动、摸一摸、亲一亲、抱一抱中进行活动。如果仅仅站在原地做操，幼儿容易转移注意力。

第四，个别幼儿会出现分离焦虑。初入园时，小班幼儿往往处于分离焦虑期，但是到了小班下学期，有些幼儿情绪依旧容易受到影响，刚入园十几分钟内，幼儿的情绪还是有些低落。

【指导策略】

3～4岁小班幼儿有意注意的时间短，注意力容易转移，这是小班幼儿的年龄特点，而不是缺点。为了让幼儿积极参与早操活动，需要教师利用语言、情境、材料等吸引幼儿的注意力，让其跟随教师进行活动。

第一，利用好玩的游戏吸引幼儿。在做早操时，增加跑、拥抱、寻找、躲避等有趣的互动形式，将早操和游戏相结合，让幼儿感觉早操好玩、有趣。

第二，利用变化的情境吸引幼儿。每一节早操都可以对应一些情境元素，教师应增加其变化性。其一，队形的变化，例如，有的体操可以全体幼儿围成一个圆圈做操，有的体操可以原地做操，有的体操可以面对面地做操；其二，教师形象的变化，教师可以穿卡通形象的衣服，或者戴上有趣的帽子、发卡，变成小兔子或者花仙子，有趣的情境会吸引幼儿的注意力，延长幼儿有意注意的时间。

第三，利用声音吸引幼儿。早操的元素中可以增加一些幼儿喜欢的声音，例如，鸟叫声、风声、雷声、笑声等。当幼儿听到这些声音时，教师只要做出有趣的动作，相信每个幼儿都会被吸引。

第四，利用玩具吸引幼儿。教师手中可以拿着魔法棒或者幼儿认知度较高的玩具。在做操的过程中，教师根据幼儿注意力分配的情况及时晃动道具，以便把幼儿的注意力再次转移到做操上。

第五，利用语言吸引幼儿。教师带领幼儿做操时，除了用口号来提示幼儿做动作，类似"一起跳""拍四下"等，还需要增加点评个别幼儿或与小组幼儿互动的简短语句，例如，"豆豆踢得高""二组真整齐""听听谁的口号最响亮"等，能让早操运动激情满满。

第六，利用模仿动作吸引幼儿。根据歌词内容，变换相应的动作。例如，有"大灰狼"的歌词时，领操的教师可以做出"大灰狼"的动作，去抓幼儿，幼儿便可跑到相对固定的位置。

第七，选择适宜的音乐吸引幼儿。作为早操的音乐应该节奏感十足、旋律动听、歌词内容鲜明，让人听了之后，产生想要参与、想要动起来的冲动。

二、在开展户外体育集体活动时，如何减少幼儿消极等待的时间？

【现象解读】

在户外体育集体活动中，由于场地、人力、材料等因素的限制，很容易出现幼儿消极等待时间较长的问题。这不仅浪费时间，也降低了幼儿参与活动的积极性，活动的质量也大打折扣。产生这一现象的主要原因如下：

第一，幼儿常规较差，在进行户外体育集体活动时，因为幼儿不遵守纪律或游戏规则，教师往往需要停下来，整顿幼儿的秩序，产生了绝大多数幼儿消极等待的现象。

第二，教师组织活动时形式较为单一。活动中，教师经常要求所有幼儿进行接力、折返，且每次参与游戏的人数很少，就会出现大部分幼儿消极等待的现象。

第三，运动空间及材料不足。由于运动空间有限、教具数量不足，幼儿被迫消极等待游戏。

第四，班里 3 位教师分工不合理，不能及时观察到每个幼儿的游戏情况。

【指导策略】

开展户外体育集体活动时，幼儿消极等待的时间过长，导致幼儿玩闹、聊天、无所事事等现象的发生。在教学实践中，教师们都深有体会。因此，在开展幼儿园户外体育集体活动时，应该减少幼儿消极等待的时间。

第一，教师应充分做好活动前的准备工作。教师作为活动的组织与实施者，应该对活动进行精心的设计，提前预演在活动中可能出现等待的环节，并合理安排相关内容，解决这一问题。

第二，在活动中，教师将活动开展的具体形式熟记于心，并以多种形式开展活动。在进行分组竞赛、分散游戏时，注意每组的人数，以每组 3～5 人较为适宜。

第三，教师应提前合理安排和布置好活动场地，保证幼儿有足够的空间进行活动。教师应投放符合幼儿年龄特点的材料，并根据幼儿人数和活动安排提供数量充足的材料。

第四，重视日常良好常规的建立，减少由于整顿幼儿课堂秩序产生的幼儿等待现象。教师在组织活动时，也应该提前对幼儿讲清楚活动规则，让幼儿了解并遵守规则。

第五，在班级人数过多或教师数量不足时，可以采用分组活动的模式。将全班幼儿分为两组，每组幼儿在集体活动中再分为若干个小组进行活动，这样幼儿等待的时间就会减少。

第六，教师分工是活动开展的关键。活动中，3 位教师要合理分工，注意观察全体幼儿的游戏情况，及时鼓励个别幼儿积极参与活动。

三、分散游戏中，教师如何有效地指导个别幼儿？

【现象解读】

户外分散游戏是幼儿实现充分自主的一个重要环节。在这个环节中，幼儿能够根据自己的兴趣和需要，自由选择同伴和材料、自主探索材料的游戏方法、大胆地自由表现，十分有利于幼儿主动性、独立性与积极性的发挥。同样，这个环节也是教师开展个性化指导的最佳途径。但在实施的过程中，往往会呈现出另外一番景象。

第一，有的教师认为分散游戏就是幼儿自发游戏，教师不需要指导，在活动中多处于巡视、看护状态，不能有效地开展个性化指导。

第二，分散游戏中，教师由于担心幼儿安全或担心幼儿做不到某些事情而频繁指导。这种"担忧过多、不敢放手"的做法，对幼儿来说不是指导，而是干扰。

第三，玩具材料种类、数量不够丰富，或因玩具材料更新不够及时，没有追随幼儿兴趣，导致部分幼儿不能按照兴趣需要选择自己喜欢的玩具材料，进而对活动缺乏兴趣，活动效果大打折扣。

第四，教师对于分散游戏所蕴含的教育价值认识不清，教育活动设计不足，没有对场地安排及内容设计进行合理规划，没有针对幼儿的原有经验与兴趣水平提出具有挑战性的任务，不能引发幼儿主动探究的兴趣。

【指导策略】

第一，教师要转变观念。明确分散游戏首先是以幼儿为主体的游戏，是在教师提供场地和材料的基础上幼儿自发形成的游戏。教师并不是在一旁休息即可，而是要认真观察幼儿的游戏状态，了解幼儿喜欢玩什么、都会怎么玩、还需要什么……

第二，教师要学会"放手"。这里所说的放手不是教师在游戏中袖手旁观，而是要根据幼儿的兴趣、需要及时地补充、丰富、调整材料，为幼儿提供自主游戏的环境。如在分散游戏时，设置不同的运动区域，幼儿可以自选运动区域游戏。运动区域的材料要针对幼儿动作的发展与兴趣进行动态调整，将具体设置的权利交给幼儿，让他们自己安排用什么材料、怎样连接、规则是什么、需要注意什么。教师在此过程中要做的就是支持幼儿实现自己的想法，而不是包办、代替。

第三，3位教师要合理分工，保证至少有一名教师的站位能关注到所有幼儿，其余教师重点进行个别观察与指导。

1. 只有通过观察，教师才能了解幼儿当下的游戏水平和状况，才能在看清前因后果的基础上再进行指导。需要注意的是，教师要将整体观察和个别观察相结合，在把握全班幼儿游戏状态的基础上，有选择性地进行个别观察。

2. 教师在观察、了解幼儿现有经验与兴趣需要的基础上，以游戏者的身份提出挑战性的任务，根据每个幼儿的特点把握好介入的时机与互动的节奏，要根据不同幼儿的实际情况去思考：他们究竟需不需要指导？需要什么样儿的指导？需要注意的是，在保证安全的前提下，可以让幼儿适度尝试错误的做法，鼓励幼儿在总结经验的基础上探索解决问题的方法，支持幼儿在游戏中获得独特的体验，引导幼儿不断挖掘自身的潜力，获得多方面能力的发展。

3. 教师要抓住游戏后的分享环节，有计划地请幼儿分享与交流自己在游戏中的感受与想法，在帮助幼儿积累游戏经验的过程中，引导幼儿设计并规划接下来的游戏内容与形式，为后续有效的个性化指导奠定基础。

四、分组进行体育比赛时，队伍后面的秩序总是很混乱，怎么办？

【现象解读】

在体育活动中，教师经常组织幼儿进行分组比赛。但是，在比赛过程中，队伍后面的秩序总是很混乱，这是什么原因造成的呢？

第一，幼儿对比赛内容缺乏兴趣。兴趣是最好的老师，会给幼儿带来无限发展的动力。可是，当比赛内容不能引起幼儿的兴趣时，他们的注意力就会被旁边的人、事、物所吸引，从而"脱离"队伍。

第二，个别幼儿自律性不足。幼儿存在个体差异，个别幼儿自律性不足、规则意识薄弱，在比赛过程中，难以约束自己的行为，从而出现离开队伍的情形。

第三，比赛本身需要幼儿等待的时间较长。当教师设置的比赛内容需要幼儿花费较长时间去完成时，排队的幼儿需要等待的时间就会变长。幼儿天生活泼、好动，出现"队伍后面秩序混乱"的情况便成了一种较为常见的现象。

第四，教师带动幼儿参与活动的能力不足，气氛烘托不到位。幼儿保持参与游戏的兴趣需要教师的积极调动。当比赛氛围不浓厚时，幼儿的注意力也容易分散。

第五，教师欠缺组织幼儿排队的方法。幼儿自我控制能力较弱，要一直在队伍中积极参与比赛，需要教师维持秩序和积极引导。如果教师缺乏相应的技能、技巧，幼儿就会出现"不听话"或者"听不懂"的现象，队伍也会随着比赛的进行越来越混乱。

【指导策略】

活泼、好动是幼儿的天性，是幼儿期幼儿个体性格最明显的特征之一。注意力持续时间有限是幼儿的年龄特点，也是所有幼儿的共性。综合以上两点，幼儿在比赛中不能很好地保持队伍的整齐是很正常的现象，教师可以通过多种方式来鼓励和引导幼儿。

第一，注意比赛内容的适宜性、趣味性。在组织幼儿分组进行体育比赛时，单个幼儿完成比赛的时间不能太长，且保证比赛内容能够引起幼儿的兴趣，这样幼儿就能多一点儿耐心、多一点儿注意力在比赛上，积极排好队，完成比赛。

第二，利用声音、语言、肢体动作等烘托比赛氛围。教师通过声音的高低起伏、有趣而幽默的语言、夸张的肢体动作等带动幼儿，让幼儿全身心地投入比赛，并为此排好队、随时准备出发。

第三，借助儿歌。朗朗上口的儿歌对于维持队伍纪律有着积极的作用，如儿歌《排排队》："你在前，我在后，一个跟着一个排，整整齐齐来参赛。"

第四，发挥环境的教育作用。教师可以在比赛场地的地面上贴好标志，直观而形象的标记图能对幼儿起到良好的暗示作用。

第五，发挥同伴的榜样作用。教师对班里排好队参与比赛的幼儿进行积极的评价和鼓励，幼儿有了学习的榜样，就会清楚地知道自己该怎么做，从而达到"润物细无声"的效果。

第四节　其他类型的问题

一、冬季天气较冷，哪些运动项目比较适合幼儿呢？

【现象解读】

幼儿在冬季坚持户外游戏和锻炼，不仅能锻炼身体、增强体质，而且还能磨炼自己不怕严寒的坚强意志，提高身体的抗寒能力，防止各种疾病的发生。俗话说："冬天动一动，少闹一场病；冬天懒一懒，多喝药一碗。"由此可见，幼儿在冬季参加户外体育游戏的重要性。然而，很多教师会在"开展什么样儿的冬季户外体育游戏"以及"有哪些运动项目更适合冬季幼儿运动"上犯难，究其原因，可能有以下几种情况：

第一，教师自身对冬季锻炼的意识不强，觉得冬季比较寒冷，自身不喜欢进行冬季户外运动。

第二，教师对冬季游戏的认识比较单一，觉得冬季户外运动除了跑步以外，就没有什么能够增加身体热量的运动了。

第三，教师对幼儿年龄特点及应达到的运动量把握不准，不能为幼儿提供与其年龄水平相符的运动内容。

【指导策略】

《指南》中对幼儿的健康发展提出了相应的教育建议："保证幼儿的户外活动时间，提高幼儿适应季节变化的能力。""经常与幼儿玩拉手转圈、秋千、转椅等游戏活动，让幼儿适应轻微的摆动、颠簸、旋转，促进其平衡机能的发展。""锻炼幼儿适应生活环境变化的能力。"据此，我们可以从以下几个方面进行思考和调整：

第一，教师要以积极的状态投入冬季运动中。教师是幼儿的榜样，教师爱运动，幼儿也会积极地参与进来。当教师表现出对一个事物感兴趣时，幼儿才会愿意投入更多的精力去探索和尝试。

第二，根据当地实际气候情况，灵活地开展户外体育游戏。《指南》中指出："幼儿每天的户外活动时间一般不少于两小时，其中体育活动时间不少于1小时，季节交替时要坚持。"气温过冷或过热的季节应因地制宜，选择适当的时间段开展户外体育活动。例如，在冬季，可以将户外体育活动的时间调整到上午10：00—11：00和下午2：30—3：30，选择气温相对比较温暖的时段。

第三，以幼儿身体素质为切入点，有目的、有计划地开展适合幼儿的体育游戏。教师不要拘泥于一个或几个游戏，可以根据自己的特长、幼儿的喜好、幼儿园室内外器材丰富和多样的游戏内容与形式等，设计更多适合幼儿运动的体育游戏。例如，利用幼儿园已有器材创设挑战区或运动打卡地。

二、幼儿走平衡木或从高处往下跳时，总是说"我不敢"，怎么办？

【现象解读】

教师在日常组织幼儿走平衡木或从高处向下跳的游戏时，经常会出现个别幼儿不敢尝试的情况，幼儿嘴里还会说着"我不敢"，并且向后退步，或拉着老师的手。主要原因如下：

第一，幼儿日常生活中很少接触平衡木，也没有走过或体验过在类似窄小的物体上行走。因此，会产生抗拒、害怕的心理。

第二，家庭保护过度。在平日幼儿入园、离园及和家长的沟通中，教师经常发现很多幼儿都是由家长抱着或坐着小汽车来园的。在这个过程中，家长的过度保护剥夺了幼儿锻炼和成长的机会，导致幼儿的运动能力较弱，腿部力量发展不均衡。

第三，幼儿在日常生活、游戏中，出现过摔跟头的情况。因此，在参与运动时，面对自己没有把握或认为很难完成的活动时，幼儿会缺乏安全感，总是希望得到成人的保护与关注。

【指导策略】

第一，语言鼓励法。教师针对胆小、内向的幼儿，在他们不敢走平衡木或不敢从高处向下跳时，可以用语言及时鼓励幼儿，例如，"加油，宝贝！你可以的。""试一试，相信自己。""大胆尝试一下，你是最棒的！"

第二，榜样示范法。个别幼儿不敢走平衡木或者不敢从高处往下跳，是因为没有掌握走平衡木的动作要领及从高处往下跳的方法。因此，教师可以利用榜样示范的方式，请会玩的幼儿进行动作示范，或者用语言讲解动作要领，与幼儿互动、交流，还可以请会玩的幼儿带着不敢尝试的幼儿大胆前进。

第三，情境游戏渗透法。教师针对不同年龄班的幼儿应采取不同的策略和方式。例如，对于小班幼儿，教师可以通过情境游戏的方式进行渗透和引导。

如，鼓励幼儿模仿小熊，开展"小熊过桥"的游戏；或利用儿歌的方式，将方法融入儿歌之中，鼓励幼儿边听儿歌边模仿，从而对走平衡木、跳跃活动产生浓厚的兴趣。

第四，教师辅助法。针对幼儿不敢走平衡木或不敢从高处向下跳的现象，在游戏初期，教师可以通过辅助帮扶的方式帮助幼儿完成相应的动作。例如，在幼儿走平衡木时，教师可以扶着幼儿的手或者将手放在幼儿的腋下，给幼儿身体一定的支撑力量，帮助幼儿建立安全感；在幼儿向下跳跃时，教师可以拉着幼儿的手进行，为幼儿提供一定的支撑和安全保护。到游戏后期，教师可以尝试慢慢放手。

第五，增强运动法。大部分不敢走平衡木或不敢从高处向下跳的幼儿是因为腿部力量不足。因此，教师和家长应多关注幼儿的腿部力量发展，增强幼儿腿部肌肉运动，例如，多开展双脚连续跳、跳远、跑步等运动游戏。

第六，由易到难法。走平衡木、从高处向下跳的游戏都可以由易到难地进行。例如，平衡木的选择，刚开始可以选择矮一些、宽一些的平衡木，让幼儿先进行体验，感受一脚前、一脚后的行进方式，之后，再逐渐将平衡木变高、变窄，让幼儿的体验有一个循序渐进的过程。从高处向下跳，可以先鼓励幼儿从较低的物体上向下跳，待幼儿熟练掌握从高处往下跳的动作要领后，逐渐增加高度，引导幼儿逐步尝试、体验，并在物体底部铺设软垫等材料，保护好幼儿的安全。

第七，家园共育法。家园共育能够使幼儿得到在园、在家的同步教育。因此，可以鼓励家长在家里或社区内寻找相关的教育契机。例如，平时逛公园时，带着幼儿走一走马路边沿，锻炼幼儿的平衡能力；遇到合适高度的物体，在家长的保护下鼓励幼儿大胆跳下，让幼儿在多次尝试中获得自信。同时，在家里也应保证幼儿每日户外运动的时间，多为幼儿提供锻炼的机会，做到运动时间、运动方式、运动内容的全面与科学。

参　考　文　献

顾明远，1990. 教育大辞典［M］. 上海：上海师范大学出版社.

顾荣芳，薛箐华，2004. 幼儿园健康教育［M］. 北京：人民教育出版社.

刘馨，1997. 学前儿童体育［M］. 北京：北京师范大学出版社.

卢乐山，1995. 中国学前教育百科全书，教育理论卷［M］. 沈阳：沈阳出版社.

全国体育学院委员会，1994. 体育理论与方法［M］. 北京：北京体育大学出版社.

汪超，2011. 幼儿园体育活动设计与指导［M］. 上海：复旦大学出版社.

魏梦莹，左海燕，王国庆，2020. 幼儿韵律操的优化与创新［J］. 百科知识.

徐锐，2016. 浅谈幼儿园器械操的编排［J］. 幼儿教育.

许卓娅，2003. 学前儿童体育［M］. 南京：南京师范大学出版社.

叶平枝，2015. 幼儿园健康领域教育精要——关键经验与动作指导［M］. 北京：教育科学
出版社.

图书在版编目（CIP）数据

幼儿园高质量户外体育活动的组织与实施 / 何桂香
等著 . —北京：中国农业出版社，2025.5
　ISBN 978-7-109-31796-3

　Ⅰ.①幼…　Ⅱ.①何…　Ⅲ.①体育课－教学研究－学
前教育　Ⅳ.①G613.7

中国国家版本馆 CIP 数据核字（2024）第 055606 号

幼儿园高质量户外体育活动的组织与实施
YOUERYUAN GAO ZHILIANG HUWAI TIYU HUODONG DE ZUZHI YU SHISHI

中国农业出版社出版
地址：北京市朝阳区麦子店街 18 号楼
邮编：100125
责任编辑：孙利平　张　志
版式设计：杨　婧　　责任校对：吴丽婷　　责任印制：王　宏
印刷：三河市国英印务有限公司
版次：2025 年 5 月第 1 版
印次：2025 年 5 月河北第 1 次印刷
发行：新华书店北京发行所
开本：700mm×1000mm　1/16
印张：14.25
字数：272 千字
定价：58.00 元